Piera Lorenz

Sommerwind und Seidenbluse

Autobiografie

FRIELING

Bibliografische Information der Deutschen Nationalbibliothek
Die Deutsche Nationalbibliothek verzeichnet diese Publikation in der Deutschen
Nationalbibliografie; detaillierte bibliografische Daten sind im Internet über
http://dnb.d-nb.de abrufbar.
© Frieling-Verlag Berlin • Eine Marke der Frieling & Huffmann GmbH & Co. KG
Rheinstraße 46, 12161 Berlin
Telefon: 0 30 / 76 69 99-0
www.frieling.de

ISBN 978-3-8280-3377-1
Auch als E-Book erhältlich (ISBN 978-3-8280-3378-8).
1. Auflage 2017
Umschlaggestaltung und Illustrationen: Piera Lorenz
Bildnachweis U4 (Porträt): Record Team, Langenberg
Sämtliche Rechte vorbehalten
Printed in Germany

MEINER MUTTER
Lucia
1916–1984

Hört Ihr Himmel und den darin wohnenden Göttern und guten Geistern, die mich begleitet und geleitet haben!
Ich will Euch Dank sagen und ein wenig bitten, um weiteren Beistand.
– Amen. –

Sehr dankbar bin ich auch meiner irdischen Buchhändlerin Eva Egner für die Empfehlung mehrerer Verlage und moralischem Beistandes.

– Ja, so fing das an. –

Einen dicken Blumenstrauß für unsere kregle Sende- und Empfangsstation, die beherzt nicht nur mein handgeschriebenes Manuskript in die Elektronikform transferierte, sondern auch gekonnt unsere Funksprüche an die durchaus sympathische Cheflektorin Katarina Grgic, von dem Empfangslektorat, absetzt und entgegennimmt.

Die Zusammenarbeit mit Frau Grgic läuft so angenehm. Das erwärmt uns wie ein Kachelofen den Salon. Ist das nicht fein, wenn man das sagen kann?
Also, auch hier muss ein ausgesucht schöner Blumenstrauß her. Merci.

Und schließlich denke ich an die vielen tüchtigen Spezialisten im Verlagshaus, die mir zwar unbekannt, aber sicher erforderlich sind, um ein Werk in die richtige Bahn zu bekommen, und danke ihnen.

So bin ich zuversichtlich, und voller Erwartung in der Schwangerschaft eines guten Gelingens.

Pixa, im Dezember 2016

WILLKOMMEN

Nun sitze ich in meinem Polstersessel, den ich vor mehreren Jahren in Füssen von einem Trödler erstanden habe: gepflegtes Äußeres, halbhohe, blütenförmige Rückenlehne und alles in beigefarbigem Plüsch, unten gehen die langen Fransen ringsherum. Sie merken schon: Ich liebe dieses Ding, obwohl das Möbel beim Kauf nur drei wackelige Füße besaß. Es war wirklich Liebe von Anfang an.

Repariert und gründlich mit Wasser und Seife gereinigt nahm mein Sessel die Vorherrschaft meiner Sitzgelegenheiten ein. Jetzt BESITZE ich ihn jeden Tag an meinem Schreibtisch, der als Küchentisch in heller Birke zu höheren Diensten avancierte. Um meinen Ellbogen, links, vor der scharfen Tischkante bei meinem Schreiben zu schützen, platziere ich einen Frotteewaschlappen, lindgrün, zur Polsterung. Auch wenn er schon nach monatelangem Sondereinsatz etwas platt gedrückt dort ruht, hält er eisern durch und leistet mir so angenehmen Beistand. Das missliche Höhenverhältnis von Tisch und Sessel war wirklich schrecklich und so griff ich zu zwei Paketen Roh-Malkartons mit stets verrutschendem Sitzkissen. Ist das nicht wunderbar?

Der kleine Raum, der u. a. meine Literatur, mein Büro, einige Originalen von mir und viel Gedöns beherbergt, ist meine Zentrale, mein geliebtes Cockpit, von dem aus kommuniziert wird. Jetzt geht es also endlich los mit langem Bleistift, einem betagten Radiergummi, einem Stapel Blanko-Papierseiten und viel Zuversicht, auf dass mein Werk gelingen möge und sich mein Schreibstift ja nicht verschlucke, wenn so viele Ereignisse und Geschichten in vielfältiger Weise aus ihm herausfließen.

Wollen Sie mich ein wenig begleiten auf meinem Rückblick? Gut, gehen wir zusammen, denn es gibt viel zu erzählen! Und ... und seien Sie von Herzen WILLKOMMEN!

AUS DEM INHALT

Erster Teil

    Kindheit
    Veränderung
    Erwachsen
    Garten
    Kniffe

Zweiter Teil

    Geschichten
    Rezepte
    Gedichte
    Lustiges
    Kritisches
    Nachdenkliches

QUELLENANGABE

Jedes Ende ist ein strahlender Beginn, Autor Elisabeth Kübler-Ross, J.-K. Fischer-Verlag, ISBN 3-9237-8166-0, Seite 137

Mallorca Kultur und Lebensfreude, Autoren Ute E. Hammer, Frank Schauhoff, Carlos Agustin, Belen Tanago, Könemann Verlag, ISBN 3-8290-0261-0, Seite 187

I-Ging, Das Buch der Wandlungen, Autor Richard Wilhelm, Diederichs-Verlag, ISBN 3-424-00675-0, Seite 264, 265

Teil 1

BOMBEN

Das Leben fing schon recht spektakulär an: Breslau wurde bombardiert. Wir, meine Mutter, meine Schwester und ich und ein winselnder Dackel einer Nachbarin, befanden uns im Kellerraum der Wohnblockzeile, welcher auch im Innenstadtbereich als Bunker diente.

Es rumste, knallte und pfiff, es wackelte alles. Als wir hinauskamen nach dem Angriff, es war abends, stand ein ganzer Teil der Häuserzeile auf der anderen Straßenseite nur noch als Fassade. Aus den Fensterhöhlen waberten hell die Flammen.

Diese Eindrücke sind die einzigen von Breslau, mit meinen vier Jahren, als wir Breslau verlassen mussten.

DIE PFANNE

Meine Mutter, meine Tante und wir Kinder fuhren dann mit der überfüllten Eisenbahn nach Westen und kamen in Bayern an. Die Zwangseinweisung beim Bauern sorgte stets für Spannungen. Es war nicht so einfach, denn uns fehlte es an allem. Mutter hatte irgendwoher eine Bratpfanne organisiert. Ich weiß nur, dass sie oft, das Ding schwingend wie eine Fliegenklatsche, hinter den herumlaufenden Mäusen herlief, schimpfte, überall mit der Pfanne laut aneckte und nie eine erlegte.

FRANZÖSISCHE SOLDATEN

Eines Tages hörten wir dumpfe Geräusche und eine ganze Truppe mit Panzern und Fahrzeugen fuhr langsam die Dorfstraße herauf. Der Hof wurde besetzt, von französischen Soldaten, auch Schwarzen.

Wir Kinder mussten mucksmäuschenstill sein und durften uns unter dem Heu nicht bewegen, denn Mutter hatte uns vor den Soldaten im Heu versteckt. IHR nutzte es nichts. Sie wurde Opfer der weißen und schwarzen Söldner.

Diese machten sich einen Spaß daraus, alle Hühner zu köpfen und laufen zu lassen.

Nach einem strengen Winter kam das Frühjahr, das Winterwasser gurgelte die Bäche hinunter und an einer Sonnenseite des Baches gab es Tausende von gelben Himmelsschlüsselchen dicht beieinander. Den herrlichen Duft werde ich nie vergessen.

Mit den Lebensmitteln war das so eine Sache: Brot war knapp und schlecht zu bekommen. Da in unserer Nähe eine riesige Molkerei arbeitete, ging es irgendwie und wir bekamen original bayrischen Hartkäse mit den großen Löchern. Zum Teil verfügten wir über so viel Käse, den wir vor Hunger gern ganz aufgegessen hätten.

So aßen wir oft nur Allgäuer, bis das Salz die Zunge trocken machte. Gab es mal Brot, so kam es als Belag auf den Käse.

HOLZBIRNEN

Mit Mutter Lucie gingen wir, meine Schwester und ich, öfters einen geschlängelten Weg, denn wir lebten am Fuß der gewaltigen bayrischen Berge und hielten Ausschau nach dem Reifegrad der wilden Holzbirnen und Äpfel.

Diese Bäume trugen knochenharte, kleine Früchte an unveredelten Holzästen. Selbst wenn sie heranreiften: Essen konnte man sie bei aller Liebe nicht.

Im Frühjahr gingen wir sowieso zu den vielen kleinen Tannen, um die neuen Sprossen zu ernten. Mutter kochte dann die Spitzen mit viel weißem Zucker zu einem Sirup. Das war der Honigersatz.

KALB ALS HUND

Für mich war das Sammeln der Tannenspitzen recht lästig, da ich viel lieber bei den Kälbern auf der Weide war. Kam der Abend heran und ich hatte den ganzen Tag bei den Kälbern geklebt, so duftete ich so intensiv nach Kuh, dass Mutter schon mal aus der Fassung geriet und mir eine

Predigt hielt. Das alles half nicht allzu viel, denn ich betrachtete „mein" Kalb als eine Art Freund: Ich konnte es anfassen und streicheln, Nasen, Rücken und Ohren krabbeln.

Nähe ist es, die so viele Menschen berührt, beim Umgang mit Hunden, Katzen, Pferden, Kamelen, Elefanten und anderen Tieren. Ist es nicht so?

SÄGEWEIHER

Im anschließenden Sommer liefen wir mit den anderen Kindern zur Sägemühle, mit dem breiten Wasser davor. Dicke, lange Fichtenstämme schwammen vor dem Mühlengatter im seichten Grund, ganz ideal für uns Kinder zum Herumturnen.

Wir herumhüpfenden Kinder, in nassen, oft schief mit zum Teil zu tief gerutschten oder zu sehr bis unter die Achseln gezogenen Unterhosen der Erwachsenen, ergaben sicher ein skurriles Bild. Wir empfanden es als normal und keinen störte es. Uns machte es Spaß am Bach und mich faszinierte auch der immer wieder wabernde hellgrüne Pflanzenteppich in dem kristallklaren Gebirgswasser.

Der Mutter dagegen machte es keinen Spaß, von unserem Spaß zu erfahren, denn die Stämme konnten glatt sein, dann war die Gefahr eines Sturzes und von Quetschungen durch die Stämme riesengroß! Also: nicht noch einmal! Wir versprachen es.

TANTE UND DIE ZIEGE

Meine Tante, die Cousine meiner Mutter, wohnte mit ihren beiden Mädchen ein paar Häuser weiter und kam öfters zu Besuch. Da die Strecke doch ziemlich lang und im Zickzack zu laufen war, nahm Tante Käthe mehrmals die Abkürzung quer über eine eingezäunte Wiese. Doch einmal graste dort eine Gruppe Ziegen. Kaum war die Tante ein paar Schritte auf der Wiese, stürmte eine Ziege herbei und attackierte ihr das Hinterteil; sie stolperte mit Mühe und Not zurück, wieder über den Zaun und schrie ganz fürchterlich.

Seitdem gab es keine Abkürzungen mehr, wenn Tiere auf der Weide waren.

BRUNSBÜTTEL

Der Krieg war zu Ende. Mein Onkel meldete sich aus Norddeutschland von der BASF und so fuhren wir alle zusammen nach Brunsbüttel-Koog im Viehwaggon. Keine Bänke, kein Tisch, kein Fenster, nur oben Luken, keine Heizung, kein Licht, kein Wasser, kein WC und viele Personen!

Die Reise dauerte einige Tage, da der Waggon oft abgekoppelt länger stand. Dann verqualmte ein notdürftiges Feuer den Raum, aber wärmer wurde es nicht. Obwohl wir in Brunsbüttel in intakten Räumen wohnten, litten wir Not. Wir hungerten und froren lange, lange.

Ich weiß noch von einer Holzaktion: Meine Mutter, meine Tante und wir Kinder gingen in ein Buchenwäldchen, um Holz zu sägen. Die Frauen hatten eine lange Baumsäge mitgebracht, aber nachdem sie mit viel Anstrengung den Baum angesägt hatten, klemmte die Säge fest und alles war verloren.

Für uns Kinder gestaltete sich der Sommer ganz lustig. Wir spielten im Freien und überall gab es etwas zu sehen: die vielen Schiffe, der nahe Deich mit Ebbe und Flut, die Fischer mit ihren Reusen: mit Aalen, Schollen und Krebsen, die angrenzenden Bäche voller kleiner Fische und vor allem die nahe Gleisanlage von BASF. Dort fuhren kleine werkseigene Dampfloks, die ihre ausgebrannten Kohlen auf die Gleise schaufelten. Waren diese erloschen, pickten wir wie Aschenputtel die nussgroßen schwarzen, halbverbrannten Koksstückchen heraus, für den Ofen zu Haus. Manchmal warf der Heizer und Lokführer einen Klumpen Steinkohle ab, für uns Kinder.

Zum frühen Herbst ging meine Mutter mit meiner Schwester und mir oft „spazieren" ... an das Kartoffelfeld oder zum Kohlfeld. Auf dem Bauch robbte ich durch die Furchen und buddelte Kartoffeln aus. Mutter passte auf, wegen des Bauern.

VATERS HEIMKEHR

Irgendwie erfuhr Mutter Lucia, dass mein Vater in Lippstadt gelandet war und eine Anstellung bei der Kreisverwaltung gefunden hatte. Wir verließen Brunsbüttel und Lippstadt sollte unsere neue Heimat werden.

Wir bezogen zunächst eine kleine Wohnung direkt am Eingang des großen Friedhofes. Die häufigen Beerdigungen unterhielten unser kindliches Interesse. Denn die Leichenwagen, verglast und mit Kränzen behängt, zogen meistens schwarz gekleidete Pferde, schön geschmückt mit Bommeln und Quasten. Die Geistlichkeit unter dem Baldachin und Messdiener mit Weihrauch-Schwenkern beeindruckten uns schon sehr; vor allem, wenn die Prozession mit den vielen Leuten Gesang anstimmte. Manchmal war auch eine Blaskapelle dabei.

Der Friedhof war für uns Kinder ein schöner Spielort. Mutter verbot es später. An den frisch ausgehobenen Gräbern gab es schönen Sand in verschiedenen Farben. Mittlerweile war ich ca. acht Jahre und wir zogen an den östlichen Stadtrand in eine Wohnung im ersten Stock: eine Villa aus der Jahrhundertwende. Also wieder einmal umziehen!

Die rote Backstein-Villa, umgeben mit einem Garten voller Obstbäume und Haselnuss-Büschen, in der Nähe ein Bach und ein Fluss. In diesem Haus wohnten noch zwei Familien und ein fremder Onkel Willi im Dachstübchen.

Außer uns lebte noch eine Witwe mit ihren halb erwachsenen Töchtern auf derselben Etage im ersten Stock. Die Toilette befand sich auf dem Flur und war für zwei Familien gedacht. So benutzten wir für die Nacht einen Zinkeimer, ca. ein Drittel mit Wasser gefüllt. – Auf dem schmalen Eimerrand Platz zu nehmen, war höchst unangenehm, aber wir Kinder schafften es irgendwie. Am Morgen trugen wir dann den volleren Eimer oft mit etwas größerer Fracht über den Flur zum WC.

Mit den Kindern aus der Nachbarschaft waren wir ständig unterwegs. Bei trockenem Wetter spielten wir oft Seilhüpfen, Verstecken und Ähnliches … und auf einem Vorplatz „Stand Ohne": Mehrere Kinder, mit einem Haselnuss-Stock versehen, kamen reihum zum Zuge. Das heißt, ein kurzes Haselnuss-Stöckchen, an beiden Enden angespitzt, musste durch Anschlagen mit dem Stock zum Springen kommen und dabei weit weggeschlagen werden. Wer den weitesten Schlag hatte, war Sieger.

Auch die nahen Teiche brachten stets Erlebnisse: Gelbrandkäfer, Wasserflöhe, Stichlinge, Frösche und Kaulquappen untersuchten wir und trugen sie im Einmachglas nach Haus.

DER SPATZ IN DER HAND

An einem Sommertag besuchte ich meinen Freund Alfons aus der Nachbarschaft. Der Hühnerstall bei ihm im Garten war natürlich immer attraktiv für uns Kinder. Doch diesmal gab es etwas Besonderes: Ein Huhn hatte einen vorwitzigen Spatzen erlegt und rannte damit herum. Alfons stieg in den Stall, rannte dem Huhn hinterher, bis es den leblosen Spatz fallen ließ, und gab mir den toten Vogel. Eiligst lief ich mit meiner Beute nach Haus.

Gerupft, ausgenommen und gereinigt garte ich auf Mutters Kohleherd das Tier und verzehrte es; allein, denn keiner aus der Familie wollte etwas von dem Braten probieren.

Es wurde dann wieder einmal Mai und die Maiandachten am Nachmittag wurden zur Schulpflicht. Aber immer klappte der Besuch nicht, denn ich hatte so oft eine gute Ausrede. Doch einmal, als es während der Andacht eine Pause gab für ein stilles Gebet und alles ruhig war, startete ein mitgebrachter Maikäfer mit tiefem Brummen den Rundflug und die Andacht erhielt eine willkommene Auflockerung.

ONKEL WILLI UND DIE TANTE

In der Dachkammer der Villa lebte der fremde Onkel Willi. Trotz des krummen Rückens konnte Onkel Willi doch die Treppen bewältigen und schimpfte recht ordentlich, wenn wir zu laut waren. Im Parterre lebte außer einer Witwe mit ihrem Sohn eine Tante Stoffregen, die wir selten sahen; doch eines Tages sollte sich das ändern:

Ein Treiben und Schaffen machte uns neugierig und am nächsten Tag lag die Tante an der Seite des Treppenaufgangs mit viel Grün und großen Kerzen. Dort ruhte sie nun tagelang und wir mussten mehrere Male täglich an ihr vorbei, langsam und leise. Nun, sie lag still und rührte sich nicht, die Augen geschlossen. Ob das so blieb? Zudem erfüllte ein fremder Geruch nach Grün, Harz und Friedhof das ganze Treppenhaus.

Ein paar Monate später war es auch um Onkel Willi geschehen. Jetzt schimpfte da oben niemand mehr; Onkel Willi war tot.

Er kam jedoch mithilfe der keuchenden Bestatter aus der Dachkammer herab, im engen Sarg über steile Treppen, und war dann weg.

PULLOVER FÜR MICH

Doch bevor ich von den Kleiderspenden berichte, kommt zunächst die kleine Geschichte von Onkel Hardy. Onkel Hardy war Feinkosthändler in Breslau und als Jugendfreund meines Vaters auch hier gelandet. Arbeit zu finden war nicht leicht und so brachte eine Adresse für Heimarbeiten immer etwas Hoffnung auf einen kleinen Verdienst. Diesmal zeigte er uns mehrere aus Zeitungspapier gewickelte Päckchen: Alles lose Schweineborsten! Diese mussten sortiert werden, nach Länge, Stärke und Richtung. Die fertigen, alle abgezählt, lagen in kleinen Bündeln und sahen schon etwas aus wie Pinsel.

Wir probierten auch einmal das Sortieren: Es ging ganz ordentlich auf die Augen! Es durfte auch keiner pusten, sonst waren sie weg vom Tisch. Das alles war äußerst mühsam! –

In der schlechten Zeit nach dem Krieg gab es kaum Bekleidung und die Winterzeit war lang, Temperaturen um –20 °C keine Seltenheit. Meine Eltern erhielten Zugang zu britischen Kleiderspenden. Die Freude an diesem Abenteuer war natürlich groß. Passte etwas nicht, wurde es passend gemacht, dank der Schneiderkünste von Mutter. Auch sonst gab es bereitwillig Zugeständnisse: Hauptsache es war tragbar und warm. Die meisten Sachen zählten zur Damengarderobe. So bekam ich von Mutter so manch einen bunten Pullover verordnet. Mir gefiel das. Im

Laufe der Pubertät verstärkte sich mein Bewusstsein für feine, weiche Stoffe. Später bemerkte ich, dass mein Wunsch nach femininer Kleidung unausweichlich wurde: Mein Körper war nicht dafür gedacht, die übliche Männerkleidung zu tragen. Doch andere Aufgaben und Arbeiten lenkten mich ab und so verging die Zeit.

Nebenbei: Als junger Mensch hat man nicht die Kenntnis und die Erfahrung und dann läuft es halt, wie es ist.

Zunächst zurück zu den Spenden-Kleidern: Auch „reservierte" ich mit hastigen Augen schon mal eine Bluse; manchmal war meine ältere Schwester schneller und der Fummel war weg. Anziehen konnte ich so etwas nicht. „Das ist nichts für dich!", und gepasst hätte es sowieso nicht. Aber gehabt, nur so, hätte ich sie schon gerne. Und überhaupt: Weshalb das so bei mir war, das wusste ich nicht.

DAS HIMMLISCHE LAGER

Zur Ergänzung des neuen Hausstandes erhielten wir frische hölzerne Bettgestelle von … irgendwo, von der Stadt? Der Zusammenbau ging ganz einfach, da die Schenkelbretter nur in die Keilausfräsung an Kopf- bzw. Fußendstück gesteckt werden brauchten. Und schon stand das Möbel. Eine ganze Reihe Buchenbretter, quer eingelegt, bildeten den Boden. Darauf kam eine einfache Decke für den anschließenden Jutesack mit eingestopftem Stroh! Die nächste Decke bildete den Abschluss, sodass mit einem Laken obendrauf das himmlische Lager bereitet war.

Im Gebrauch ging es spätestens nach zwei Wochen doch recht irdisch zu: Der Strohsack, in der Mitte schon platt gelegen, konnte wegen der Staubentwicklung nicht aufgeschüttelt werden und die runden Strohhalme waren flach gedrückt. So mutierte das Schlaflager zu einem Nest mit hartem Boden.

In unserer Wohnung gab es zwei Einzelbetten und ein Doppelbett. An einem Abend, es war schon spät, wurde ich durch einen lauten Rums wach und hörte zugleich ein Klagen und Schimpfen aus dem Schlafzimmer der Eltern. Meine Schwester und ich eilten hinzu und sahen Vater mit dem Strohsack hantieren und Mutter aus dem Bett krabbeln. Das Bett war zusammengebrochen unter der Last der beiden. Die Bettenebene lag schief, genauso wie die Stimmung von Mutter und Vater.

Wir Kinder fanden den Zusammenbruch des Bettes gar nicht mal so tragisch, sondern als besondere Einlage sogar ganz lustig und machten uns keinerlei Gedanken über die multiplen Eventualitäten als Auslöser der „Katastrophe".

So angeheizt von der Abendvorstellung rannte ich in meinem Übermut zu meinem Bett und warf mich hinein … „Proch" machte es und ich lag parterre! Auch meine Kamurke (gemütliches Bett) gehörte zu dem Stamme der Hochsensiblen! Mit einigen Handgriffen steckten wir das hölzerne Bett zusammen und ganz vorsichtig schlich ich mich auf mein Lager: gute Nacht.

ZUCKERSACKSCHLÜPFER

Heute kann man sich die Lage von damals kaum vorstellen: Es fehlte an allen Ecken und überall wurde improvisiert. Vater brachte einmal leere Zuckersäcke mit. Was sollte man damit anfangen? Mutter wusste es! Das weiße Material, die langen Partien, konnten bestimmt aufgeribbelt und zu irgendetwas gestrickt werden. Gewiss, etwas hart fühlte sich das Ganze schon an, aber in der Not …

Nun ja, Mutter, behände wie sie war, verwandelte die Säcke in Knäuel und fing an zu stricken. Was wird das? „Eine warme Unterhose für dich." Es dauerte nicht lange, da war das erste Modell fertig und sofort im Einsatz. Mein Gott, welche Überraschung! Ich kam mir vor wie in einer Ritterrüstung auf Raten. Das Material, hart wie es war, kratzte und biss schon beim Gehen! … und im Sitzen prägte sich das Muster in die Haut ein! So etwas vergisst man nie!

TABAK

Überall in der Stadt gab es Kioske. Für Vater kaufte ich Zigaretten, einzeln: einmal zwei Zigaretten oder drei, lose verpackt. Später auch schon mal eine Packung mit fünf Stück, Marke Golddollar, Eckstein oder Senoussi (die ovalen).

Wir Kinder passten auch auf, wenn britische Soldaten rauchend unterwegs waren, denn sie rauchten die Zigaretten nur zur Hälfte. Wir wechselten den Bürgersteig und hinter den Tommis liefen wir, bis der Glimmstängel weggeworfen wurde. Schnell war er gelöscht und als Beute nach Haus gebracht, denn Vater besaß auch eine kleine Pfeife.

LOCHBLECH VON SOENNECKEN

Einmal brachte er aus dem Büro ein Soennecken-Blech in ca. DIN-A5-Größe aus einem Karteikasten mit und trieb mit einem alten, wackeligen Hammer und einem dicken Stahlnagel präzise etliche Löcher hinein. Endlich hörte das Geklopfe auf und das Reibeisen lag mitten auf dem Küchentisch, neu geschaffen und sofort einsatzbereit für Kartoffelpuffer! (Heute befindet sich dieses Blech in einem Museum in Ostwestfalen.)

Die ganze Familie tanzte um das Locheisen und um Vater, der als Held gefeiert wurde. Doch Vater kam in arge Bedrängnis, denn die hungrige Bande wollte Kartoffelpuffer essen. Und wir hatten keine Kartoffeln und es gab auch keine zu kaufen. So zog Vater mit seiner Tasche los zum Hamstern über Land mit noch einem besonderen Schwerpunkt. Mit einigen Erdknollen und einem Hühnerei kehrte er müde und erschöpft, aber glücklich zurück.

ÖFCHEN / KARTOFFELPUFFER

Der kleine eiserne Küchenofen, auf seinen dünnen, fremdartigen Beinen, sah aus wie ein falsch getrimmter Pudel, aber er heizte ganz prima, wenn er etwas Gutes zu brennen bekam. Dann glühte schon mal die gerissene

Platte und das Ofenrohr. Bei den intensiven Heizmanövern löste sich mitunter das Ofenrohr, die Dichtungsmanschette rutschte nach vorn und eine Ladung Staub und Ruß fiel herab. Ja, spätestens nach ca. vier Wochen musste das Rohr sowieso abgenommen und vorsichtig zum Reinigen ins Freie gebracht werden. Alle Gänge und Züge des Öfchens erhielten ebenfalls eine Säuberungsmaßnahme. Aber zurück zu den Kartoffeln:

Mutter nahm sich liebevoll das neue Haushaltsgerät und badete es erst einmal gründlich. Womit, das blieb mir verborgen. Jedenfalls gab es in der Küche Ata, Imi und Kernseife.

Beim Reiben der Kartoffeln musste Mutter Lucie sehr aufpassen, denn die neue Reibefläche raspelte sehr gut. Die Kartoffeln wanderten natürlich ungeschält durch das Reibeisen. So war der gewünschte rohe Brei im Nu fertig.

Mehl, Zwiebeln, Fett gab es nicht und so brauchten wir es auch nicht. Ach ja, die Pfanne! Wir hatten keine Pfanne die erste Zeit! „Nicht so schlimm", sagte die Mutti Lucie. So fabrizierte sie die Puffer auf der gusseisernen Herdplatte; am Rande, sonst wäre noch mehr verbrannt.

Mein Gott, mir werden die Augen ganz feucht, wenn ich heute daran denke. Als Kinder haben wir so manches als normal empfunden, obwohl es das nicht war.

KUCHENSTREIFEN

Manchmal, ein paar Jahre später, so in den frühen Fünfzigern, wanderte ich mit Mutters Kuchenblech beladen mit Hefeteig und Pflaumen oder Äpfeln darauf zum Bäcker, mit der Bitte zum Abbacken. Zugleich hielt ich Ausschau nach Kantenstreifen von den Streuselkuchen oder Bienenstichen, denn diese waren schnell verkauft, da sie zu einem minderen Tarif gehandelt wurden.

Zu Hause wieder eingetroffen, berichtete ich Mutter über den Stand der Kuchenstreifen und mit ihrer Zusage erntete ich für 50 oder 80 Pfennige so manches Stück beim Abholen unseres bäckerofengebackenen Blechkuchens.

MEINE EINKÄUFE

Im Übrigen: Gern ging ich „einholen", wie es bei uns zu Hause hieß, denn das Einkaufen mit ganzen Sinnen, das heißt: aufpassen, Kontakt mit unterschiedlichen Waren, Größe, Menge, Zustand und nicht zuletzt die Begegnung mit anderen Kunden: Das fand ich toll (oft traf ich auch Leute aus der Nachbarschaft) und bedeutete für mich eine abenteuerliche Herausforderung. Zum Beispiel samstags beim Fleischer: In Vierer-Reihe oder noch mehr musste gewartet werden, bis ich an der Reihe war.

Langweilig wurde es mir nie, denn die unterschiedlichsten Kunden mit ihren unterschiedlichsten Wünschen boten stets ein interessantes Bild. Obwohl der Einkaufszettel von Mutti mir die Hauptrichtung angab, konnte ich meine individuellen Überlegungen anwenden; war dieses oder jenes Stück Fleisch ausverkauft, so kombinierte ich einen passenden Ersatz. Oder es gab plötzlich ein Sonderangebot o. Ä., so konnte ich entscheiden.

Diese Freiheiten hatte mir meine Mutter Lucie schon längst zugestanden. Wie bei allem war der Anfang nicht so leicht, doch bald bekam ich eine angenehme Routine beim Einkauf.

ERSTER WAGEN

Doch ehe es so weit war, gab es ein paar Jahre vorher, in der Kuchenstreifen-Ära, noch das Thema Kohle.

Ich war ca. 13 Jahre alt. Die Freude war groß, als wir einen eigenen Wagen bekamen. Die Räder wackelten und schleiften beängstigend, doch das hölzerne Gestell insgesamt schien brauchbar. Wenn es beim Kohlehändler mal Kohle gab, Eierkohle, Briketts, Koks, Braunkohle, Torf oder sogar Anthrazit, so kam der Handwagen zum vollen Einsatz. Einmal gab es preiswerte Schlammkohle: Was das war? Vielleicht angesammelter erdiger Kohlenschlamm aus einer Sprühanlage im Bergwerk, aber kein Mensch wusste es genau.

Das Wort „Kohle" allein genügte sicherlich schon, um dieses wundersame Material unter die Leute zu bekommen. Also, Schlammkohle sollte ich mit dem Handwagen holen.

Der Holzwagen, ein betagtes Modell, war ein besonderer: Das eine Seitenbrett, aus einem alten Sperrholzstück gefertigt, gab dem Bollerwagen eine spezielle Note. Die Holzspeichen der Räder, ausgetrocknet und deshalb lose, schlugen und schleiften an der hinteren Eisenstange, die außen für Stabilität sorgte. Das ganze Bauwerk bestand im Grunde aus wackeligen Elementen. Auch das Deichsel-Querholz, oben als Griff, wackelte und zwackte mir manchmal die Hand beim Ziehen.

SCHWARZER QUARK

Der Händler, nur ein paar Straßen weiter, war bequem zu erreichen. Gutes Wetter hatten wir auch und so ging es los. Ich komme um die letzte Straßenecke, da sehe ich eine lange Schlange mit anderen Leuten, auch mit Handwagen, die dort auf der Fahrbahn warteten. Es mussten mehr als zwanzig Wagen gewesen sein.

Als ich endlich drankam, schaufelte der Kohlenmann mit einer spatenähnlichen Schippe von einem nassen Puddingberg Stück für Stück ab und in den Handwagen hinein. Das nasse Material ähnelte einem großen Haufen hausgemachtem Quark – nur dass dieser in grauschwarzer Farbe glänzte.

Der Handwagen, voll bis zum Rand mit dieser Paste, war so schwer, dass ich Angst bekam, er könne zusammen- oder auseinanderbrechen. Nur mit äußerster Mühe zog ich ihn heimwärts. Jeden zweiten Schritt ein schneller Blick nach hinten, ob alles noch hält. Was sehe ich da?

Durch das Geruckel der Wanderung gab es eine glatte Oberfläche über den ganzen Wagen und eine Laufspur auf der trockenen Straße, denn an einer Stelle eines Brettes kleckerte es durch die Ritze direkt auf den Boden. So konnte man leicht erkennen, wo ich herkam. Und ich schämte mich …! Weil ich die Wege verschmutzte.

Nicht nur der Transport in den Keller, sondern auch das Schleppen mit einem schweren Eimer in den ersten Stock der Wohnung ließ die Herzen höherschlagen. Damit das Feuer im Ofen nicht ausging, musste das Öfchen erst mal mit Kohle auf Hochstimmung gebracht werden. Schien der Augenblick günstig, wurde der brikettgroße Klumpen in Zeitungspapier verpackt auf die Ofenglut geschoben.

SCHUSS IN DEN OFEN

Die nachfolgenden Stunden zeichneten sich aus durch verstärkte Ofenkontrolle, Hoffen, Bangen und Bitten, dass der Himmel das Feuer erhalten möge. Im Ofen rührte sich nichts. Das Zeitungspapier war zwar weg, doch nur an den Kanten glimmte unser Kuckucksei!

Und das Tollste an der Prozedur erwartete mich, als ich am anderen Morgen den Ofen zum Anheizen reinigen wollte: Die ganze Feuerstelle war genauso voll mit der Pampe, wie wir/ich sie zuvor beladen hatte/n, nur in hellbraunem Staub! Das war wirklich jedes Mal ein Schuss in den Ofen!

Bald war die Schlammgeschichte vorbei und der Kohlenmann brachte uns die Kohle in den Keller. Das war ein geschwärzter, stabiler Mann mit einer Lederschürze auf der einer Schulter. So trug er Huckepack die schwere Fracht die Stufen hinunter und schüttete die dickwandigen Säcke mit Geklunkere in einer Nische aus.

So begann nach der Schule mein Auftritt im Keller, denn ich, als einziger Junge in der Familie, hatte das Amt des Ofenmeisters inne. Bekamen wir Briketts, so war ich meist an zwei Tagen in meiner Freizeit im Keller und stapelte diese Dinger. Bei anderer Kohle wurde exakt in die Ecke geschaufelt.

Als ich nach getaner Arbeit stolz dem Keller entstieg und in die Wohnung kam, blickte ich stets als erstes in den Spiegel. Mein geschwärztes Gesicht ließ das Weiße in den Augen noch heller und leuchtender erscheinen. Schade, dass kein Karneval war, dachte ich so manches Mal. Aber an meine arme Lunge hat niemand gedacht! Ich auch nicht! Dieses Gefüge dauerte einige Jahre, bis wir 1952 in unseren Neubau einzogen, mit Gasheizung.

PREISE, KARTOFFELN, BRÖTCHEN, MILCH, MARGARINE ETC.

In dem Kohlenkeller gleich nebenan stand unsere wichtige Kartoffelkiste. Im Herbst fuhren die Bauern mit Pferdewagen voll bepackt mit Kartoffeln durch die Straßen. Bei den Lieferungen erhielten auch umstehende Leute Proben, ob ihnen die Sorte auch zusagt.

Wir orderten meist für vier Personen ca. vier bis sieben Zentner. Das reichte fürs Erste. Aßen wir zu wenig, so gab es im Frühjahr Keimkartoffeln, zum Teil verfault oder auch angeknabbert von den Kellergästen. Solch eine verdorbene Angelegenheit zu beseitigen, machte natürlich kein Pläsir. Ein Zentner oder fünfzig Kilo kosteten im Schnitt sieben D-Mark. Das sind 14 Pfennig pro Kilogramm. Für ein Brötchen aus Vollkornmehl reichten fünf Pfennig.

Auch gab es einen Milchwagen, der täglich morgens seine Straßen abfuhr. Milch kam in die mitgebrachte Milchkanne, abgefüllt aus einem größeren Edelstahltank. Im Sommer wurde nach einem Gewitter schon mal die gekaufte Milch sauer. Wunderbar schmeckte sie so, und als Quark stellte sie eine willkommene Abwechslung dar.

Beim Kauf von Margarine erhielten wir kleine Plastikfiguren: Reiter, allerlei Tierformen und je nach Hersteller auch bunte Sammelkärtchen mit diesen Motiven: Landschaften in Deutschland, Tiere, Blumen und Bäume. So etwas sprach uns Kinder sehr an und wir lernten dadurch automatisch vieles kennen. Und dann gab es noch die vielen bunten Blumen- und Tiermotive, diese erhaben gestanzten Glanzbildchen, aber nur im Papierladen und nicht umsonst.

Hatte Mutter wieder einmal mehrere Laufmaschen in ihren Nylons, so brachte ich diese in ein Textilgeschäft zur Reparatur. Nach ein paar Tagen konnten sie wieder abgeholt werden für den neuen Wettlauf mit den Maschen.

FUTTER SAMMELN FÜR DEN OFEN

Die Kohle war ja knapp. Fast alle Haushalte kochten und heizten mit Kohleherden und -öfen. So war die ganze Familie auch darin geübt, stets auf Brauchbares zu achten. Wir Kinder waren ja immer unterwegs und fanden schon öfters ein Stück Holz von einer alten Kiste, oder ein Baum lag gefällt darnieder und dort gab es immer Schnipsel.

Mutter war eine helle Spezialistin, auch sonntags beim Familienspaziergang oder -ausflug oder sonst – unsere Route führte meistens an einem Wäldchen, Wald entlang oder directement in den Wald. Die vielen Stoffbeutel und Taschen von Mutter Lucie füllten sich dann nach und nach, bis jeder etwas zu tragen hatte. Bevorzugt kamen Tannen- und Kiefernzapfen in die Sammlung, denn diese harzreichen Dinger, getrocknet und gesondert gelagert, verströmten ihr angenehmes, würziges Aroma in der ganzen Wohnung.

In den Ofen befördert, brannte mit starkem Knistern bald ein helles Feuer. Schnell musste nachgelegt werden, aber immerhin bereitete dieses Flammenspiel ein besonderes Vergnügen. Ein Stocher-Eisen besaßen wir nicht, jedoch eine armlange Fensterladenstange, die wir am Ende gebogen hatten und die gute Dienste leistete.

Vor dem Essen wurde natürlich gebetet und nach dem Essen der Teller abgeleckt. Es durfte ja nichts verloren gehen!

AM WASSER

Nach der Schule führte uns der lange Heimweg durch einen Park mit Wasserlauf. Besonders beim Niedrigstand schlenderten wir an den freigelegten Uferkanten entlang und ließen oft Schilfbötchen fahren.

Bei diesen Gelegenheiten fanden wir auch schon mal längliche Luftballons. Jeder wollte der Erste sein, denn Luftballons waren bei uns Kindern rar. Dann pusteten wir sie auf. Meist gelang es nicht, denn sie waren oft zerknittert und nass und platzten weg. Manchmal flogen sie doch einen Moment wie eine steuerlose Rakete. Es war schon lustig! Später achteten wir gezielt darauf, ob die Dinger zu finden waren. Woher sie kamen und wozu sie nütze waren, wir hatten keine Ahnung. Jedenfalls konnte man gut mit ihnen spielen.

AM CONTAINER

Wie schon berichtet, entwickelte sich ja in meiner frühen Zeit schon ein Faible für weiche, glatte, fließende Stoffe. Die Aufmerksamkeit in diese Richtung wurde fester Bestandteil meines Interesses.

Bei einem Geschäftsumbau (altes Kino) wurde jede Menge überflüssiger glatter Deko-Stoff auf den Container gehäuft; gut erhalten, aber weg. Als ich das sah, wusste ich, davon muss ich etwas ergattern! Das gelang mir dann auch und abends hüllte ich mich heimlich damit ein und kroch ins Bett. Bis mich eines Tages meine Eltern im Bett überraschten und fragten, was das solle, weshalb ich das tue! (Der Stoff wurde mir weggenommen.) Diese Antwort blieb ich ihnen schuldig. Dabei wollte ich doch nur weichen, glatten Stoff um meinen Körper haben!

Auch war ich lieber mit den Mädchen. Mein Gott, war ich schüchtern! ... und ahnungslos! Es blieb aber beim Steinchen-Hüpfen, Sing-Sang-Spielen mit gemeinsamen Tanzschritten, Seilspringen und anderen Spielen.

KINDERSPIELE

Wenn ich meine Kinderzeit durchstreife, fallen mir auch die diversen Kinderspiele wieder ein. Wie viele frohe Stunden der Begeisterung und Freude verbrachten wir, nicht um die Zeit zu füllen, vielmehr um uns zu beweisen, was uns Spaß bereitete. Über den Nebeneffekt von Routine und Fähigkeiten machten wir uns keine Gedanken. Das Ziel lief immer darauf hinaus, einfach besser zu sein als die anderen, was aber nicht immer gelang. Es hängt ja auch vieles davon ab, wie man veranlagt ist. Ich glaube, Sieger zu sein, war für mich kein zwingender Punkt. Schon das Erlebnis, gemeinsam zu ringen und nicht unbedingt der Letzte zu werden, war schon genügend Anreiz zum Mitmachen. Dabei zählten ja die verschiedenen Umstände, Geschick oder Missgeschick, Glück halt, die dem Spiel die pikante, unberechenbare Note gaben.

Lili Marleen: Damals war ich gut fünf Jahre alt. Es muss Herbst gewesen sein, im Norden, in Brunsbüttel-Koog. Die Luft war relativ mild, kein Regen, aber beizeiten duster. So spielten wir gemeinsame Gehschritte. D. h. je nachdem, wie viele Kinder der Nachbarschaft da waren, vielleicht sechs bis ca. zehn, stellte sich die eine Hälfte zu einer Wand im Hof und die andere, vielleicht auf vier Meter Abstand, gegenüber auf. Dann fasste jeder den Nachbarn mit ausgestrecktem Arm an die Taille und zwar so, dass sich eine Reihe ergab. Befand sich mal ein Knirps dazwischen, so lag der Nachbararm auf dessen Schulter. War die Ausgangsposition der beiden Gruppen brauchbar, so gab das leitende Mädchen Anweisungen, welche Schritte wir zunächst machen und was wir singen wollten. Meistens erklang die Ballade „Vor dem großen Tore stand sie noch davor … Lilli Marleen …" Wie sie in ganzer Länge lautet, bekomme ich heute nicht mehr zusammen. Jedenfalls sangen wir dieses frisch-fröhlich-tragische Lied mit Begeisterung. Gleichzeitig bewegte sich ein Cordon auf den anderen zu oder beide pulsierten in Variationen. Als wichtiger Punkt sollte auf Gleichschritt geachtet werden, was nicht immer gelang.

So gab es oft lautstarke Korrektur-Einwürfe und Gequake statt Gesang. Aber lustig war die Sache schon. Gehopse, Gesang, Geschnatter und Gelächter lösten also einander ab und brachten uns fröhliche Kurzweil.

Stand Ohne: Mit zehn Jahren lernte ich dieses Spiel kennen. Es eignete sich hauptsächlich für Jungen, aber auch Mädchen beteiligten sich. Zunächst musste ein fester Stock herbei. Wer ein Taschenmesser besaß, schnitt aus einem nahen Haselnussbusch eine ordentliche Gerte heraus. Nach dem Muster eines Bibers schnitzte er aus dem dickeren Ende ein ca. 15 bis 20 cm langes Stück ab. War es fertig, so sah das „Pinneken" aus wie ein ganz dicker, kurzer Bleistift, an beiden Enden angespitzt. Die restliche Gerte, auf ca. 1,20 bis 1,50 m gekürzt, ergab den benötigten geraden und stabilen Stock aus dem harten und elastischen Nussbaumgehölz.

Jetzt kann es losgehen mit zwei oder mehreren Mitspielern: Am besten eignet sich ein großer, freier Hof oder ein ruhiges, großes Straßenstück mit einem Naturweg. Wenn man eine feste Bodenstelle gefunden hat, wo kein Gras steht, scharrt man mit dem Stock eine ca. 4 cm tiefe Rille. Darüber gelegt bildet das „Pinneken" die Zentralstelle. Von diesem Punkt ca. 10 Schritte weiter zeigt eine gekratzte Linie mit einem Stein oder einem Stock (und nicht mit dem Fuß!) die Distanz an, wo der Mitspieler stehen soll.

So, jetzt geht es richtig los: Der Spielführer versucht nun, mit dem in die Erdrinne eingeführten Stock das quer darüberliegende „Pinneken" weit wegzuschleudern. Natürlich darf das Rundhölzchen nach Gutdünken zurechtgelegt werden. Im Moment des Hochschleuderns ruft der Spieler: „Stand Ohne". Wird das weggeschleuderte „Pinneken" von feststehendem Mitspieler gefangen, bekommt er Sonderpunkte, die dem Spielführer abgezogen werden. Nun, dann werden die Rollen getauscht. Wenn aber das Holz, nicht gefangen, irgendwo landet, darf das „Pinneken" durch Aufschlagen an die Spitze hochgejubelt und mit einem Luftquerschlag möglichst weit weggehauen werden. Hat das geklappt, kann noch einmal geschlagen werden. Jetzt wird die Entfernung vom Hölzchen bis zur Startstelle abgeschritten. Jeder Schritt – ein Punkt. Jeder hat also drei Kontakte mit dem Holz. Haut er dreimal daneben, dann macht der andere sein Spiel. Wer die meisten Punkte hat, hat die meisten Punkte – und das Rennen kann pausenlos weitergehen. –

Wagenfahren: In gehobener Position verfügt das heranwachsende Bürschlein natürlich über einen Wagen, wenn auch, und das immerhin, in komfortabler Holzklasse! Die Bundesbahn fing ja auch mit Holzklasse 4 an, bevor sie viel später zum französischen TGV hinüberschielte.

Zwar verfügten unsere ersten Vorkriegsmodelle noch über manche Kinderkrankheiten wie z. B. an den Radlagern, aber sie wurden im Allgemeinen nicht so drastisch eingeschätzt, dass eine Rückrufaktion gerechtfertigt erschien.

Die Karosserie bestand schon damals aus rostfreien Materialien, was auf der anderen Seite mancherorts für Wurmprobleme sorgte. Nun, unser

H-Wagen hatte auch so manche Mucken, wie das so bei Oldtimern öfters mal der Fall ist: Die Radspeichen saßen nur bei Regenwetter fest im Eisenreifen. Bei längerer, trockener Zeit gestaltete sich ein alter Hammer mit einem abgesplitterten Griff als wichtigstes (und einziges) Utensil vom Bordwerkzeug. Damit klopfte ich nach kurzer Strecke und regelmäßig die verrutschten hölzernen Speichenstücke wieder an ihren Platz. Geschah das nicht, so signalisierte ein rhythmischer Schleifton die Notwendigkeit des Eingreifens. Im Fall der Bevorzugung einer anderen Aufgabe setzte eine Bremsautomatik ein, die sich so ausweiten konnte, dass die Parkstellung als letzte Konsequenz ein sicheres Halten ermöglichte. Bei der Inbetriebnahme des Oldtimers zum Zwecke einer Promenadenfahrt bei schönem Wetter ging das nur mit einer Zweierbesatzung:

Nach Herauslösen des Bug- und Heckteils des Laderaumes nahm der Pilot vorne Platz. Mit ausgestreckten Beinen am Lenkgestänge konnten so die delikatesten Kurven gemeistert werden. Der Kopilot, inzwischen auf dem Rücksitz Platz genommen, sorgte für den Antrieb. Die herunterbaumelnden Beine berührten bequem den Boden und regelten die Reisegeschwindigkeit wie auch erforderliche Bremsmanöver. Bei längeren Ausfahrten tauschte das Team schon mal die Plätze, denn diese Sportart verlangt das einfach. Und hatten wir es vor lauter Begeisterung wieder einmal übertrieben, zahlten wir am nächsten Tag mit Muskelkater. Das war unser H-and-Wagen.

Wenn sie auch nicht gerade spektakulär sind, will ich doch kurz noch folgende Aktivitäten aus der Erinnerung nennen:

Das Steinchen-Hüpfen in aufgemalten Quadraten, Hula-Hoop-Reifen mit Hüftschwung, Ballspiel an einer Wand mit Abstoß von Hand, Arm, Kopf im Wechsel, Federballspiel, Blinde Kuh, Versteckspiel, „1, 2, 3, ich komme!" und andere.

Neben den genannten Aktivitäten gab es noch das Seilhüpfen, bei dem man im Takt des rotierenden Seils, das von zwei Kindern in Bewegung gehalten wurde, ganz schön hüpfen musste. Waren wir nur zu zweit und wollten das Seil kurbeln, knoteten wir ein Ende an den Zaun und so ging es auch.

DAS PÄLMEN (QUALMEN)

Wenn der Sommer zu Ende ging und der Herbst das erste Laub in den Lindenbäumen gelb färbte, dauerte es nicht lange und der ganze Boden der Allee glänzte dann in voller Pracht der goldenen Sendung. Durch den Wind lag an manchen Stellen haufenweise Laub herum, was uns als Kinder natürlich besonders reizte. Mit schlurfendem Gang beeilten wir uns, da und dort hindurchzustiefeln und als Krönung Blätterrauschen zu verursachen.

Kamen Nachmittage, die uns günstig erschienen, verabredeten wir uns zum Pälmen. Das bedeutete auch, Vorbereitungen zu treffen: Ich brauchte dazu eine saubere Konservenbüchse in normaler Größe, Hammer, Nagel, Zaundraht. Auf einem alten Holzbrett als Unterlage klopfte ich zwei Löcher am oberen Rand der Dose zur Befestigung des zwei Meter langen Zaundrahtes, sodass ein Henkel von etwa einem Meter Länge entstand.

Je nach Lust und Erfahrung lochte ich mit Nagel und Hammer den Dosenboden (nicht Hosenboden). Da ich immer darauf aus war, Variationen auszuprobieren, besaß ich mehrere Dosenmodelle. Eine Konstruktion gefiel mir besonders, und zwar die absolute Weltneuheit mit Sicherung aller Patente: Mein lochfreies Erbsenbüchsen-Boden-Modell mit seitlichem Eingang! Und so funktionierte es: Man nehme ein Stückchen geknittertes Zeitungspapier einer Samstagsausgabe (besonders schmalzhaltig), fülle den restlichen Freiraum mit trockenen Lindenblättern und zünde von außen mit einer Flamme in die seitliche Dosenöffnung. Da diese Operation im Freien stattfindet, kann sofort mit dem Schleudergang begonnen werden, sofern der ankommende Radfahrer außer Reichweite ist. Fängt es beim Karussell-Schleudern an, stark zu qualmen, dann ist alles in Ordnung. Qualmt es nicht, dann ist der Ofen aus.

So beginnt man aufs Neue. Hat sich endlich bei dieser ganzen Kokelei etwas Glut entwickelt, ist es von Vorteil, kleine trockene Ästchen vorsichtig aufzulegen, um noch mehr feste Glut zu erhalten. Wenn darauf die Blätter kommen, läuft garantiert alles perfekt: Es kann herumgeschleudert werden und es entsteht ein Rauchschweif wie ein Kondensstreifen bei einem Flugzeug.

Der Wettstreit mit meinem Freund ist natürlich auch noch eine Sache. Doch Vorsicht! Im Eifer des Gefechts löste sich einmal eine brennende Schleuderbüchse und sauste ins Geäst des Lindenbaumes.

ÄPFEL AN DER LEINE

Besonders in den ersten Jahren sammelten wir auch Fallobst und Mutter Lucie schnippelte in mühseliger Kleinarbeit viele Apfelstückchen, die Vater auf eine lange Schnur auffädelte und quer durch das Zimmer hängte. Manchmal sah es wochenlang aus wie in der Faschingszeit, nur nicht so bunt.

Waren die Apfelscheibchen endlich trocken, landeten sie in einem Behältnis als Vorrat für den Winter. Daraus wurde meist aber nichts, denn wir aßen schon vorher davon und der Rest fing an zu schimmeln.

BEIM BAUERN

Herbstzeit war auch Kartoffelzeit. Ich suchte nach der Schule einen Bauern, der gerade Kartoffeln ernten wollte. Die Knollen wurden mit einer Kartoffelgabel-Walze aus der Erde gekratzt, zunächst von zwei Pferden, dann in späteren Jahren von einem Traktor gezogen. Die so auf der Erde liegenden Kartoffeln, von mehreren Leuten, meist Kindern, aufgehoben und in Körbe gelegt, wanderten dann in Säcke.

Natürlich litt ich unter der ungewohnten Belastung, aber ich bekam etwas Geld, meist noch ein Abendessen und eine Kanne Milch.

Einmal half ich dem Bauern beim Hüten von Schweinen. Da gab es noch eine Sonderaufgabe: Ein Muttertier war überrund und sollte in Kürze Ferkel bekommen. Ich musste mit einem Eimer in einen Schweinekoben, wo die dicke Sau auf Stroh lag. Dann verschwand der Knecht und ich saß auf dem umgestülpten Eimer allein in dem düsteren Stall.

Das heißt, ganz allein war ich nicht; die Sau war ja da. Sie bewegte sich kaum, zu meinem Glück. Meine Aufgabe bestand darin, aufzupassen; wenn das erste Ferkel erscheine, müsse ich es greifen, mit Stroh reinigen und achtgeben, wenn sich das große Tier drehen wolle, dass kein Frischling erdrückt würde. In der Wartezeit, beim Beobachten und Betrachten des Borstentieres, staunte ich über diese Körperfülle; so etwas Mächtiges, so dicht daran, so nah sah ich noch nie eine Sau. Dann kamen mehrere Kleine hintereinander und alles ging gut.

Beim bäuerlichen Abendessen fing es bei mir am Bein und dann am Bauch zu krabbeln an. Beim angstvollen Nachsehen fand ich ein linsengroßes dunkles Viech mit vielen krummen Beinen. Ich wollte schreiend weglaufen, was wegen des Essens, der Milch und des Geldes nicht ging. Die Bauernsleute lachten: „Das sind doch nur Schweineläuse."

ÄHREN

Das Jahr darauf half ich dort noch mal beim Ähren-Aufrichten im Juli: Das Getreide erhielt den Ernteschnitt paar cm über dem Boden und wurde sofort in beindicke Büschel gebunden und in einer Reihe abgeworfen.

Wir Kinder erfassten sogleich mit rechtem und mit linkem Arm ein Büschel und stellten es dachschräg auf dem Boden auf zum Trocknen. Da wir uns kammartig voranarbeiteten, wollte keiner der Letzte sein und das stachelte natürlich zur höheren Leistung an. Ganz schön raffiniert.

Am Abend waren meine beiden Arme ganz wund.

KINDERERHOLUNGSHEIM

Mit zehn ging ich zur Erstkommunion. Kurze Zeit später sollte ich, über das Gesundheitsamt eingeleitet, vier Wochen zur Kur in die Berge. Das Kindererholungsheim, umgeben von Wald und Bächen, verfügte über große Säle zum Essen und Schlafen. Geduscht wurde in einer Gemeinschaftsanlage.

Wie in einem Bad herrschte auch hier reges Treiben. Einige ältere Schüler taten sich hervor mit ihrem Penis. Sie verfügten über ein Ding von Schwanz und in so unterschiedlichen Modellen, so etwas sah ich noch nie zuvor. Wo auch! Die Kur-Zeit fing ja gut an.

Der eine Penis war wirklich lang. Dann nahm der Junge ihn hoch und während er ihn weiterrieb, richtete sich das Gebilde ganz auf, streckte sich zu einer Stange und spuckte schließlich. Mein Gott, so etwas hatte ich noch nie gesehen. Wie geht so etwas überhaupt? Spannend.

Das musste ich auch mal probieren, aber es gelang mir nicht; keine Stange und so. Andere Ältere wetteiferten mit ihren steifen Ruten und hängten Handtücher darauf. Wann kann ich das auch? Jedenfalls hatte ich etwas dazugelernt. Nur, weshalb spuckte manch ein Penis? Fragen, Fragen.

DER FREMDE PUDDING

Beim Mittagessen im großen Saal kam es einmal vor, dass jemand aus unserer Gruppe eine Nachspeise nicht mochte und sie stehen ließ. „Wem gehört das? Wer hat das zurückgelassen?", ertönte die strenge Stimme.

Keiner meldete sich. Wir mussten alle am Tisch sitzen bleiben, bis sich der Missetäter melden würde. Es tat sich diesmal nichts. Wir wollten unbedingt hinaus und warteten ungeduldig; und warteten; und ich auch. Mir kam eine Idee, um die Situation schnell zu beenden: „Das ist meiner", sagte ich laut und verspeiste den fremden Pudding. Alle schauten auf mich. Nach einer gehörigen Rüge der Gruppenleiterin (und Meckerei meiner Kumpel) verließ ich mit den anderen den Saal.

„Ich war das nicht!", beteuerte ich meinem Umfeld. Doch sie glaubten mir nicht. Die Sache war auch schnell vergessen.

HEIMWEH / WIEDER ZU HAUS

Trotz der vielen neuen Eindrücke und Ablenkungen vermisste ich Mutter und das Zuhause sehr. Arges Heimweh plagte mich, vor allem in den ersten Wochen. Und in dieser Zeit gab es bei uns im Haus noch kein Telefon (um 1952) und so schrieb ich halt:

Postkarten mit Foto, das ging am besten. Von den Erfahrungen in der Groß-Dusche erwähnte ich natürlich nichts; auch später wagte ich nicht Mutter von diesen Dingen zu erzählen oder Fragen zu stellen.

Jeden Tag, nach Schluss der Kaffeezeit, starrten wir Kinder gebannt auf das hereingebrachte Bündel Post. Alles war mucksmäuschenstill. Stück für Stück ertönte der Familienname und mit dem Ruf „Hier" meldete sich die oder der Betreffende. Da gab es aber kühne Lausbuben, die besonders auf die Mädchen ein Auge hatten und kurz nach dem Namensaufruf schnell „Hier" riefen in der Tonlage eines leidenden Huhnes. Alles lachte. Die „Wer war das?!"-Reaktion der Aufsichtsperson brachte keinen Erfolg und so blieb die lustige Einlage bestehen für den Rest des Kuraufenthaltes.

Mein Gott war ich glücklich, als Post von zu Haus kam: Einmal pro Woche Post, das war schon was. Täglich erwartete ich eine Nachricht und wie oft kam nichts!

Auch diese Zeit ging vorüber. Wieder zu Haus, übte ich immer wieder mit dem Zipfel, bis es mir irgendwann doch kam und ein Anfang war gemacht.

HANDELSKATALOG IM BEICHTSTUHL

Schon in der Volksschule (heute Grundschule) wurden wir im Religionsunterricht darauf hingewiesen, dass das Onanieren von Übel und somit Sünde sei; und ich tat es doch so gern. Und schließlich: Täglich musste es sein und bei mir im Zimmer, am Waschbecken, spritzte ich um die Wette mit dem letzten Mal.

Zur Befreiung meines beladenen Gewissens musste ich ja doch zur Beichte gehen und ich ging immer regelmäßiger, um die Sünden loszuwerden. Der Handelskatalog im Beichtstuhl sah in etwa so aus:

3 × zornig gewesen = 3 Vaterunser

3 × böses Wort gesagt = 1 Vaterunser

5 × geflucht = 4 Vaterunser

1 × sonntags nicht in der Kirche gewesen = 1 Gegrüßet seist Du Maria

7 × onaniert = 1 Rosenkranz

1 × ungehorsam gewesen = 1 Vaterunser

Dann wurde es mir doch zu viel mit dem Büßen. Mit meinen Eltern konnte ich nicht darüber reden. Das Thema Sexualität war tabu. Die Zeit verging und so suchte ich später heimlich einen Mediziner auf, denn ich dachte, mein Verhalten sei nicht normal. So erhielt ich über Monate wöchentlich Brom-Spritzen, um das sexuelle Bedürfnis zu dämpfen.

Heute glaube ich, dass dadurch die Beichte nicht wesentlich beeinflusst wurde.

KLEIDERSCHRANK

Kam Silvester oder Fasching oder sonst ein Anlass, wurde mit meiner Schwester die mütterliche Garderobe gesichtet und erprobt. Schien die Zeit günstig, stöberte ich vorsichtig wieder mal im Kleiderschrank, ganz für mich alleine. Ja, die Träume! Dieses Geschehen, das Verhalten, die Empfindungen laufen in langsamer, langer Zeitspanne ab. Doch das Streben nach den femininen Bereichen, latent vorhanden, wurde durch gesellschaftliche Standards stets zurückgewiesen.

Das blieb auch Jahre so, trotz der Erkenntnis, dass vieles nicht so war, wie es erzählt wurde.

Das Elternhaus zeigte sich auch typisch konservativ:

Der Hinweis meines Vaters ist mir immer auch noch in Erinnerung. Es war sommerwarmes Wetter, nur mit einer knappen Badehose lief ich im Haus und Garten umher: „Zieh dir eine lange Hose an, so läuft man nicht herum! Wir sind hier nicht in der Badeanstalt!"

Wieder verging Zeit.

LOBLIED AUF MEINE GELIEBTE MUTTER

Ein feierliches Gedicht oder besser: ein Loblied auf meine geliebte Mutter Lucie.

Meine Mutter Lucie erzählte: Als Jüngste von drei Mädchen wurde sie unter dem Sternzeichen Fische in Berlin geboren und erlernte die Schneiderei in einem berlinischen Nobel-Atelier, genau wie vorher ihre Mutter Helene. Durch geschäftliche Überlegungen zog ihr Vater, mein Großvater, als Geschäftsmann mit seiner Familie von Berlin nach Breslau, um dort mehrere Nähmaschinen-Geschäfte zu eröffnen. Gleichzeitig handelte er mit Großmaschinen zur Textilherstellung.

Wie Mutter weiter berichtete, besaßen sie das erste große Auto in der Umgebung und fuhren sonntags mit der ganzen Familie ins Grüne und nach Jahreszeit und Wetterlage zum Picknick. Das zurückklappbare Verdeck des Autos vermittelte den Eindruck eines rollenden Ausgucks nach allen Seiten. Die Reisegeschwindigkeit betrug meist moderate Werte, denn es bestand mehr Interesse an der Reise an sich und nicht an der Geschwindigkeit, die sowieso technisch nicht im Vordergrund stand, und auf den gepflasterten Steinstraßen ratterten die Räder doch spürbar.

Einen Hund besaß die Familie nicht, dafür aber ein Huhn, das immer mitgenommen wurde, auch eben zum Sonntagsausflug, zum Beispiel im offenen Wagen. ... war das die Basis, dass ich mit zehn Jahren zum Geburtstag auf Wunsch ein Huhn, ganz in Weiß, bekam?

Mehrere Jahre lebte es bei uns wie ein Hund; nur halt auf zwei Beinen.

MUTTER LUCIE IM SALON

Schon in meiner jüngsten Schulzeit half mir meine Mutter „Mutti" beim Vokabeln-Abhören, in Deutsch Wörter suchen, das Einmaleins üben oder bei anderen Schulaufgaben.

Reifte im Sommer und dann im Herbst das Obst heran, gab es für alle mehr Hausarbeit, denn es wurde geschält, geschnipselt, gekocht und eingemacht für den langen Winter.

Schön waren auch die Dämmerungs- und Abendstunden in der Familie. Vater hantierte mit Schreibkram oder lötete auf dem Schreibtisch an einem alten Radio, das nie fertig wurde; Mutter saß auf der Couch und strickte; so manches Mal werkelte ich auch mit der Häkelnadel oder

der Strickhexe (eine große Garnrolle mit vier eingesetzten Nägelchen um das mittige Loch und unten kam je nach Strickeifer bald eine Strickwurst heraus).

Eine willkommene Abwechslung für mich als auch für Mutti war das Frisör-Spielen: Das heißt, es wurde weitergestrickt und ich rückte mit Kamm, Spiegel, Haarklammern, Kämmchen und Bändchen auf der Couch näher heran und begann Mutter zu kämmen und ihre Haare zu bürsten und zu binden.

Ehe sie in den kleinen Spiegel schauen konnte, verging natürlich eine gewisse Zeit, die Mutti immer mehr genoss. Sie schnurrte dann wie eine Katze vor Behagen. Mein Gebastele auf ihrem Kopf empfand sie als so angenehm, dass ich freie Bahn für alle denkbaren Frisuren und Experimente bekam. Und schließlich achtete ich auch darauf, nicht zu ziepen, was beim Einsatz von Lockenwicklern nicht so einfach war.

Mal konstruierte ich kleine abstehende Rattenschwänze oder modellierte eine „elegante" Hochsteckfrisur für den Abend. Mutter besaß dunkelblonde leicht gewellte, volle Haare, mit denen ich schon etwas anfangen konnte. Wollten dann meine Arme nicht mehr, so bedauerte mein Kunde das Ende der Sitzung zutiefst und ich versprach tröstend: Morgen machen wir weiter. Einmal fragte ich sie, weshalb sie sich immer am Abend die Haare kämmen würde. Ganz einfach: Durch das Kämmen wird gleichzeitig die Kopfhaut massiert. Das beruhigt die Nerven und man schläft besser, erklärte Mutter.

Telefon und Fernseher hatten und kannten wir nicht zu Haus und vermissten es auch nicht. Auch erzählte Mutti aus ihrer Zeit von früher sowie von Begebenheiten nach dem Krieg, die ich zum Teil noch miterlebt hatte.

MUTTER LUCIE IN DER KÜCHE

Was die Küchenseite betrifft, muss ich sagen: Mutter Lucie war unschlagbar in puncto Haushalt und Garten und wer sie kannte und erlebte, musste begeistert sein! Es gab keinen Zweifel, von Mutti gab es viel zu lernen, vor allem auch was mich betraf: Sie war die ideale Zentralperson in meiner Jugendzeit.

Durch mein farbiges Interesse an Küchenkünsten und Mutters Anleitungen wuchs im Laufe der Zeit und automatisch meine Selbstständigkeit. Zu den Feiertagen speziell wurde gekocht und gebacken, was ich damals als normal empfand und heute vermisse. Nun ja, es liegen Jahrzehnte dazwischen; dennoch kreisen heut noch viele Gerichte und Backwaren in meinen Erinnerungen, samt der jeweiligen Geruchs- und Duftkulisse!

Nebenbei: Wir besaßen viele Jahre keinen Kühlschrank und brauchten ein solches Gerät auch nicht, denn wir verfügten über eine kühle prima Vorratskammer.

Je nach Feier- und Festtag gab es, wie üblich, unterschiedliche Programme. Die Fünfzigerjahre brachten Erholung auf allen Gebieten und es wurde und konnte schon ein wenig besser gelebt und gefeiert werden. Zu Weihnachten gab es dann schlesische Kartoffelklöße mit Bauchfleisch, Wellwurst, Braune Wurst und Krakauer mit Sauerkraut und nicht zuletzt die obligatorische schlesische weiße Brühwurst: Das war wirklich ein echter Festtagsschmaus!

Sollte es mal zu Weihnachten eine Gans geben, so brachte in der ersten Zeit der Vater einen Vogel vom Bauern mit: gerupft, aber noch nicht ausgenommen! So sah und lernte ich, wie es geht und gemacht wird. Das anhaftende Fett an den Öffnungsstellen bildete eine willkommene Basis zur Herstellung von delikatem Gänseschmalz. Zu dem Gänsebraten gab es als Beilage oder auch als Nachtisch in Essig süßsauer eingelegten Kürbis, der stets in der Kalten Küche (Vorratsraum) in einem großen Steingutgefäß oder in kleineren Gläsern aufbewahrt wurde. Leider hielt er sich nicht lange, denn nicht nur mit Schlagsahne schmeckte er uns ausgezeichnet und wurde deshalb immer ein leichtes Opfer der schnellen Gabel.

Erwarteten wir baldigen Besuch aus der Familie und stand Ostern bevor, so kamen das Kuchenblech und Formen zum Einsatz und Mutter zauberte Streuselkuchen, Abgerührten, Tortenböden und ähnliches Gebäck. Zur Tortenherstellung: Es war eine Pracht! Und die vielen Düfte, die die Wohnung verzauberten!

HOLUNDER

Auf unseren Spaziergängen im Herbst beobachteten wir auch den Standort und den Reifegrad der Früchte, wie z. B. Holunder, die uns begegneten. Hingen die Dolden dunkelrot und schwer an den Ästen, so war höchste Eile geboten, denn die Vögel mögen diese Beeren ebenfalls sehr gern.

Mit Tüten, Taschen, Eimern und einem Rechen zogen wir, meist mit dem Auto, zur Ernte. Je nach Lage füllten sich rasch unsere Behältnisse und schon ging es wieder heimwärts und Mutter richtete alles, um die Beerchen mit einer Gabel von den Dolden abzustreifen. Meistens halfen wir alle mit.

Natürlich war es immer eine heikle Angelegenheit, weil die blauen Kügelchen überall herumsprangen und starke Flecke verursachten. Nachdem alles entstielt war, wartete schon der große Topf mit etwas Wasser und die eingefüllte Ware wurde erhitzt, bis die Schale sich leicht öffnete. Dann kam alles in ein Leinentuch und wurde so lange gepresst, bis kein Saft mehr heraus wollte.

Diese Prozedur verursachte ebenfalls eine Menge Kleckerei und Gefummele, aber auch viel Freude beim Erleben der ganzen Aktion. Dieser Holundersaft, gesüßt oder ungesüßt, passte gut zum Pudding und war auch nur mit Wasser verdünnt gut gegen den Durst. Wenn er mal zu gut schmeckte, gab es dann eine Toiletten-Rennerei.

NEUES ELTERNHAUS

Mutter konnte sich mit ihrer Idee, ein Haus zu bauen, Gott sei Dank durchsetzen. Es klappte tatsächlich und das ganze Interesse bezog sich nun auf das neu zu bauende Haus.

Um Geld zu sparen, schachteten wir alle aus der Familie den Baugrund von ca. 12 × 12 m selber aus, egal ob nach Feierabend, samstags, sonntags, feiertags: so wurden wir zu Bauleuten mit erheblichem Muskelkater. Die Baugrube musste zu unserem Leid tiefer werden, wegen des geplanten Kellergewölbes. Nun ja, der Sommer stand vor der Tür.

Damals war ich 17 Jahre und fuhr die meist sehr volle Schubkarre über schmale Laufbretter aus der Grube. Je tiefer sie wurde, umso mehr Anlauf musste ich nehmen. Dann wuchs der Bau und schließlich kamen die Firstbalken und Richtfest wurde gefeiert. Danach sollten die nackten Balken mit Holzschutzmittel gepinselt werden. Aber sie bildeten schon das Dach!

Gut, ich mache es: So kletterte ich in luftige Höhe und begann mit einem Pöttchen und dickem Pinsel die sägerauen Dachstuhlbalken Stück für Stück mit öligem braunem Mittel einzupinseln. Es dauerte nicht lange und das streng riechende Zeug floss und tropfte über den Pinselstil und die Hand, den Arm lang bis zum Ellbogen. Die giftige Substanz würde ich heute nicht mehr anfassen. Während ich in dieser Höhe pinselte, kamen natürlich Nachbarn und andere vorbeiziehende Leute, blieben oft stehen, bewunderten und kritisierten meine gefährliche Arbeit in dieser Höhe: Ich solle mich doch anseilen! Aber womit? Ich hatte keine Angst und viel Glück: Ich lebe noch.

Dann war es so weit, wir konnten umziehen, einziehen, und ich erhielt mein erstes eigenes Zimmer im ersten Stock. Es war herrlich, denn so etwas hatte ich noch nie erlebt. Außerdem liebte ich den Geruch von frischem Mauerwerk.

Später war es so, dass meine Freunde zu mir kamen und ich ihnen mein schnurrendes Elektro-Motörchen oder das Tonband o. Ä. vorführte. So konnte es mal öfters etwas lauter zugehen, bis Mutter mit dem Besenstiel an die Decke pochte. Dann wurde es Zeit zu reduzieren; sonst gab es Ärger.

Auch gingen wir (unsere Truppe) öfters in die nahe kleine Kneipe. So kam es vor, dass es mal später wurde als 22 Uhr und dann kam ich nur mit der Hausklingel hinein. Böse, böse; denn einen eigenen Schlüssel bekam ich noch nicht. Es war halt so üblich. Doch einmal wurde mir die Sache zu bunt. Wir hatten etwas zu feiern und es wurde mit Sicherheit spät. Also ließ ich mein Fenster angelehnt und turnte bei der späten Heimkehr auf die Eingangsempore und hangelte mich in das Fenster. Geschafft! Am nächsten Tag sah man am Putz Kratzer von meinen Schuhen. Oh, da gab es wieder Dampf!

OMI

Zu dieser Zeit manikürte ich mir schon regelmäßig meine Fingernägel. Und weil das schon gut klappte, kam auch meine mütterliche Omi bei einem Besuch auf den Geschmack und dann auch regelmäßig bei ihren Sonntagsbesuchen erst in mein Zimmer des elterlichen Hauses, zum Nägel-Machen und zur Gesichtspflege: Da wurde gefeilt, gezupft, rasiert und gereinigt, gecremt und erzählt.

„Weißt du, was egal ist?" – „Du kommst auch mit Fragen!" – „Egal ist, ob er ihn drin hat oder sie!" – „Aber Omi!" Das war wieder mal ein Punkt; na ja, sie genoss sichtlich meine fürsorgliche Behandlung und Gegenwart und gab sich in der Intimität des Raumes lockerer als im Augenschein mit den Eltern. Da sprach sie so etwas nicht. Klar.

War das Wetter mal wieder kalt und ungemütlich, so verkündete sie: „Leute, zieht euch warm an. Kälte greift den Darm an!" Nach dieser obligaten Ouvertüre konnte das sonntägliche Kuchenessen und das gemeinschaftliche Rommé-Kartenspiel mit der ganzen Familie begonnen werden.

MEIN ERSTES AUTO

Mit 24 kaufte ich ein gebrauchtes Auto aus der Klempnerei in der Nachbarschaft: Opel Caravan, Olympia, 1,2-Liter-Motor, Dreigang-Lenkschaltung, verbeult und stellenweise durchgerostet, für 600 DM und ein Liter Benzin kostete ca. 60 Pfennig!

Eine Garage hatten wir nicht, so baute ich an meinem Auto auf der elterlichen Grundstückseite der Straße. Nun wurde ich auch noch nebenbei Wetterspezialist, da viele Arbeiten bei Regen halt unmöglich sind. Aber ehe das überhaupt möglich war, sah es so aus: Die ersten Reparaturen ließ ich in einer Fachwerkstatt erledigen, aber ich blieb immer dabei (bis heute), um mitzuerleben, wie der Fehler lokalisiert und dann behoben wird. Ich achtete auf jeden Handgriff des Mechanikers und fragte auch schon mal zwischendurch. So lernte ich bei jeder Reparatur immer etwas dazu. Auch bin ich heute noch bemüht, immer denselben Automechaniker zu bekommen. So ist die Wahrscheinlichkeit, dass wir drei – der Fachmann, das Auto und ich – immer vertrauter miteinander umgehen, was wiederum optimale Ergebnisse erhoffen lässt.

Einmal stand eine Inspektion mit Reparatur an, aber der Monteur hatte keinen Termin mehr frei. Ich hüpfte von einem Bein auf das andere und jaulte (jammerte), ob es keinen Ausweg gebe. Da sprach „mein Meister": „Komm am Samstagmorgen zeitig zu mir nach Haus. Aber sprich mit keinem darüber!" Welche Wonne! Ich gab ihm mein Wort darauf.

Schwergefallen ist es mir nie, Zugesagtes einzuhalten. Denn es ist doch Ehrensache.

Und weil das am Sonnabendmorgen so gut klappte, war ich ab sofort Privatkunde, bis auf Arbeiten, die nur mit großen Spezialwerkzeugen durchzuführen waren. Und meinem Geldbeutel tat das auch gut. Diese technischen Samstagsstunden, die nach Bedarf regelmäßig unregelmäßig stattfanden, hatten es wirklich in sich. Denn wenn der Obermeister z. B. unter dem Wagen arbeitet, einen anderen Schlüssel braucht, so kann ein Lehrling von großer Hilfe sein. Oder es werden die Arme benötigt, zum Festhalten. So war ich gern der Lehrjunge von Anfang 20 Jahren und verrichtete meinen Hol-mal-bring-mal-Dienst mit Freude und Interesse. Ich muss sagen, dass ich automatisch eine Menge über Autotechnik in meiner „Lehrzeit" erfahren habe.

Die Zeit ging weiter und ich begann zunächst die einfachen Servicearbeiten zu Haus selbst durchzuführen: Ölwechsel, Filterwechsel, Zündkerzenwechsel und später stand so manches Aggregat auf der Liste. Auch ein Türschloss, Lampe, Scheinwerfer und etliche mangelhafte Teile wurden im Laufe der Zeit ersetzt, denn mein Auto sollte nicht nur fahrtüchtig und sicher sein und bleiben, sondern auch schön werden.

Viele benötigte Ersatzteile suchte ich für meinen Opel Olympia, Baujahr 57, bei einem Autoschrotthändler. Davon gab es in unserer Stadt drei Adressen. Einer von diesen hatte das gewünschte Ersatzteil bestimmt. So zog ich öfters los mit diversem Werkzeug, suchte ein passendes Auto, meist einen Unfallwagen, prüfte und verglich, besprach das Ganze mit dem Händler. Ja, ausbauen muss ich selber. Natürlich. Und wie das geht? Keine Ahnung! Kombinieren und probieren und ich will auch nichts beschädigen oder verbiegen!

Eine Expedition ins Schrottreich ist immer ein riesiges Abenteuer, denn die Verletzungsgefahr ist durch das chaotische Durcheinander von Glasscherben, vorstehenden Blechen und Stangen, freiem Öl und Säuren doch recht hoch. Aber der Reiz, preiswert ein dringend benötigtes oder gewünschtes Ersatzteil aufzustöbern und die Schwierigkeitsgrade – zunächst des Ausbauens, dann musste das alte/beschädigte auch ausgebaut und das andere wieder richtig eingebaut werden – zu überwinden, war, wenn dann die Sache noch funktionierte, noch größer als das lauernde Risiko! Und die Freude immens.

MEIN ERSTES AUTO

Aber natürlich muss man sich in Acht nehmen, wenn z. B. ein Gewinde verrostet ist, erst hakt, dann mit einem Schlag frei oder abgebrochen ist, denn schon hat man einen blutenden Finger oder gar noch mehr. Ich sage heute auch: Eine Beule ist „schneller drin als raus".

Meinen Opel hatte ich technisch so weit fahrbereit, nur die Sitzbank war etwas problematisch, denn der äußere Fuß beim Fahrer hing in der Luft, weil das Bodenblech von der Karosserie an dieser Stelle nicht mehr da war. Der Rost hatte es mitgenommen. So gelang es beim Fahren, mit vorsichtiger Po-Haltung, den flitzenden Asphalt zu sehen. Ja, was machen wir da? Wir gehen zum Schrotthändler. So ein blöder Gedanke; wo bekommen wir denn Blechstücke her? Beim Schmied. Richtig! Aber der Schrott-Fritze ist näher! Er zeigte uns verschiedene Schilder. Das ist die Idee! Ein Schild in der Größe eines DIN-A4-Blattes unten und ein größeres oben auf das Loch, an allen vier Ecken ein dickes Loch bohren, Schrauben durch, fertig!

Mit einer Schablone, damit es auch exakt wurde, bohrte ich per Hand die vielen Löcher.

MEIN ERSTES AUTO ... FEDER IM PO

Die Sitzbank konnte ich nicht ausbauen, denn die Befestigungen saßen durch Rost für mich unlösbar fest und die Überraschung sollte noch kommen.

Dieser Sandwich-Gedanke war ja nicht so schlecht. Nur das Anbringen brachte mich trotz moralischen Beistands des gleichaltrigen Freundes aus der Nachbarschaft zur Verzweiflung. Normalerweise müsste die Bank ausgebaut sein und der Wagen auf einer Bühne stehen, sodass man auch gut von unten herankann. Die gebohrten Löcher passten nicht, wegen des gewölbten Autobodens. Nach vielen Stunden der Mühe war es dann doch geschafft.

Auch das Polster der Bank zeigte arge Gebrauchsspuren an der Fahrerstelle: Eine faustgroße Stahlsprungfeder hatte sich gelöst und musste vor Fahrantritt immer in Position gebracht werden. Als ich an einem Tage in der Nachbarstadt an einer Kreuzung losfuhr, schnallte die Feder aus dem Sitz durch die Hose in meinen Podex. Oh Schreck! Mitten auf der Kreuzung hielt ich an, stieg aus, zog mir die lange Hose herunter, die kurze auch und tastete die nackte Po-Backe ab, wegen der Blessur. Eile war ja geboten bei einer solchen Verletzung!

Ich kontrollierte meine Tast-Hand: Kein Blut, aber ein Kratzer wie von einer Wildkatze! Also Hosen wieder hoch und schon ging es weiter, heimwärts, nachdem ich die Sprungfeder wieder gerichtet hatte.

MEIN ERSTES AUTO ... AUSBEULEN

Mein Auto hatte ich von einer Klempnerfirma gekauft, das heißt: Mein Auto war auch äußerlich recht mitgenommen. Überall Beulen, kleine und große, die hintere Stoßstange stand arg krumm und das sollte nun ein Ende haben.

Ein paar Meter hinter der Bastelstelle auf der Straße war die Fahrbahn zu Ende und mündete in einen schmalen Übergang, ein Brückchen über einen kleinen Bach. Dort bewegten sich nur Fußgänger und Radfahrer oben und Frösche unten. Jedenfalls kam mir das eiserne Geländer des Brückchens wie gerufen: Mit meinem alten Abschleppseil sollte es gelingen. Ein Ende verknotete ich an der Stoßstange vom Wagen und das andere Ende hakte ich an das Brückengeländer.

Als niemand kam, schob ich den Pkw etwas zurück, sodass das Seil lose runterhing, um sogleich den Opel nach vorn zu schieben. Das Seil spannte sich und bremste das Fahrzeug über die Stoßstange und so wurde sie gerader und beim nächsten Mal gerade. Bei einem solchen Manöver darf sich niemand in der Nähe aufhalten, denn durch das plötzliche Rucken kann das Seil eventuell reißen und wie eine Peitsche um sich schlagen.

Dann fing ich an, das ganze Auto außen zu schleifen und zu spachteln. Eine mühselige Tortur, aber es war Sommer und es wurde Stück um Stück weiter fertig. Da die Lackiererei zu teuer war, beschloss ich, das ganze Auto mit dem Pinsel zu lackieren. Mit der original lindgrünen Farbe entstand ein neues Auto, das frisch geschlüpft noch längst nicht trocken war.

Ein befreundeter Nachbar bot uns seine Garage für ein paar Tage an, zur Lacktrocknung. Am nächsten Tag schaute ich nach, da war der Wagen übersät mit langbeinigen Schnaken. Mit einer Pinzette löste ich sie ab, so gut es ging.

MEIN ERSTES AUTO ... HOCHZEITSREISE

Inzwischen lernte ich ein ganz nettes Mädchen kennen, das alsbald meine Freundin wurde.

So passte es ausgezeichnet, dass die gewünschte Jungfernfahrt nach Noordwijk (NL) mit meiner neuen Freundin steigen konnte. Unser Autochen konnte man nicht abschließen, aber es lief wie ein Uhrwerk!

Kurze Zeit später heirateten wir und unsere Hochzeitsreise wollten wir in Richtung Südfrankreich wagen, mit Werkzeug und einem 15-Liter-Ölfass für den Motor. Der Opel brauchte immerhin einiges an Öl und bei einem ca. 2500-km-Vorhaben, da kommt etwas an Bedarf zusammen.

Also, die Maschine war versorgt und die Technik in Ordnung. Autobahnen wurden damals (1965) in Frankreich noch geplant und ca. 2 % waren fertiggestellt.

Ein Nachwort zu dieser Sequenz: Ich betrachtete schon immer jedes Automobil als eine Meisterleistung der Ingenieure und Arbeiter und denke, dass der Umgang mit diesen Fahrmaschinen für mich dementsprechend sorgfältig sein muss. –

Gaby und ich realisierten also unsere Hochzeitsreise nach Südfrankreich.

IN SÈTE

Nun standen wir vor unserem Hotel mit dem neuen Schlüssel in der Tasche und alles war fremd, neu und spannend: Die angetäuten Schlepper und kleineren Boote schaukelten an der Kanalwand und uralte schöne Häuserreihen begrenzten unser Blickfeld. Auch die Sonne, die aromatisierte Luft, die Geräusche deuteten uns, dass wir ganz, ganz woanders standen als gewohnt.

Uns gegenüber ruhte in einem Fenster ein Käfig mit einem lebhaften Beo, der mit seinem lauten Pfeifen die ganze Straße exotisch belebte. Gott sei Dank, wir standen in der Altstadt von Sète und nicht im Urwald. Trotzdem fühlten wir uns etwas wie in einer Wunderwelt.

Gemächlich erkundeten wir unser Umfeld und prüften, ob unser quer zum Kanal geparkter Wagen auch sicher stand und nicht aus Versehen direkt ins Wasser plumpste. Andere Autos standen auch so, das beruhigte. – Mein Gott, ist der Himmel blau.

Also, weiter geht es, zu Fuß ins Zentrum. Da kommen wir an einem Sockel einer Drehbrücke vorbei und sehen gerade noch etwas in Richtung Wasser hinuntersausen. Aufgeschreckt nähern wir uns der schmalen Steintreppe mit vielleicht fünf Stufen und sehen auf dem angrenzenden Plateau ein krabbelndes Etwas mit ein paar Beinen: Der Arme stöhnte und jammerte, denn er war offensichtlich die Treppe, wenn auch mit abgerundeten Kanten, heruntergepurzelt. So lag er da.

Eilig überquerte ich die Straße und bat aufgeregt die Leute vom Restaurant, den Rettungswagen zu alarmieren. Der Chef winkte ab: „Das ist nur ein betrunkener Clochard!"

SÈTE ... PINIENHAIN

An einem Tag kauften wir besonders delikate Sachen ein: Chevre und Camembert und nordafrikanische Merguez-Würstchen (klein, pikant bis scharf gewürzt und rot), mehrere Baguettes, grüne dicke und schwarze kleinere Oliven, Zitronen- und Orangensprudel und natürlich etwas Notfallwässerchen in Rosé und ganz in Rot. Den Korkenzieher hatten wir schon griffbereit verstaut; und zu guter Letzt eine Tüte voll frischer Sardinen. Ein Becher Salz, Besteck und Wassergläser rundeten mit ein paar anderen Sachen das Programm ab.

So ausgerüstet fuhren wir ins Blaue, denn die Gegend war uns noch unbekannt. Wir kamen an einen Pinienhain, umgeben von üppigen Weinstöcken weit und breit. Da war unser Platz und uns störte niemand und wir störten niemanden.

Die Grillen und Zikaden zirpten, ohne müde zu werden. Diese Szenerie hatte einzigartige Wirkung auf uns: Wir fühlten uns wie im Garten Eden. Ungewöhnliche Momente erfordern ungewöhnliche Handlungen: Ja, so ist es! Und sogleich mixte ich für uns beide erst einmal einen bescheidenen Willkommenstrunk aus ein bis zwei Schuss Wein in dem Sprudelglas. Das war genau das Richtige! Santé!

Einen Grill für die Sardinen wollten wir nicht und hatten wir nicht und so tropfte auch kein Fett ins Feuer und verqualmte alles. Schön sachte nach und nach dünstete und brutzelte ich die Dinger im kleinen Kochtopf. Das ging prima!

Da läuft mir jetzt förmlich das Wasser im Mund zusammen bei diesen Gedanken und es zwackt ein wenig, davon zu berichten und hier trocken und bei Lampenlicht nur den Stift zu schwingen. In einem solchen Falle pflegte unser alter Schmied Heinrich von nebenan zu sagen: „Watt willste machen!"

SÈTE ... DIE FEIGEN

Zurück zum Picknick: Wir entdeckten ganz in unserer Nähe an einem kleinen Weg einen größeren Feigenbaum ... mit Früchten! So etwas hatten wir noch nie gesehen und waren ganz begeistert und untersuchten die Früchte. Blaugrün schimmerten sie und fast weich fühlten sie sich an. Beim Pflücken knackte eine Bruchstelle und erquoll weißer klebriger Saft. So probierten wir die Feigen direkt vom Hersteller.

Gaby mochte sie nicht so gern, aber mich reizte das tolle Aroma, um noch weitere Früchte hineinzustopfen. Doch bald merkte ich, dass ich die Rechnung ohne den Wirt gemacht hatte: Diese milde, aber doch intensive Fruchtsäure ruinierte meinen ganzen Mund, einschließlich Zunge und Lippen. So ging dieser pikante Nachmittag mitsamt dem Feigenbaum in die Geschichte ein und blieb in süßsaurer Erinnerung.

SÈTE ... AM KAI

Da wir unser Auto stets an derselben Kanalmauer parkten und auch von dort aus das ganze Treiben am Kanal und auf dem Wasser regelmäßig verfolgten, lernten wir eine einheimische Familie kennen.

Das Familienoberhaupt, Mimi, richtete oft das dort festgemachte kleine Fischerboot für eine Rundfahrt o. Ä. her.

Das schon betagte Gefährt mit ausgeblichener hellblauer/weißer Farbe mit dem Einzylinder-Dieselmotor begeisterte mich von Anfang an, denn es entsprach genau meinem Geschmack. Beim Anlassen hustete es erst einmal ein paar dunkle Wolken heraus, die sogleich der leichte Wind davontrug. Das hastige Start-Tack-Tack-Tack ebbte alsbald ab und dann ertönte nur noch in einem satten und ruhigen Klopfen „Ton-Ton-Ton" und der ganze hölzerne Bootsrumpf vibrierte.

Mimi hatte Gaby und mich zu einer Fahrt durch die Kanalarme in das landesinnere Gewässer, den Étang (= flacher Salzsee, stellenweise als Austerngarten hergerichtet), eingeladen. So erlebten wir zwar keine Fahrt durch die Lagunen von Venezia, aber dennoch erhielten wir einen grandiosen Panoramablick auf Sète und Umgebung.

Mimi, ehemaliger Marine-Maschinist, so um die sechzig, sportlich gebaut, in blauer Hose und Sandalen mit weißem Achselhemd, das das tätowierte Kürzel der Marineeinheit mit Anker an seiner Schulter freiließ, passte gut zu seinen glatt nach hinten gekämmten, etwas schütteren Haaren. Seine markante Nase unterstrich das positive, freundliche Gesicht – und die Gauloises mit ihrer blauen Packung als Lieblingstabak und ständiger Begleiter gehörten einfach dazu.

Dass Mimi nur mit drei Zähnen im lachenden Mund herumlief und seine restlichen künstlichen Zähne immer bei ihm zu Hause lagen, störte uns nicht und ihn auch nicht. Seiner starken Persönlichkeit tat das sowieso keinen Abbruch.

Seine Vorfahren, wie viele Franzosen um Sète herum auch, stammen ursprünglich aus Italien, das ja nicht weit entfernt liegt. Mit der Zeit lernten wir auch die restliche Familie kennen und so entwickelte sich eine interessante Freundschaft.

SÈTE ... FRANZÖSISCHES ABENDMAL

Wir versprachen im nächsten Urlaub wiederzukommen und es klappte auch. Wir erfuhren, dass die Franzosen als Weinspezialisten besonders gern Bier trinken. Ab sofort gehörte zu unserer Bord-Ausrüstung bei der Fahrt in den Süden ein Kasten Pils. Für besondere Gelegenheiten zeigte es sich vorteilhaft, ein oder zwei Flaschen Korn oder Schnaps mit zu verstauen. Später hörten wir, dass es in Frankreich verboten war, im Pkw Alkoholika zu transportieren, was uns aber nicht beeindruckte.

Mittlerweile verschwanden die vielen Autobahnbaustellen und es gab freie Fahrt, wenn auch mit Mautgebühren. So reisten wir in jedem Urlaub mit Vergnügen und freudigen Erwartungen in den Süden nach Sète. Sète, das bedeutet auf Deutsch „sieben". Ganz lustig, denke ich, denn viel später merkte ich, dass diese Zahl für uns eine magische Potenz darstellen sollte.

Wieder einmal in Sète eingetroffen wurden Gaby und ich zum Abendessen bei Mimi und Christiane, seiner Frau, komplimentiert. Ich weiß es noch ganz genau: Neben Reis, gekochtem Fisch und Salaten gab es roh eingelegte Calmar-Morceaux in würzigem Olivenöl. Wir erhielten die Botschaft, dass diese weißen Glibberstücke recht pikant seien. Ich probierte ein Stück und wäre fast umgefallen. So scharf war es, mit Chili gepudert, das hatte ich nicht erwartet.

Zum Trost gab es Austern. Auch das war für uns neu, doch wir lernten tapfer hinzu. Dann kamen die rohen Seegurken noch. Nein, die großen grauen Dinger, die probierten wir nicht. Trotzdem sprachen wir begeistert von der Vielfalt der deliziösen mediterranen Küche.

SÈTE ... FEUER IM HOTEL

So, und jetzt folgt noch eine kleine Dessert-Geschichte: Während einer Stippvisite am Nachmittag bei Mimi und ehe der obligate Kaffee fertig war, ging ich flugs in unser Hotel, um etwas zu holen. Kein Problem, denn der Weg führte nur die Treppe hinab, von der Straße zwei Häuser weiter, die Treppe hinauf.

Als ich vor unserem Zimmer stand, um aufzuschließen, quoll dicker weißer Rauch unter der Tür und auch seitlich heraus! Eiligst kehrt marsch, ging es die Stufen hinab und nebenan die vielen Stufen hinauf. Pustend hauchte ich: „Es brennt, Feuer im Zimmer!" Mimi grinste wissend und meinte: „Kein Feuer! Keine Panik!"

Zum frühen Abend erreichten wir unser Hotelzimmer und es war intakt und nicht abgebrannt: Das Zimmermädchen zündete am frühen Morgen, kurz nachdem wir ausgeflogen waren, Schwefel-Nebelkerzen, nur um eventuelle „blinde Passagiere" im Zuge der allgemeinen Reinigung zu vertreiben.

SÈTE ... SCHNORCHELGANG

Nachdem wir nun die nähere Umgebung gut kannten, fiel es uns leichter, nach Befinden und Wetterlage unseren Tagesplan zu schmieden. Diesmal wollten wir wieder zu „unserem" Platz und zwar mit Proviant für den ganzen Tag.

Bevor wir jedoch den Wagen abstellen konnten, führte der Weg zunächst durch das Hafengelände. Dieser Platz lag zwar nicht weit vom Hotel, aber bei so viel Klimbim zum Tragen in der heißen Luft zählt jeder Meter weniger zu laufen als echte Erleichterung. An der hinteren Front des Geländes öffnete sich eine kleine Bucht mit seicht abfallendem Sandboden. Auf der dem Meer zugewandten Seite bohrte sich eine mächtige Zunge aus Felsbrocken lang ins offene Wasser.

Einen ganzen Tag in der südlichen Sonne und leicht bekleidet herumlaufen, das geht nicht gut. So kam es uns gelegen, dass die schattige Ecke an „unserem" Felsbrocken noch frei von anderen Badegästen war. Diese Schattennische bildete einen wirklich guten und idealen Picknick-Unterstand.

Gaby wusste schon, dass ich es eilig hatte, mit meinem Schnorchelzeug ins Wasser zu gehen. „Nein, ich bleibe hier. Ich fürchte mich. Und schon mal gar nicht mit Flossen. Und einer muss ja auf die Sachen achten", mahnte sie, „und sei vorsichtig!" – „Gewiss!" So watete ich mit den Froschfüßen, Taucherbrille und Schnorchel rückwärtsgehend dem tieferen Wasser entgegen.

In erster Schwimmformation beobachtete ich zunächst das Kleinkrabbelgetier wie Krabben und einzelne junge Fische. Die schwankenden, leichten Wellen brachen das Sonnenlicht und spiegelten die Strahlen nach ihrem Takt durch das Wasser bis zum tiefen Sandboden. Einfach zauberhaft.

Langsam kam ich in das über zwei Meter tiefe Wasser. Da wurde es mir doch etwas bange bei dem Blick ins offene Meer oberhalb der Wasserlinie und erst recht unter Wasser: die gewaltige Größe und die unbekannte graugrüne Tiefe in der Ferne. Ringsherum sah ich keinen Menschen schwimmen – und auch keinen Fisch. Eine andere Wasserratte hätte mir im Moment gutgetan, aber ein größerer Fisch bestimmt nicht. Und der kam auch, Gott sein Dank, nicht. Das verlorene Gefühl der Einsamkeit ließ nach, durch mein Ausprobieren und meine Übungen in puncto Schnorcheln. „Für heute reicht es", dachte ich und paddelte zurück zur Gaby. Abgetrocknet und umgezogen stärkten wir uns aus dem Futterkorb.

SÈTE ... SCHNORCHELÜBUNGEN

Neu für mich beim Schnorcheln war auch die Feststellung, dass ich, das Gesicht geschützt durch die Tauchermaske, im Wasser ohne jegliche Schwimmbewegung nach unten schauen konnte. Ich hing also an der Oberfläche und ging nicht unter! Und da unter Wasser der Schall ca. viermal schneller ist, kann man ein Schiff schon hören, bevor man es entdeckt; ganz interessant!

Das Tauchen auf dem Grund machte mir keine Freude, denn der Ohrendruck nimmt ja mit der Tiefe zu. So plätscherte ich nur auf der Wasseroberfläche. Wohlbehalten heimgekehrt hob sich auch Gabys Stimmung, denn sie würde nie schnorcheln und war stets besorgt und dann froh, als ich heil zurück war.

Einmal wollte ich mit einem rohen Sardinenkopf zwischen den Steinen Crevetten (kleine Krabben) fangen und stand mit beiden Füßen auf einem Stein, der ca. einen halben Meter unter Wasser vorstand.

Ich warte und warte und mit einem Mal berührt mich etwas am Bein. Ich schaue hin und sehe, wie sich ein Krakenarm um mein Bein herumlegt! Das kann man glauben oder nicht: Da konnte ich aber blitzschnell aus dem Wasser steigen!!! Nie wieder stellte ich mich auf Steine unter Wasser!

SÈTE ... BRISE-LAMES-PICKNICK

Das Ende des Kanals reicht in einen kleinen Hafenabschnitt. Dieser wird nach außen durch einen ca. fünfhundert Meter lang und ca. dreißig Meter breit gebauten, leicht gekrümmten Arm gegen das offene

Meer geschützt. Im Querschnitt sieht es aus wie ein erhöhter Bahndamm mit umlaufender Straßenführung mit nach innen liegenden Anlegestellen für Boote. Auf der Meeresseite mit großen Betonwürfeln kreuz und quer am Rande abgesetzt, bietet dieses Bauwerk Sicherheit bei Stürmen und bei gutem Wetter eine Insel für Fischer, Angler und anderes Publikum. Besonders in der Saison kommen viele Leute und feiern und zünden Lagerfeuer an.

So war es auch bei uns. Einmal fuhr Mimi zweimal die Strecke, um die ganze Familie und Freunde hinüberzubringen. Es wurde eine einzigartige klasse Picknickveranstaltung mit über fünfzehn Personen.

Alle männlichen Teilnehmer schwärmten aus und sammelten Treibholz: trocken oder nass, dünn oder dick, alles wurde herbeigeschleppt und hochkant in Manier eines Indianerzeltes aufgestellt und von innen angezündet.

Obwohl es am Anfang gar nicht in Fahrt kommen wollte, brannte dann das Riesenfeuer noch bis zum Dunkelwerden, als alle aufbrachen. Aber noch war es nicht so weit: Denn die mitgebrachten Spezereien wurden erst einmal ausgepackt und sortiert.

SÈTE ... BRISE-LAMES-PICKNICK / BEDUINEN

Alle Weinflaschen erhielten eine Kordel um den Hals wie eine neu gekaufte Ziege; denn für ein sicheres kühles Bad in einer schattigen Nische mussten sie angebunden werden, da die See ja ganz schön auf und ab schwappte. Anderenfalls wären die Flaschen mit Sicherheit weg gewesen.

Inzwischen öffnete Mimi das Bündel trockener Weinrebenhölzer und zündete die aufgehäuften Hölzchen an, die im Nu wie ein Strohfeuer lichterloh brannten. Nachdem die Flammen das Holz verzehrt hatten, blieb ein Häufchen Glut übrig zum Grillen der vielen frischen Sardinen. Ich dachte noch, der Duft zieht mir in die Nase wie der Weihrauch in der Kirche, da steckte schon eine geröstete Sardine auf meiner Gabel. Einer probierte das Essen vom anderen und so ging das Mitgebrachte reihum wie bei einem Karussell.

Der Wein gluckerte auch in diverse Richtungen. Die Stimmung passte zu den Speisen und so wurden nicht nur die Mägen festlich bedient, auch die Gemüter erhielten die nötige Pflege. Es war einzig und wunderbar. Die anfängliche Betriebsamkeit wich schnell der gemütlichen Atmosphäre und die Männer bewahrten den Wein vor der ewigen Verderbnis und die Frauen tranken meistens nur Sprudel und einen Schuss Wein. Auch wurden dann beim Erzählen Kekse und anderes Gebäck ausgepackt. Urplötzlich begann eine Frau zu singen und es folgten weitere kunstvolle Solo-Gesangseinlagen.

Die älteren Söhne von Mimi und ihre Freunde rückten am Nachmittag mit ihren Schnorcheln und Masken aus, um zu tauchen; ein paar Meter weiter weg am Teilstück zum Hafen – und ich ging mit. Kaum war der Trupp im Wasser und schwamm herum, war der versierte Älteste schon verschwunden. Ich traute mich nicht so recht und stand etwas zögerlich, da tauchte der Älteste wieder auf, kletterte an Land und zerrte an seinem Bauch:

Dort hielt sich ein Krake in Größe einer Tageszeitung mit seinen Saugnäpfen fest und wollte nicht loslassen. Nach einer Weile und mithilfe der anderen lag der Achtarmige dann auf den Steinen und alle standen herum, um ihn zu betrachten.

So ging ein farbenfrohes Picknick-Fest zu Ende. Und hätten plötzlich alle Arabisch gesprochen, ich glaube, ich hätte mich nicht gewundert. Denn Gaby und ich waren uns die ganze Zeit schon einig: Dieses Zusammensein ist wirklich so exotisch wie bei den Beduinen.

MEINE DESSOUS

Es gab auch kritische Momente der eventuellen Entdeckung durch die Gesellschaft: Wieder einmal hielten wir uns in Frankreich auf, zum Urlaubmachen.

So stiegen wir in Sète in das wackelige, schwankende Boot von Freunden und ein Einheimischer wollte mir in das Boot helfen und griff mir an den Rücken. Es klappte nicht ganz, denn unter dem Hemd war das aalglatte Fähnchen ... mit BH! – Halleluja.

Gingen wir zum Schwimmen/Picknick, hatte ich stets „Inkubations"-Zeiten, besser „Quarantäne"-Zeiten zu überwinden, ehe die Streifen vom Büstenhalter einigermaßen aufgelöst waren. Solche Unbequemlichkeiten nahm ich halt in Kauf. Was wollte ich machen?! Gaby war immer sehr verständnisvoll.

Auch hierüber verging Zeit und das Tragen von Dessous wurde zur Normalität für mich. Um 1970 trug ich schon BHs, seit Mitte der Siebziger ständig. Doch im Büro, ich arbeitete als Architekt, nahm ich mich natürlich stark zurück.

Heute glaube ich zu wissen, was damals mit den Kollegen geschah: Irgendwie mussten sie gespürt haben, dass ich anders war. Sicher ein Grund, weshalb ich oft gehänselt wurde. Die ständigen Sticheleien über Jahre im Büro begünstigten den Plan, wegzugehen, irgendwann.

GEBURT VON RENÉ / IMMER WIEDER SÈTE

Die Zeit flog und die Kalenderblätter fielen wie das Herbstlaub von den Bäumen. Und Ereignisse, Probleme, Sorgen und Aufgaben lösten sich ab und die Erde drehte sich und wanderte trotzdem um die Sonne und bildete so die Tage, Jahre und die Zeit überhaupt.

Das blieb bis heute so in Präsenz: Die Zeit verfliegt heute genauso wie sie es damals tat. Auch die Erde und die Sonne bewegen sich unverändert und beharrlich. Die Erkenntnis ist wahrlich nicht neu. Nur der Mensch schöpft aus dem Zeitmaß und zählt die Jahre der Vergänglichkeit. Weil er Mensch ist.

Wie Jahre zuvor, planten wir und reisten immer wieder nach Sète. „Immer wieder an denselben Ort? Das ist doch langweilig. Wir fahren jedes Mal woanders hin!" – Ich lasse sie fahren! Wir reisen an denselben Ort, denn wir kennen schon fast die ganze Stadt und unsere geliebten Schwerpunkte erwarten uns aufs Neue. Also, wir reisten wieder nach Séte! Mein Sohn lebte damals im siebten Monat der Fertigung und erlebte seine erste Fahrt in den Urlaub nach Séte mit Bravour.

Zwei Monate später wurde mein Sohn René geboren und ein neues, freudiges Kapitel begann:

FREUDIGES KAPITEL MIT RENÉ / SCHMERZHAFTE OP

Gaby und ich, nun zu dritt mit René, erlebten die folgenden Jahre sehr glücklich. Wie oft im Leben liegen Glück und Leid dicht nebeneinander: Auf dringendes Anraten von zwei Ärzten stimmte ich 1972 einer OP an beiden Beinen zu: Venenstripping zur Besserung von Varizen. Zu Deutsch: An jedem Bein wird unten und oben, nach einem Schnitt, ein Kabel eingeführt, verknotet mit einem Ende der Vene und von innen ganz herausgerissen!

Mir wurde mehrfach ernstlich von den Spezialisten versichert, dass ich aufgrund meiner Venenschwäche in den Beinen keine andere Wahl hätte: Ich würde eine Thrombose riskieren, die mein Leben beendete. So willigte ich ein.

Noch nach einer Woche Krankenbett fiel mir vor Schmerzen das Sprechen so schwer, dass ich nur ein paar Worte reden konnte! Beide Beine mussten täglich mit elastischen Binden vom Zeh bis zum Schritt neu gewickelt werden. Welch ein Krampf! Die wichtigen täglichen Gehübungen bedeuteten zusätzliche Höllenqualen. Entlassen, nach ein paar Tagen, ging es mir mit den Beinen immer noch so schlecht, dass ich nachts vor Schmerzen kaum schlafen konnte und später die Straße auf und ab „ging"!

Seit Jahren werden solche riskanten Operationen nicht mehr durchgeführt. Kein Wunder. Ehe ich einigermaßen schmerzfrei war, dauerte es zwei ganze Jahre! Heute weiß ich, dass mich die Ärzte damals gründlich belogen haben! „Herr, vergib ihnen, denn sie wissen nicht, was sie tun", kann man da nur sagen.

DIE SCHÖNE ZEIT – AUCH MIT RENÉ

Die eben geschilderte Geschichte lässt sich einfach aufschreiben und manch einer mag glauben, dass alles gar nicht so schlimm gewesen sein kann. Und schließlich gibt es ja Schmerzmittel.

Nun gut, ich habe natürlich auch welche genommen, aber sie sind keine Retter in der Not! Auch will ich keinen Märtyrer spielen, wirklich nicht. Es ist doch wahrlich ein Unterschied, ob man etwas durchlebt hat oder etwas „nur" erzählt bekommt. Und nebenbei: Später bekam ich wieder Krampfadern und Gott sei Dank gab es dann die elastischen Kniestrümpfe, die mir gute Dienste leisteten, bis heute.

Die Zeit ging auch vorbei und mein Sohn wurde langsam drei Jahre alt und verstand immer mehr, sodass auch meine täglichen freien Gutenachtgeschichten einen festen Platz bei ihm im Tagesfahrplan einnahmen. Gut und auch gern erinnern wir uns an diese Zeit und die Geschichte mit den „Rummel-Männern", also Kirmesleuten, sie stand bei René an erster Stelle. Und wehe, ich ließ einmal eine Episode aus oder vergaß sie. René intervenierte dann sofort: „Da fehlt ja noch …" Ja, Disziplin ist alles. Kinder wissen schon, wo es langgeht.

Kaum vergehen ein paar Jahre des friedlichen Daseins und der besonders glücklichen Zeiten, da ziehen die ersten dunklen Wolken auf zwischen Gaby und mir. Unfassbar war es für mich und für Gaby sicher auch.

UMBRUCH UND TRENNUNG / VERÄNDERUNG / ZWEITES STUDIUM

Ich konnte die Situation nicht länger ertragen. Der Umbruch kündigte sich an und ich zog dann 1977 aus der ehelichen Wohnung aus. Nicht wegen meiner femininen Ader oder einer anderen Frau! Noch heute empfinde ich den Trennungsschmerz von meinem damals erst fünfjährigen Sohn. Was sollte ich machen?! Es ging einfach nicht mehr und Diskussionen liefen ins Leere. Meinen Kleinen sah ich einmal pro Woche. Was ist das schon? Ein Zerbrechen einer Ehe ist immer und überall ein Drama! Für jede Seite!

Nun lebte ich allein in einer beschaulichen Wohnung in der Innenstadt und ganz oben. An Sommerabenden bekam ich oft Besuch durch die geöffneten Fenster: Fledermäuse! Vier, sechs oder noch mehr flatterten durch die Räume, um die Lampen und schwuppdiwupp wieder weg.

PFERDESCHWANZ

Mein Leben änderte sich komplett. Etwas später begann ich ein Zweitstudium (Lehramt Gymnasium, Abschluss in Kunst). Meine Haare ließ ich wachsen und „rannte" mit einem Pferdeschwanz herum. Dann hörte ich kritische Stimmen: Wie siehst du aus?! Unmöglich. Ich geb dir Geld für den Friseur. Du brauchst nicht wiederzukommen.

Zu der Zeit, Ende der Siebziger, war es nicht so üblich, mit langen, gebundenen Haaren zu erscheinen. Dann setzte ich noch einen drauf: Ich ließ mir einen Ohrstecker machen! Reaktion: Wie siehst du aus?! Unmöglich. So laufen Homos herum. – Gut, gut, dachte ich, ich bin kein Homo und beide Ohren mit Stecker sehen sowieso ausgeglichener aus. So tauchte ich dann mit zwei geschmückten Ohren auf: Um Gottes willen, du siehst ja aus wie eine Frau! Unmöglich! – Na bitte, warum nicht gleich so?

Aha, das hatte gesessen und tat mir gut. Natürlich blieb ich diplomatisch, sagte nichts und behielt den Trumpf für mich. Die beiden Ohren gefielen mir. So war ich meinem Ziel wieder ein Stück näher.

Einige Zeit später kam die Frage in einer Tonart, die sofort erkennen ließ: Jetzt kommt etwas Sensationelles! „Hast du die Samstagabendshow gesehen? Der Moderator trug einen Pferdeschwanz! Das sah vielleicht gut aus!" Vorher wurde meine Frisur niedergemacht, aber ab jetzt jedoch sagte nie jemand etwas Kritisches. Sie waren ja schon immer überzeugt: Ein Pferdeschwanz, auch bei einem Mann, sieht klasse aus. So sind die Menschen!

TANJA ... DACKELBLICK

Während meines zweiten Studiums besuchte ich eine Club-Party und lernte neue Leute kennen: Donnerwetter, da gab es eine schöne Frau.

Jetzt fing sie meinen Blick auf und schon begann ein Flirtkontakt. Begleitet von vielen Worten und Erzählungen wurde die Bekanntschaft schnell eine heiße Sache. Ihr sympathischer Mann wurde mir auch gleich vorgestellt und in der großen Tischrunde rotierten die Vornahmen.

Die perfekte Stimmung erlitt eine Unterbrechung, Madame ging es ganz schlecht, sie wollte nach Haus! Ihr Mann fühlte sich aber in der Abendgesellschaft sehr wohl und sagte: „Ach Schatz, Pierre kann dich doch vielleicht nach Hause fahren und kommt dann wieder. Ich bleibe!" Hin und her, sie fragte mit einem Dackelblick: „Würdest du das für mich tun? Hier sind die Autoschlüssel, der Wagen steht am Ende, dort. Holst du ihn? Ich warte am Eingang." – „Hm, ja, na gut, aber gewiss." Welch eine Situation! Ich ging die Treppen zum Ausgang. Es goss und goss und ließ nicht nach. Auch das noch! Tapfer eilte ich zum Auto – ein Sportwagen. Ich wurde aber doch klitschnass und fuhr zurück zum Eingang.

Tanja stieg ein und sie dirigierte mich zu ihrem Zuhause. Dann angekommen dachte ich, wir seien verkehrt. Es ging durch eine arrondierte Gartenanlage, bis wir nach einer Kurve an einem Bungalow hielten. Das war ein Tempel! Sie zeigte mir das Bad.

„Du bist doch ganz nass (und das war ich auch), komm, trockne dich und zieh das nasse Zeug aus!" Mit Handtuch und Bademantel über dem Arm erschien sie wieder. Und nach einer Weile der Trocknungsphase zog sie mich zu sich und sagte: „Hab keine Sorge, mein Mann kommt erst viel später und er weiß es auch. Er hat auch seine Freundin." Und wieder nach einer Weile fuhr sie mit sanftem Unterton fort: „Du brauchst kein Gummi, möchtest du etwas trinken?" – „Etwas Wasser, bitte." – „Nun komm, du bleibst über Nacht, ja? Bourbon oder Calva mit Eis?" – „Ja, okay." Ich dachte: sachte, bloß nicht zu viel trinken, denn die scharfe Tanja wollte doch gef... werden und ich gedachte auch, es ihr ordentlich zu besorgen!

TANJA ... FRÜHSTÜCK ZU DRITT

Am nächsten Tag frühstückten wir zu dritt. Mein Gott, war mir das unangenehm – den anderen beiden aber überhaupt nicht. Ein Taxi brachte mich zu meinem Enten-Auto. Jetzt hatte ich eine Freundin. Eine Freundin? Eine Geliebte! Nun, sie sah ja gut aus.

Auch dass durch Kinderlähmung ihre Füße verändert waren, störte mich nicht. Außerdem besaß sie Charme und Format und Oberweite. Welch ein Geschenk!

Da ich in dieser Zeit mit meinem Studium zu tun hatte, wohnte ich im Studentenwohnheim am Stadtrand. So besuchte mich Tanja auch zwischendurch in meiner Studienbude.

Gerade als sie die Decke ausbreitete, es war Sommer, am Nachmittag, die Fenster überall offen, ertönte von dem Haus vis-à-vis: „Hilfe, Hilfe, Hilfe, Hilfe, Hilfe!" Vor Schreck erstarrt hielt ich inne. Die Hilferufe wurden immer schwächer. „Oje!" – Tanja schmunzelte still ... und dann kam mir die Erkenntnis: Aha, alles ist gut.

MUTTERS BERATER / TANJAS GEBURTSTAG

Zu dieser Zeit besuchte ich, wie so oft mit Mutter unterwegs, diverse Textilgeschäfte. Sie mochte nicht gern alleine gehen und schätzte wie immer meine Beratung.

Sie suchte ein Kleid, das aber nicht zu finden war. Dafür sahen wir eine Kombination aus Rock und Bluse: nett geschnitten, Seide, mattgelb, Größe: richtig. Als Mutter sagte: „Ach nein, das ist mir zu viel gelb", wusste ich den Ausweg: „Du nimmst das Untere und ich das Obere." Einverstanden. So zogen wir froh gestimmt aus der Boutique.

Bald hatte Tanja zu ihrem Geburtstag im August Gäste geladen und ich sollte dabei sein. Ja, was zieh ich an? Klar, die neue gelbe Seidenbluse, Jeans und meine knielangen Original-US-Lederstiefel (übrigens ein Geschenk von Tanja) ganz im Sandton. Ich dachte: Das passt.

Als alle Gäste kamen, musterte mich ein Macho ganz süffisant und meinte, ich hätte wohl die Bluse von einer Freundin geklaut. – Auch so etwas gibt es. Tanja nahm mich aber doll in Schutz und glättete die Situation.

Bloß gut, dass ich keinen BH trug, und schließlich war es ja auch mein Geheimnis!

PILOT UND ENDE TANJA

In dieser Runde erfuhr ich, dass ihr Mann Pilot war und einen Lear-Jet flog. Aha, deshalb der Luxustempel!

Meine Scheu vor ihrem Mann verlor sich immer mehr und das entspannte die Lage erheblich. Von Tanja wusste ich schon, dass er Tag und Nacht erreichbar sein musste, wenn ein Geschäftsmann oder prominenter Mensch spezielle Termine hatte und fliegen wollte. Dann ging es in Eile mit dem Auto zum Airport und er machte sein „Gerät" (Zitat) klar. Dann war er mit dem Gast schon mal ein paar Tage weg.

Meine schöne mattgelbe Seidenbluse mit Carré-Ausschnitt und langen Ärmeln, ohne Knöpfe, wurde das Opfer einer Freundin des Hauses: Ihr gefiel das Modell so gut, dass sie nicht lockerließ und ihr „Schmerz" erst mit dem Blusentausch ein Ende fand. Da war nichts mehr mit Kaffee!

Durch einen Standortwechsel nach einigen Monaten endete diese schöne Episode. Gern denke ich an diese blonde Begegnung zurück, aber sie ist vorbei.

PICKNICK MIT RENÉ

Während der ganzen Jahre war René so oft bei mir, wie es eben ging. Auf sein separates Zimmer in meiner Wohnung, u. a. mit Couch-Bett eingerichtet, war René natürlich stolz. Wenn das Wetter es zuließ, stöberten wir am Wald, in den Wiesen und im Naturgehölz und machten Feuer und Picknick. Oft manövrierten wir auch am Bach.

Einmal hielten wir uns im Bach-Tal auf, machten Feuer und wollten Kartoffelpuffer backen. Kartoffeln, Olivenöl und eine Pfanne warten auf ihren Einsatz. O Gott, die Reibe lag noch zu Haus: vergessen. Da fiel mir ein, dass wir in unserer Bordausrüstung eine alte Baumhandsäge mitführten. Das war die Rettung! Es dauerte etwas länger, aber es ging doch.

Einmal wollten wir einen Kaffee kochen. Da es ziemlich windig war, bauten wir einen Schutzwall um die geplante Feuerstelle. Feuer an, Topf drauf: Es dauerte nicht lange, es gab einen Knall und noch einen und paar Steine flogen weg! Nun wussten wir, die Steine waren wasserhaltig und deshalb explodiert!

MARIO ... DIE KLEINE BRÜNETTE

In den frühen 80ern lernte ich Mario, eine Brünette, kennen und die Lebens-Schaukel blieb in Bewegung. Hübsch und zierlich war sie, mit einem Schuss Exotik und ihre kleinen Brüstlein erschienen mir wir eine bescheidene Zugabe, nach der man unbedingt Ausschau halten muss.

Die folgende heftige Zeit hielt mich ganz im Bann, sodass ich mich erst später mit DIESEM Problem beschäftigte: Nach den meisten Treffen mit meiner Süßen spazierte ich wie ein müder Krieger, mit blutigem Phallus, aus der Arena nach Haus. Meine Kleine war so eng gebaut. Was konnte man dagegen tun? Guter Rat war auch hier teuer. Nachdem ich mich schon einigermaßen darauf eingestellt hatte, bemerkte ich durch den stetigen Schmerz, dass auch mein Eichelbändchen wieder gerissen war und nicht so gut heilte. Es hatte ja auch wenig Zeit dazu.

So beschloss ich, ganz heimlich und konsequent, mit einer Nagelschere dem Übel abzuhelfen: Was weg ist, kann nicht mehr einreißen.

MARIO ... OPERATION

Nach Einschätzung meiner Vorgehensweise kam erst einmal ein ordentliches Schlückchen in das Glas und schon trennte ich das eine Stück und dann das restliche Bändchen vom Phallus. Am nächsten Tag ergab die Inspektion, dass noch eine kleine Korrektur sein musste. Natürlich brannte es. Aber nach geglücktem Werk ließ die Freude des Gelingens den Schmerz bald hinter sich und an dieser Stelle konnte wirklich keine Haut mehr einreißen. Die gute Heilung erleichterte mich sehr, denn bei eventuellen Komplikationen würde es peinlich werden.

Diese geglückten Operationen verfeinerten zwar erheblich mein Instrument, änderten aber kaum etwas daran, dass meine Kleine eine sehr enge Muschi besaß. Da half auch nicht die eleganteste Gummilösung.

Diese Zeit, wild und bewegt, war einfach so und mit meinen knapp vierzig Jahren sauste ich durch die Zeit und setzte ordentlich die Segel. Mit gutem Wind hielten wir den Kurs.

MARIO ... TROPISCHE ZEIT

Diese Frau, mit ihren braunen Augen, war der Kochlöffel in meiner Salatschüssel!

Einiges hatte ich ja schon erlebt, obwohl ich immer sehr genant war, aber dieses Weib war nicht nur einzig sexy, sondern furchtlos und allzeit bereit. Ich hatte wirklich meine liebe Not, dass ich ihr keine Schwangerschaftsstreifen bereitete. Am Anfang unserer Zeit gab es Tage, wo wir mächtig schwitzten, nicht wegen körperlicher Übung, sondern bei der Frage, ob die kleinen Schwänzchen nicht doch schneller waren – aber alles ging gut.

Wochen später verkündete sie mir: „Meine Regel, keine Regel! Ich bin schwanger!" – „Mein Gott, lass nach!" – „Beruhige dich! Ich glaube, mein Mann hat ... hat ... hat dazwischengefunkt. Ich konnte es damals nicht verhindern", sagte sie. Nochmal ein Test und alles war klar: Schwanger auf dem Anger! Diese neue Situation eröffnete uns Freiheiten, an die wir nicht gedacht hatten. Unsere Tagesaufgaben liefen ja unverändert weiter und bildeten eine Art Spalier, um nicht ganz aus den Fugen zu geraten.

Waren wir verrückt, verschoben? Gewiss! Normal waren wir beide sowieso nicht. Mario war zu jedem Schabernack bereit und je nachdem, wie es sich ergab, klappte es auf dem Teppich, auf der Treppe, unter dem Tisch. Einmal versuchten wir es am Tage auf dem hölzernen Brunnendeckel, der im Vorgarten einer Pilgerkapelle steht, und zwar in passender Höhe. Auch erinnere ich mich an meine Fahrt mit Mario durch die Innenstadt: Unter einer Decke versteckt, besorgte sie es mir oral in ausgiebiger Zeitspanne!

Auch dieses Geschehen unterliegt dem Ziffernblatt der Zeit, ob man es weiß oder nicht, ob man es möchte oder nicht. Das Naturgesetz der Veränderung brachte uns auseinander. Trotzdem bin ich dankbar, dass es war.

SCHICKSALSJAHR

Kaum hatte ich das Examen hinter mir, begann das Jahr 1984 mit heftigen Einschlägen. Mein Hund starb und im Sommer verschlechterte sich der Gesundheitszustand von Mutter Lucie und sie starb. Drei Monate später beim Überqueren einer Innenstadtstraße erfasste mich, als Fußgänger, ein Motorradfahrer.

Als ich mitten auf der Straße stand, kam der junge Motorradfahrer flott heran, konnte sich nicht entscheiden, ob er vor oder hinter mir vorbeifahren sollte, und erfasste mich: Das Vorderrad traf meinen Bauch, ich knickte nach vorn und der Lenker schlug mich k. o. Besinnungslos fiel ich hin und wurde quer über die Kreuzung geschleudert. Ich erlitt einen Kniescheibentrümmerbruch an beiden Beinen, war am ganzen Körper blau und lag Monate im Krankenhaus.

Kurz vor meiner Entlassung lernte ich Patrizia, eine geschiedene Bankangestellte, kennen, die regelmäßig ihre Tochter nebenan besuchte und sich dann ebenfalls Zeit für mich nahm. Sie war es auch, die mir Mut machte und einen Krankenstuhl organisierte und mich zentimeterweise aus dem Bett lancierte. Es sollte ein Ausflug in den Flur werden.

Fast vier Monate hatte ich nur im Bett gelegen und in demselben Raum. Meine Beine gingen weder krumm noch gerade! Ich wollte eigentlich gar nicht das Bett verlassen. Anfang von Hospitalismus. Meine reduzierten Muskeln mussten viel aushalten und schließlich gelang es. Patrizia schob mich sachte aus dem Zimmer Richtung Flur. Mein Gott, das war für mich ein unbeschreibliches Erlebnis. Die Decke, die Wände bewegten sich an mir vorbei! Wunderbar. Welch eine Reise!

PATRIZIA, DIE SCHLANGE

Zwei Tage vor meiner Entlassung präsentierte Patrizia die Idee: Die Ärzte könnten mich doch schon einen Tag eher freigeben. Meine Bemühungen wurden aber abgeschlagen: „Nein, das geht nicht." – „Nun gut", meinte Patrizia, „dann können wir schon mal üben und bis zum Krankhausausgang wandern." Mit zwei Krücken (heute Gehhilfen) näherten wir uns der Freiheit.

Angelangt zeigte sie mit der Hand auf ihr Auto: „Dort steht es. Komm, wir probieren, ob du da hineinkannst." – „Nein, das geht nicht. Ich darf das Gelände nicht verlassen." Jedenfalls saß ich dann im Auto und sie fuhr einfach los. Nur einmal um das Krankenhaus herum. „Wenn wir schon hier sind, können wir doch noch eine Ecke weiter zu mir fahren." Was sollte ich machen? Nun stand ich in ihrem kleinen schönen Flachbau. Ich war ihr total ausgeliefert. „Komm, setz dich! Ach, anrufen hat keinen Sinn, es ist zu spät. Du bleibst bis morgen früh!" Was sollte ich auch tun? Ich blieb.

Mit einer Mischung aus äußerst schlechtem Gewissen und dem sensationellen Empfinden von Freiheit durchlebte ich den Abend und die Nacht nach so viel Leid und Schmerzen und Entbehrungen. Zudem kämpfte ich mit jeder nötigen Bewegung. Nichts ging automatisch, alles musste bedacht und kalkuliert werden. Meine OP-Wunden steckten auch noch unter den Verbänden und schmerzten immer noch; erst recht bei jeder Beanspruchung.

SO ETWAS WOLLTE ICH NIE

Patrizia, zielstrebig wie sie war, die Schlange, zog mir meine leichte Hose herunter und begutachtete das freigelegte Bauwerk mit Berührungen und näherte sich sodann für eine passende Stellung.

Sie bediente sich freizügig und vorsichtig, da sie wusste, dass ich keine Bewegungen, gar Schwingungen vertrug. Mein Radius, so eingeschränkt er war, eröffnete ihr entsprechende Aspekte. Die Nacht verging, der Morgen kam …

Und beizeiten fuhren wir zurück ins Hospital. Ich ertrug fast nicht das ungeheuer schlechte Gewissen. Auf der Station standen meine wenigen Sachen am Büro, mit den Arztberichten, denn heute war ja Entlassungstag. Aber weit und breit war kein Personal zu sehen. Das war der Auszug. Ich fühlte mich ganz schlecht, denn ich befand mit in einer Lage, die ich nie wollte, und war zum anderen diesem Frauenzimmer gänzlich ausgeliefert.

Hier ist noch nachzutragen, dass Patrizia mir vor Wochen angeboten hatte, die erste Zeit bei ihr zu leben. Meine Wohnung in der ca. 50 km entfernten Stadt im dritten Stock war schlecht zu erreichen, da ich noch keine Stufen gehen konnte. Da kam mir Patrizias Parterre-Angebot ganz recht. Was meine innere, feminine Struktur betrifft, so hielt ich mich sehr bedeckt, als ich zu Gast war. Und das war ich ca. zwei Monate.

GEHVERSUCHE

Diese zwei Monate bei Patrizia in Hamm sollten in die Geschichte eingehen. Im Februar 85 wurde ich aus dem Krankenhaus entlassen. Der Winter 1984/85 hatte es auch in sich: Im Februar 85 lag noch viel Schnee und das Thermometer pendelte um die minus 20 Grad.

Mit viel Mühe, Geduld und Schmerzen zwängte ich mich in das Auto von Patrizia und nach einigen Minuten wieder heraus. Da ich meine beiden Knie nicht beugen konnte, musste die Rückenlehne des Autositzes in die Horizontale geklappt werden, damit ich mich daraufsetzen konnte. In beiden Knien befanden sich noch die Drähte und mehrere Schrauben und die Wunde eines Knies musste alle zwei Tage neu verbunden werden, denn sie wollte nicht zuheilen.

Als arrivierte, langjährige Angestellte bei der Bank konnte Patrizia es regeln, öfters freizubekommen, so sagte sie und zeigte mir mein Bett im

Souterrain des Bungalows. Ihre Mutter und ihre fast erwachsene Tochter schliefen in anderen Räumen.

Mit meinen beiden Krücken vollbrachte ich nun die ersten Gehversuche in der neuen Freiheit. Musste ich nachts mal auf das WC, robbte ich rückwärts (in der Schlafposition) aus dem Bett und weiter den Flur entlang. Auch von der Toilette ging es wie vorher auf allen Vieren zurück ins Bett. Licht gab es nicht, da ich nicht an den Schalter reichte.

Nach Tagen der Eingewöhnung stellte ich fest, das Patrizia immer eine ordentliche Fahne hatte. Ja, sie war abhängig! Ich hatte die ganze Zeit nicht darauf geachtet, obwohl mich ihr Verhalten schon lange gewundert hatte. Aha, deshalb der pausenlose Einsatz von Bonbons!

Diese neue Erkenntnis verstärkte meine Bemühungen, Pläne mit Patrizia zu vereinbaren. Doch sie verschob dauernd meine Besprechungsabsichten, bis ich eines Tages Erfolg hatte.

MEIN AUTO / FLUCHT

Sie sollte für mich einen Bekannten anrufen, der mir mein Auto die 50 km herfährt, damit ich täglich am Auto das Einsteigen und Sitzen üben könnte. Nach etlichen Nachfragen klappte es und mein Auto stand vor der Tür. Wunderbar! An ein Einsteigen und gar Fahren war zunächst nicht zu denken. Langsam, langsam! Aber immerhin, ganz eisern, trainierte ich jeden Moment, um meine Mobilität zu verbessern.

Patrizia passten meine Bestrebungen natürlich nicht, so schnell als möglich fahren und damit heimkehren zu können in meine Wohnung. Mittlerweile konnte ich schon einsteigen in mein Auto, aber wie sollte ich Kupplung, Gas und Bremse betätigen – mit steifen Knien? Ich saß wie gehabt mit viel Mühe endlich auf der Sitzlehne, kam mir vor wie Pinocchio mit seinen steifen Beinen und wusste nicht, wie es weitergehen sollte.

Auch litt unser Verhältnis stark durch ihre Alkohol-Exzesse und die Lage spitzte sich zu. Fast zwei Monate war ich hier. Irgendwie musste mir die Flucht in den nächsten Tagen gelingen. Auch den richtigen Moment abzupassen, in dem ich allein mit ihrer Mutter sein würde und diese keinen Verdacht schöpfte, wenn ich meine Sachen ins Auto trüge, bereitete mir schon Tage vorher Herzklopfen – und jetzt beim Aufschreiben der groben Ereignisse wird mir wieder ganz elend.

Jedenfalls kam mein Moment an einem Vormittag. Ich packte die vorbereiteten Taschen ein und „übte" anschließend wieder Autofahren im Stand. Doch jetzt startete ich den Motor, schloss die Tür und fuhr mit dem eiskalten Wagen im aufbrausenden ersten Gang los. Schalten ging noch nicht.

„O mein Gott, hilf mir!" Das Benzin reichte nicht und keine zehn Mark im Portemonnaie. Ich dachte: So läuft ein Krimi! Hoffentlich werde ich nicht verfolgt und erschossen. Zwei Straßen weiter kam eine Tankstelle. Aussteigen und tanken ging nicht – ich wäre ewig nicht wieder hineingekommen. Dem verwunderten Tankstellen-Mann erklärte ich kurz meine Lage. „Haben Sie keine Karte?" Ich suchte und fand sie. Der Mann füllte Benzin ein und kehrte mit der Karte zurück.

Überglücklich fuhr ich, gemächlich im zweiten Gang, 50 km nach Hause.

ZU HAUS / TS

„Patient wird mit flottem Gang-Bild aus dem Krankenhaus entlassen." Zitat Arztbericht!

Der erste Gang im Viertreppenhaus, auch das weiß ich noch genau, dauerte mehr als eineinhalb Stunden, bis ich oben war. Hinunter ging ich lange Zeit nur rückwärts. Das Elend muss doch mal weniger werden, dachte ich so oft.

Mir ging es dann, wenn auch langsam, immer besser. Und ich stieg auf die Stufen, vorwärts. Dennoch dauerte es ca. drei Jahre, ehe ich einigermaßen wieder gehen konnte. Speziell in dieser Zeit zog ich Bilanz und entwickelte Pläne. Mein Leben begann nun, in ganz andere Bahnen zu laufen: Vieles, was mir vor dem Unfall so wichtig war, musste Neuem Platz machen und so entstand ein Umschwung in die neue Zeit.

Meine feminine Welt bekam jetzt nun auch mehr Licht und ich suchte

Auskünfte über Standards und Möglichkeiten: Hormone etc.? Bekannte nannten mir ein Geschäft, eine Adresse in einem größeren Nachbarort.

Ohne lange zu fackeln, besuchte ich dieses Etablissement für Mode und Hilfsartikel im Bereich Erotik, Sex und bekam dort eine Broschüre, von Betroffenen verfasst, zum Thema Transsexualität und Verwandtes. Das Heft erschien regelmäßig im Selbstverlag und berichtete ausführlich über das Neueste der „Gemeinde", einschließlich der Sorgen und Nöte und Erlebnisse zum Thema Transsexualität.

GEDANKEN – OP? HORMONE?

Hier nun ein Auszug meiner Erkundungen: Die Ablehnung des falschen Körpers kann gemildert werden, durch Hormongaben und Operationen.

Bei einer OP vom Mann zur Frau wird das Innere vom Penis entfernt und umgestülpt in die vorbereitete Partie der Peniswurzel eingesetzt. Nach Abtrennung der Hoden dient die Hodensackhaut zur Modellierung einer Scheide. So weit das als Übersicht. Damit die neue Scheide nicht wieder zuwächst, muss dauernd ein Kunstpenis getragen werden. Orgasmus-Erlebnisse sind rar bis gestrichen, denke ich.

Kosmetische OPs verlocken als Ergänzungen so wie Stimmband-OPs.

Bei Brustimplantationen schiebt der Chirurg durch einen Achselschnitt Silikoneinlagen in das vordere Gewebe.

Weibliche Hormongabe: Bei der Einnahme von Hormonen werden alle Bausteine mit männlichen Trägern reduziert und der Anteil der schon vorhandenen femininen Hormone erhöht, sodass diese das körperliche Programm dominieren. Die Hoden verkleinern sich, die Stimme wird heller, die Gesichtszüge erhalten einen femininen Touch und der Mensch durchlebt eine zweite Pubertätsphase. Und … Hände und Füße sollen geringere Maße annehmen. Das dauert länger als ein paar Monate. Für exakte Hinweise sind natürlich die Ärzte zuständig.

FRAULEIN

Nach diesen Erkenntnissen entschied ich: keine Hormone! Keine OPs! Und jetzt nach dem Unfall schon mal gar nicht. Aber wie soll, kann es weitergehen? Vier Monate Krankenhaus, diverse Operationen, neu Laufen lernen, es war reichlich.

Jetzt nach dem Unfall und in der Zeit der Genesung und Besserung traf ich mein gutes, altes Jungfraulein wieder: Pfarrersfrau, geschieden, vier erwachsene Kinder, in meinem Alter und rattenscharf. Als wir wieder einmal lange diskutierten, ehe wir nicht diskutierten, erinnerte ich an den Urologen, der mir damals einen Katheter gesetzt und dabei die Harnröhre durchstochen hatte! Mir war damals dunkelrotes Blut herausgelaufen und ich hatte mehrere Tage gelitten wie ein Hund.

„Ach", begann mein Fraulein, „das mache ich jeden Tag." – „Wirklich?" – „Klar." An unserer Flasche zeigte sich schon ein niedriger Pegel, das hieß: gehobene Stimmung. „Willst du mir etwa jetzt einen Katheter setzen?" – „Du hast Glück, ich hab einen hier." Überrascht, doch voller Abenteuerlust winselte ich: „Du bist verrückt. Ja. Los, komm, mach! Aber ganz vorsichtig!"

FRAULEIN ... DIE VIOLINE

Flugs eilte ich zur Toilette, um mich dann im Sessel wieder niederzulassen. Das war ihre Order, damit die Harnröhre feucht genug wurde für den Besucher. Die lange Verpackung war schon knisternd geöffnet und die sterile Verpackungsspitze entfernt, da führte meine „Pflegerin" sachkundig und zart den Katheter ein: Langsam, Stück für Stück. Unglaublich. Wie ein Geigenbogen, der der Violine Töne entlockt, steigerte sich meine sexuelle Lust mit jedem Schub. Das lange Ding von Wurm drang tief in mich ein.

Kaum dass es voll eingeführt und ganz drin war, stand ich auf und landete auf der Couch mit ihr. Ich musste mich sofort revanchieren! Das war mein Debut – mit Katheter!

REHA-KUR / TSCHERNOBYL

Dann kam das Frühjahr 1986 und meine Reha-Kur sollte Besserung für meine Knie bringen. Während ich wieder einmal mit nötiger Maniküre begann, beobachteten die anderen Patientinnen aus meinem Kreis mein Werkeln und stellten sich gleich an: Sie wollten auch! So versorgte ich die ganze Schar mit Nagelpflege.

Zum Ende meiner Kur schockierte das Tschernobyl-Desaster ja ganz Europa. Es ging mal wieder rund! Und wieder gab es Veränderungen, auch für mich.

TESTREISE SPANIEN

Nach gründlicher Vorbereitung wollte ich mit meiner Dogge in schneefreies Gebiet. Nach Westfrankreich, in ein Dorf nahe der Hauptstadt des Departements; für längere Zeit; vielleicht für immer.

Also plante ich und plante, kaufte ein anderes Auto mit Automatik (Beine!) und später dazu einen Tandem-Lastanhänger und bereitete alles vor. Dann hatte ich alles fertig und zusammen und es ging los … nach Spanien!

Und zwar mit meinem 16-jährigen Sohn und unserer Doggen-Hündin Luna. Das war 1988. Die 14-tägige Reise sollte eine Testreise sein für die eigentliche Fahrt nach Westfrankreich, aber auch ein Urlaubsunternehmen in Richtung IBERIA.

AUF NACH SPANIEN UND SÈTE

Im März 1988 war es dann so weit: Die Osterferien begannen und eröffneten die Safari in den Süden.

Der Tandem-Anhänger sah mit seinem halbhohen Planen-Spitzdach ganz manierlich aus, denn der gesamte Aufbau, einschließlich Innenhimmel mit Beleuchtung neu ausgebaut, glänzte an jeder Ecke. Auf den neuen Fichtenbalken, als Fußbodengrund, ruhte ein ausgesuchter alter Teppich, mehrmals gereinigt, und verstärkte die Wohnlichkeit.

Mit Decken und Kissen, Holzkästchen mit etwas Werkzeug und vor allem mit einer kleinen Küchenkiste mit diversem Geschirr und Kleinkram füllte sich die Ladefläche. Beim Organisieren und Packen kam ich mir vor, als ob eine Expedition bevorstünde und jedes Detail genauestens bedacht werden sollte.

Nun ja, ein guter Plan gibt immer mehr Sicherheit, schließt aber bekanntlich ein Risiko nicht ganz aus. Und endlich wollten wir drei, mein Sohn René, unsere Doggen-Hündin Luna und ich, in die Ferne reisen mit unserem Gespann. Auch alle Autoinspektionen waren gemacht und die neuen Reifen warteten auf ihren Einsatz. Der Reiseplan mit Routen-Entfernung lag griffbereit im Auto und so war alles geregelt für den Start.

Mutter Gaby blieb zu Haus und bangte um eine glückliche Zeit und Heimkehr.

Nun ging es wirklich los. Die Autobahn nach Dortmund nahm uns auf und wir rollten Richtung Hagen, weiter nach Frankfurt, Richtung Basel. Im Elsass führte die Autobahn auf die Autoroute du Soleil, direkt in den Süden. Mittlerweile verbesserte sich auch das Wetter. Die Märztage zeigten sich doch noch recht ungemütlich in Deutschland, aber in der Nähe von Lyon änderten sich das Wetter, das Klima, und das Licht hellte auf, als Zeichen des mediterranen Eintritts.

ERSTE NACHT IN SPANIEN

Nach mehreren Pausen landeten wir am Abend in Sète, am Mittelmeer. Dort übernachteten wir am Rande der Innenstadt und starteten am nächsten Tag in Richtung Spanien und fuhren auf die Autobahn.

Schnell erreichten wir spanischen Boden und wollten bis nach Valencia reisen. Schon im ersten Drittel Spaniens tappten wir in eine Falle: Wir verpassten die Ausfahrt nach Valencia und landeten in der Innenstadt von Barcelona, vierspurig! Und dann mit dem Anhänger! Jeder weiß, dass ein Gespann doppelte Länge zum Bremsen benötigt. Es soll aber auch Orte geben, da weiß niemand etwas davon! Zum Klagen blieb uns keine

Zeit und irgendwie konnten wir dem Moloch entkommen und landeten frohen Herzens wieder auf der Autobahn nach Valencia.

Dort nahmen wir schon beizeiten die Ausfahrt nach Madrid, über die Landstraße. Vor der interessanten flachen Küstenlandschaft wechselte die Straße in eine kurvenreiche Berggegend. Am Anfang ging es noch, als jedoch eine Kurve der nächsten folgte und Steigungen hinzukamen, dann war ich äußerst froh, einen Ort für eine Pause zu erreichen.

Schließlich befanden wir uns in einer kleinen Stadt, als es langsam Abend wurde. Wir suchten einen ruhigen Streifen am Straßenrand und parkten dort die ganze Nacht, bis die Sonne aufging. Wir drei schliefen relativ ruhig, wenn auch ungewohnt, in dem Anhänger. Luna war sowieso unser Bodyguard.

GUARDIA CIVIL

Frisch für den Tag rüsteten wir zur Weiterfahrt. Doch in welche Richtung? Klar, wir mussten fragen. So bekam ich heraus, dass ganz in der Nähe eine Polizeistation zu finden sei.

Vorsichtig fuhr ich um das Karree und gelangte an eine relativ schmale Einfahrt zu einem geräumigen Vorplatz eines respektablen Baus. Parallel zu dem gestreckten Baukörper der Polizeistation parkte ich das Gespann, denn zum Wenden nachher war der Platz ein wenig zu knapp und geradeaus ging es direkt in die nächste Querstraße.

Voller Erwartung komme ich in das Polizeibüro, erkläre kurz meine Situation und frage nach dem Weg. Alles klar, wunderbar. Erleichtert steige ich ein, fahre langsam an und weiter, da sehe ich im Rückspiegel, wie ein Uniformierter mit beiden Armen rudernd dasteht, als ob er hastig ein gelandetes Flugzeug einweisen wollte. Mein zweiter Gedanke war: Spanien ist sehr familienfreundlich, er winkt mir zum Abschied.

Wir rollten immer noch, wenn auch nicht als Flugzeug und nicht auf der Landebahn. Oder hatte ich etwas vergessen? „Stopp!", dachte ich und hielt an. Kaum war ich ausgestiegen und sah mich um, erstarrte mir fast das Blut in den Adern! Die ca. zehn Meter breite Öffnung des Platzes führte zwar zu der gewünschten Straße, aber nur über mehrere Stufen tiefer. Vom Auto aus war das nicht zu erkennen. Ein paar Meter waren es nur noch bis zum Abgrund!

Großen Dank an den Polizei-Einweiser von der Guardia Civil! Ohne ihn wäre ich mit dem Auto auf den Stufen gestrandet.

UNSER LASTANHÄNGER

Froh über die wundersame Rettung fuhren wir weiter ins Landesinnere. Bald landeten wir an unserem Zielort, der gar kein Ort war, nur ein paar Häuser. Der Weg zu dem ausgewiesenen Campingplatz führte steil talwärts auf einer einfachen Gartenstraße durch ein karges Gelände mit vielen Steinquadern. Ausgerechnet jetzt musste ich nicht nur dringend, sondern auch noch außerordentlich!

Also anhalten, alle Mann von Bord, zum Landgang. Luna war als Erste fertig, bei mir dauerte es am längsten, da ich unfallbedingt nicht in die Hocke gehen kann. Alles ging gut.

Als wir am Eingang des Camping-Parkplatzes hielten, standen wir im Mittelpunkt des Interesses. „Was wollt ihr Leute mit einem großen Lastanhänger auf einem Campingplatz?", wurde ich gefragt.

Wir blieben ein paar Tage und lernten ganz interessante Menschen kennen: Der eine Nachbar mit seiner Frau, beide niederländisch und ganz nett, im Rentenalter, war Schiffskapitän und sie reisten das ganze Jahr umher. Ihre Wohnung in Holland sahen sie nur ein paar Wochen im Jahr. Dafür fuhren sie ihre bekannten Camping-Adressen nach Plan ab, immer so für ein oder zwei Monate, wie die Nomaden.

CAMPINGPLATZ CUENCA

Wir waren ja schließlich in Aragonien, und was das zu bedeuten hat, sollten wir bald erfahren. Zumal der Ort Cuenca im Herzen der vulkanischen iberischen Halbinsel liegt.

Ich glaube, es war nachmittags und ich kümmerte mich um die Pflege des Haushaltes. Zur Entspannung und Abrundung meiner Seelenlage an diesem schönen Ort und in dieser schönen Landschaft und bei diesem schönen Wetter passte auch ein schöner Roter oder vielleicht ein Rosé? Bei unserem Einkaufsgang zu einem kleinen Lebensmittelladen, der solch eine stimmungsvolle Ähnlichkeit hatte mit einem amerikanischen Wildwest-Store, ergatterten wir etwas Käse, Brot und Wein (was braucht der Mensch noch mehr zum Glücklichsein?).

Der Wein dürfte gar nicht „Wein" heißen, sondern eher Lotterie-Einsatz-Perle oder ähnlich, denn man weiß nie, was da drin ist. Variationen gibt es genug, das ist bekannt. Ergo mutig sein, mehrmals (minimiert das Risiko) zugreifen und probieren.

So befand ich mich mitten in der Weinprobe bei mir auf dem Campingplatz, mein Sohn assistierte ein wenig, als wir überraschend spanischen Besuch erhielten. Wie ich bemerkte, richteten sich die verfügbaren Augen auf den Ankömmling: ein kleines Auto mit einem kleinen Einachsanhänger. Der Spanier zog die Plane zur Seite und präsentierte eine Anzahl Schuhkartons und Kartönchen, gefüllt mit meist in Papier eingewickelten, kleinen, zylindrigen Quarzen. Fünf- oder sechskantig gewachsen, mit kleinen Ablegern, hätten sie Verwandte von Rohrzuckerkandis sein können – aber es handelte sich um das Mineral Aragonit.

CAMPINGPLATZ CUENCA ... ARAGONITEN

Mein Sohn und ich, unser Doggen-Mädchen Luna sowieso, näherten uns dem Händler. Dann folgte noch ein Nachbar vom Platz und so standen wir neben dem Spanier, der seine Steinchen vorstellte.

Meine Kauflaune stieg schon langsam in die wärmere Zone, unterstützt sowohl durch die begonnene Weinprobe als auch durch die großväterlichen Erb-Gene (über Mutter Lucie), die meine Sympathie für den Handel bzw. Einkauf in Partien ausmachen. Diesen Umständen war ich natürlich schutzlos ausgeliefert und merkte nur, dass ich einige Steine haben musste. Bei diesem opulenten Angebot und der Vielzahl von Formen und Größen fiel mir die Entscheidung so schwer, dass ich echte Not litt. Nach ausgiebigem Taxieren und Preisvergleichen beschloss ich den Mittelweg zu gehen und zwar nach dem Muster: Fällt mir eine Entscheidung zwischen zwei Dingen zu schwer, dann nehme ich beide Angebote an. Punkt.

So zog ich mit mehreren kleinen Kartons als Beute glücklich von dannen. Nach einer weiteren Weinverkostung bemerkte ich, dass der andere Interessent noch aktiv am Anhänger hantierte. Gab es noch ein paar Modelle aus der Reserve zum Angebot? Das musste ich sehen!

Das zögerliche Interesse des anderen Mannes stachelte meine Kauflust noch mal an und ich trug wieder einige zu unserem Auto. Jui, das war ein Ding und hat gesessen! So gab es einen zweiten berechtigten Grund, die Weinprobe fortzusetzen. Ich war besonders glücklich. Am nächsten Morgen schaute ich mir die Kartons an: Was soll ich bloß mit so viel Steinchen? – Gemach. – Man kann sie doch wieder verkaufen!

ZOLLKONTROLLE

Unser Campingleben in Spaniens Mitte bestand hauptsächlich aus Essenzubereiten, Haushalt und Spaziergängen, Kontakten mit den anderen Campern und ganz bewusst mal Nichtstun. Obwohl uns jetzt im März das schöne Wetter mit viel Sonne und angenehmen Temperaturen sehr verwöhnte, reisten wir nach ein paar Tagen wieder ab, zurück nach Frankreich, denn wir wollten den Hauptteil der Reise in der Hafenstadt Sète verbringen.

Glücklich über die problemlose Rückfahrt von Spanien, erreichten wir die Grenze nach Frankreich. In Kilometern betrachtet lag Sète zum Greifen nahe. Voller Erwartung reihten wir uns in die Schlange der Wartenden. Das Vorzeigen der Papiere der Autos vor uns dauerte nicht lange und so kamen wir bald dran:

„Bitte die Papiere. Wo kommen Sie her? Wo wollen Sie hin? Haben Sie etwas zu deklarieren?" – „Nein, wir haben nichts zu verzollen." – „So, dann fahren sie mal dorthin!", ordnete der Japaner in französischer Uniform an. So standen wir mit unserem Gespann auf einem „Nebengleis".

„Alle aussteigen und alles aufmachen; Auto und Anhänger!", herrschte der Bedienstete uns an. So geschah es und ich wiederholte: „Wir haben nicht zu verzollen, nichts."

Nachdem der Beamte den Pkw durchkramt hatte, stieg er in den Anhänger und wühlte sich wie ein Maulwurf in die gesamte Tiefe hinein. Keine Sache blieb unberührt und alles war durcheinander. Mit verbissener Miene tauchte er wieder, rückwärts kriechend, aus dem Gefährt auf. Gefunden hatte er nichts, denn es war ja nichts da zum Finden! Wir hatten jedoch eine ganze Menge Zeit verloren.

ANKUNFT IN SÈTE

Spanien war nun überwunden, aber das Gehabe des übereifrigen Japaners lag uns noch im Magen und so fuhren wir mit unserem durchwühlten Gespann erst einmal davon, Richtung Séte.

Diese Stadt, angeheftet an einen riesigen Hügel vulkanischen Ursprungs, verzaubert jeden Besucher und zieht ihn in seinen Bann. Mit den vielen Kanälen, Hafenanlagen, Brücken, dem Freilichttheater und ihrer pittoresken Altstadt bis auf die Spitze des Berges St. Clair, flankiert von dem blaugrünen Wasser des Mittelmeeres, beeindruckt sie unvergesslich.

Gut, mein erster Besuch in Sète mit Gaby war 1965, unsere Hochzeitsreise. Autobahnen gab es nur an ein paar mageren Stellen, bis Mitte der 70er. Die meiste Strecke bestand aus Landstraßen und das brachte auch einige Vorteile: Geschäfte, Tankstellen, Hotels gab es in jedem Ort und die Reise verlief geruhsamer.

In Sète zum Abend eingetroffen, landeten wir glücklich auf dem Campingplatz. Schön am Rande, sodass wir nicht an allen Seiten einen Nachbarn zu berücksichtigen hatten.

Luna, unserem Doggen-Mädchen, war das ganz recht und sie machte erst einmal Pipi. Proviant hatten wir noch von Spanien und was uns als Bereicherung fehlte, konnte durch den Rotwein ausgeglichen werden. Das Wetter, Mitte März, war angenehm. Uns ging es gut.

Am nächsten Tag observierten wir die Umgebung und rüsteten zu einer Angeltour an der Mündung des Kanals. Überall standen oder saßen Angler oder solche, die nur mal probieren wollten, ebenso wie wir.

SÈTE ... ICH HAB EINEN FISCH

Mein Sohn hatte schon die ganze Zeit rote Ohren, aber nicht vor Aufregung, obwohl er schon ganz zappelig war wegen der bevorstehenden Angelei, sondern weil die spanische Frühlingssonne ihm die Ohrmuscheln schon leicht geröstet hatte.

Wir bastelten den Köder an den Haken und rein ins grüne klare Wasser. Wir entdeckten ganze Gruppen von Fischen und so waren wir sicher, dass es bald glücken würde. Da, mein Sohn ruft: „Ich hab einen, ich hab einen!" Mit albernem Getöse antworte ich: „Ich hab keinen, ich hab keinen!", und helfe ihm bei der Operation Fisch an der Leine. Wir fingen mehrere Dornhechte, ca. 30–40 cm lang, und das war schon etwas.

Als es zum Mittag wegen der Hitze zu ungemütlich wurde, stiegen wir drei ins Auto und rollten zurück zum Campingplatz. Und was sehen wir dort? Unglaublich, welch eine Frechheit! Da hat doch jemand auf unserer freien Seite des Gespanns ein Zwei-Meter-Zelt aufgebaut in der Zeit, als wir zum Angeln waren. Das werden wir nicht dulden. Was können wir tun?

Nach ein paar Stunden kommt ein Soldat in Khaki-Uniform und Schildmütze an unserem Anhänger vorbei und dann zum Zelt und macht sich dort zu schaffen. – Alsbald spricht er uns an und wir schütteln uns die Hände. Es war der Jonny, ein britischer Amerikaner auf der Durchreise vom Kongo in die USA.

SÈTE ... JONNY

Jonny, ein Typ wie John Wayne. Groß, breit, bestimmt zwei Zentner schwer, in Uniform und Springerstiefeln. Das war schon eine respektable Figur! Wie Jonny, mehr in Englisch als Französisch, berichtete, hatte er jahrelang in der französischen Fremdenlegion gekämpft und später in irgendwelchen aufständischen afrikanischen Milizen. Koppel und Waffen trug er nicht. Das ist ja auch verboten.

„Ja Jonny, wie reist du denn? Per Anhalter?" – „Natürlich habe ich kein Geld. Ich fahre mit der Bahn." – „Wie geht das denn?" – „Ganz einfach. Ich gehe auf den Bahnhof, suche mir einen Zug aus und steige ein." – „Und dann?" – „Irgendwann kommt der Kontrolleur. Fahrkarten bitte! – Ich habe keine. Wenn dann der Bahnbeamte ungemütlich wird, stehe ich auf und sage in strengem Ton: ‚Ich bin amerikanischer Soldat auf der Reise zu meiner Einheit. Wissen Sie nicht, dass diese Soldaten frei reisen dürfen?!' Dann gibt der Schaffner meistens Ruhe und geht weiter."

Wenn nicht, dann wird Jonny laut, hält ihm eine exotische Karte unter die Nase, die kein Mensch deuten kann, und diskutiert so lange, bis sie ihn in Ruhe lassen. Jonny lacht. So macht er es in den Geschäften auch und bekommt immer etwas zu Essen und zu Trinken.

In den nächsten Tagen schloss sich Jonny uns an bei der Angelfahrt. Kaum dass Jonny am frühen Morgen, so um elf, lustig bei uns eingestiegen war, fiel ihm in unserem Wagen die angebrochene Rotweinflasche aus der Hand und tagelang fuhren wir dann im Tavernen-Auto voller Rotweinaroma zum Angeln.

SÈTE ... WALTER

Durch die emsige Angelei hatten wir, einschließlich Jonny, denn er gehörte zu unserem engeren Kreis, genug rohe Fische. Gleichzeitig lernten wir auf der anderen Seite des Stellplatzes ein Ehepaar aus Deutschland im Rentenalter kennen. Sein Wohnwagen, groß und opulent, wurde auf Einladung eingehend inspiziert und die handwerkliche Leistung des stolzen Besitzers gewürdigt – mit einem ordentlichen Schluck.

Der Hausherr stellte sich sogleich als Walter vor. Seine etwas kleine Frau war nicht der Spatz von Paris (Edith Piaf), aber sie hatte dauernd etwas zu schimpfen und zwar laut! Walter kannte das schon. Er überlebte diese Tiraden mit erstaunlicher Gelassenheit. Wenn dann wieder ein Schwall auftauchte, drehte er sich ganz zu uns um, schmunzelte und machte Männchen wie ein Dackel.

Walter war auch sehr hilfsbereit, mit Assistenz seine lieben Frau: Wir durften unsere toten Fische bei den beiden abkochen. Zwar in etwas seltsamen Gefäßen, aber auf dem Campingplatz ist sowieso alles anders: Der Gasofen ist an, der große Topf steht darauf und die Fische sind da drin. Gemüse brauchen wir nicht und Gewürze haben wir nicht. Da die ganze Sache Zeit benötigt und etwas Wind aufkommt, muss man noch etwas mehr Geduld haben.

SÈTE ... FISCH-KOCHPLATZ BEI WALTER

Das ist kein Problem bei dieser illustren Gesellschaft. Jonny hatte als Grundlage schon Rotwein in sich, dann kam ich noch mit einem kräftigen Saft und Walter durfte auch hinter dem Rücken seines Spatzes etwas davon zur Nervenstärkung einnehmen.

So war der harte Kern gut versorgt und bester Laune. Und zu erzählen gab es eine ganze Menge. Doch die mundartlichen Formulierungen in Englisch-, Französisch- und Deutsch-Variationen konnten nur mit zusätzlichem Kraftwässerchen bewältigt werden. Das wurde somit eine außerordentliche, internationale spätabendliche Steh- und Sitz-Party, die es in sich hatte, haben sollte:

Plötzlich ein Zischen und ein intensiver Geruch nach Fisch! Wir hatten die Fische im Topf vergessen. Sie waren zu lange darin und zerkocht; so kam der ganze Rest recht bald woanders hin. War das ein Theater!

Und die Party ging langsam zu Ende. Taxi brauchten wir keins für die zehn Meter, das war unser Glück. Und am nächsten Tag gingen wir vier etwas später zum Angeln.

SÈTE ... DRAMA ST. CLAIR

An einem der nächsten Tage fuhren wir nicht mit Jonny und nicht zum Angeln. Wir wollten mit dem Auto den dicht bebauten Kegelberg St. Clair von der Innenstadt her hochfahren. Als wir die Straße zum Berg herumkurvten, sahen wir die Straße schnurgerade und steil nach oben gerichtet. Ich dachte noch: Oha! Das wird delikat! Ach was, wir fahren vorher die Seitenstraße ab und dann ist es gut.

Die eine war eine Einbahnstraße, die nächste Gott sei Dank nicht. Oje, um diese Ecke sollen wir fahren?! Viel zu eng! Also weiter geradeaus. Es wird bestimmt bei der nächsten klappen! Es klappte aber nicht. Ich überlegte zu wenden. Ging auch nicht, denn die Straße war so steil, dass man durch die Rückscheibe nur den Himmel sah! Also weiter hoch! Oben, kurz vor dem Ende, war der Wendeplatz – gesperrt – wegen Hausabbruch-Arbeiten. Das hieß: Wir saßen in der Falle! Und das mit unserem großen Citroën CX! Wäre der Platz frei von Schutt gewesen, so hätten wir dort wenden können. Aber der ganze Wendebereich war ausgefüllt mit zerhackten Backstein-Hohlziegeln mit vielen scharfen Kanten wie ein Abwehrteppich aus dem Mittelalter, um die bösen Ritter zu irritieren.

Aussteigen und die Lage erkunden riskierte ich nicht, aus Furcht, die Feststellbremse könnte bei dieser extremen Lage nicht halten. Die einzige, wenn auch bittere Möglichkeit war, auf diesem Schutt-Teppich zu wenden.

Ich schaltete den Pneumatik-Hebel auf Maximum hoch und fuhr ganz, ganz sachte auf den Wendekreis – trotz der Proteste der Bauarbeiter. Ein Knirschen und Brechen der Reifen erschütterte das ganze Auto. Ein Vergleich mit übergroßem Spritzgebäck zwischen den Zähnen zu Weihnachten würde bestimmt um ein Etliches hinken.

Ich muss jetzt bei dieser Erinnerung unbedingt drei Riegel Schokolade in den Mund stopfen, sonst halte ich das ärgerliche Ende nicht durch:

Die steile Bergabfahrt jagte mir den letzten Nerv aus den Knochen und ich bekam Angst, aber richtige Angst, dass die Bremsen, einschließlich der Handbremse, versagen könnten.

Aber alles ging gut aus. Wir waren heilfroh, wieder auf der horizontalen Straße zu sein, und fuhren direkt zum Campingplatz. Dort untersuchte ich meine Reifen: Zwei Stück zeigten so tiefe Schnitte, dass ich Bedenken hatte, mit diesem Schaden heil nach Haus, nach Deutschland, zu kommen.

Unsere Zeit war sowieso um und so reisten wir kurz danach ab. Die lange Strecke von mehr als 1 100 km schafften wir ohne Zwischenfall – und dafür noch einmal einen herzlichen Dank an die dritte Dimension da oben!

Dass es mir bei der Heimfahrt sehr mulmig war, braucht nicht groß erwähnt zu werden; und dass die nagelneuen Michelin-Reifen bei Antritt der Reise jetzt zum Herrn waren … na ja … Jedenfalls waren wir drei wieder heil zurück in Lippstadt. Aber nicht lange, denn nach paar Tagen startete ich westwärts.

AGENTUR IM ALTEN HAUS

Nach ca. 14 Stunden Reisezeit trafen wir, meine Doggen-Frau Luna und ich, in Westfrankreich ein und fanden am nächsten Tag eine Agentur:

Im feudalen Wartezimmer eines sehr alten Hauses mit hohen Türen und Fenstern, überall Holzvertäfelungen, Schnitzwerk und Ornamente, Stuckdecken und das Aroma von tausend Jahren, dazu die Stille – dort war der Sitz der Immobilien(!)-Agentur. So wartete ich als einziger Klient mit bangem Gefühl, wie sich die Lage wohl entwickeln möchte, und war beeindruckt. Bald schwebte ein Bediensteter heran, öffnete eine weitere Tür und schleuste mich mit angemessener Geste ins Allerheiligste. Ein älterer Herr, so Anfang 90, mit nur einem Vorderzahn im Mund, empfing mich würdig kühl im dunkelgrauen Nadelstreifenmaßanzug. Von seinem Lehnstuhl hinter dem Schreibtisch stand er auf und begrüßte mich mit den Worten: „Bonjour, Madame", und deutete auf den nahen Stuhl. Handgeben ist in Frankreich allgemein nicht die Regel und es muss ja auch nicht sein.

Nun ja, es überraschte mich schon und angenehm, so angeredet zu werden. Kein Make-up, keine Ohrringe, keine roten Fingernägel, keine Bluse, kein Rock, nur ein Pferdeschwanz war meine feminine Reisekollektion … Und doch Madame?! Es stellte sich heraus, dass diese Agentur ausschließlich Nobelanwesen makelte. So zogen wir eine Strecke weiter und wurden dort fündig.

MEIN FEMININES ZUHAUSE

Trotz der Anfangsschwierigkeiten nach dem Kauf, das „Landhäuschen" ließen wir renovieren, nahm ich später jede freie Minute und Gelegenheit wahr, meinem femininen Inneren immer mehr zu entsprechen: bevorzugt im fremden Bereich, wie z. B. beim Einkauf. So lief ich mal mit mehr Lippenstift, ein anderes Mal mit einem glatten Oberteil oder mit einem gewagten Ausschnitt oder Ähnlichem oder allem auf einmal.

Etwas fand ich stets in bunter Mischung der Möglichkeiten.

So einfach wie hier beschrieben ging die Chose meist natürlich nicht. Da gab es doch oft Nuancen der Ereignisse und Aufgaben, die überhaupt keinen Gedanken an Schönmachen und Mit-dem-Popo-Wackeln zuließen.

ANFANG MIT DEM ENDE

Frankreich, Chateau, ein Dorf, mein erster Sommer; in unserem Anhänger: In meinem kleinen Gebäude, das mehr einer Ruine glich, bekam ich Besuch und lernte den netten Vorbesitzer kennen. Seit längerer Zeit sei er schon ausgezogen und lebe jetzt bei seiner Tochter und es wäre schön, wenn wir uns bei ihm zum Kaffee treffen könnten. Im Moment nicht, seine Krankheit … Aber in zwei Monaten. Nach einigen Tagen berichtete mein Nachbar, der Schäfer-Joseph, sein Onkel sei nicht mehr. Statt zum Kaffee ging ich nun zu seiner Beerdigung.

Was nehme ich mit? Blumen? Nein, das wollte ich nicht. Ein kleines Spankörbchen lief mir über den Weg. Das war doch DER Hinweis. So wanderte ich mit einem Karton durch den großen Garten und sammelte verschiedene Kräuter und wilde Blumen, Lorbeer-Grün, etwas trockene Erde und ein paar Steinchen. Das alles arrangierte ich im Körbchen mit einer Tomate, einer Möhre und einer Kartoffel, einer weißen Lilie obendrauf, die am Wege blühte, und fuhr zum Friedhof zur Beerdigung. Viele Leute waren da und den Trauernden schloss ich mich an und kondolierte auch. Die Gesellschaft sah erstaunt auf mein Körbchen. Sogleich erklärte ich, dass ich mich mit ihm verabredet hätte und nun sei es zu spät dafür. Wenigstens wollte ich einen Gruß von „seinem" Garten mit ins Grab legen und das sei alles daraus! Sie hatten artig gelauscht und ich denke, vielleicht eher wegen meinem abenteuerlichen Französisch als wegen der Geschichte. Der Bann war jedenfalls gebrochen und ich besaß ihre ganze Sympathie. Als der Trauergänsemarsch zum offenen Grab in Bewegung kam, die Wege waren so schmal, fiel mir eine scharfe Braut auf: ca. 40, mittelgroß und gut im Futter, brünett, Haare raffiniert frisiert, schwarzer enger Rock, weiße Chiffon-Bluse, transparent wie ein Hauch, eleganter weißer BH, mindestens Körbchengröße D: der Wahnsinn! Nun ja. Ich war zu einer Beerdigung! Oder doch zur Modenschau?

Nun gingen alle einzeln zum Grab und nahmen Abschied. Ich hielt mich zurück, bis mir bedeutet wurde. Mein buntes Körbchen war schon vorher beim Schwiegersohn gelandet, der es jetzt ganz vorsichtig und liebevoll in die Tiefe des Grabes versenkte. Natürlich heulte ich auch und ich meine heute, dass ich die Tränen auch für meine Mutter dort vergossen habe, denn an ihrem Grab damals konnte ich vor Schmerz keine hervorbringen.

CHATEAU ... ENTRÉ EN CHATEAU

Als wir, meine Doggen-Hündin Luna und ich, in Chateau das Häuschen mit etwas Land vor dem Kauf besichtigt hatten, gab es eine Menge abzuwägen. Denn nach wochenlangem Observieren anderer Objekte hatten wir schon einiges taxiert, aber hier überwogen ganz reizvolle Argumente. Sind diese echt? Unterliegen wir keiner Täuschung? All diese und andere

Fragen mochten beachtet werden. Nun ja, wir sagten zu, obwohl sich der Bau im grauseligen Zustand befand.

Absolute Sicherheit gibt es ja bekanntlich nirgendwo, aber Hoffnung und Zuversicht sind schon einmal ganz gut.

So verlief der Anfang.

Als die Maurer anrückten, war das eine regelrechte Invasion. Aus ihren Fahrzeugen schleppten sie Bretter, Gestänge, Leitern, Behältnisse und Werkzeuge. Neben Sand, Kies, Zement hievten die Handwerker auch eine verbeulte, durch die Jahre gezeichnete, große Rührschüssel auf Eisenrädern an Ort und Stelle. Dieses krumme Gerät, ausgerüstet mit einem Einzylinder-Hilfsmotor, sah mit seinem geschwungenen, fast meterlangen, verrosteten wirren Draht aus wie eine Zugabe vom Altwarenhändler. Später, beim ersten Einsatz, knatterte das Zaubergerät jedoch treu, tapfer und unermüdlich Stunde für Stunde, ja tagelang und mischte Sand und Zement mit Wasser. Das Füttern und Betreuen der Mischmaschine besorgte meistens derselbe Mann.

CHATEAU ... DER MISCHLING

Das Motörchen knatterte jetzt aber mühsam statt flott und die Last in der Mischtrommel verlangte seine ganze Kraft. Da! Es gab einen Aussetzer, dann noch einen; der Motor drohte stehenzubleiben, dann erholte er sich doch wieder und tackerte zum Mahlgeräusch des Schüsselantriebs: Gott sei Dank, dass der Motor die Runden weiterlief. Denn eine Unterbrechung hätte lästige Folgen für die mauernden Kollegen gehabt. Kaum war ich mit meiner Danksagung an den Himmel fertig, vergrößerten sich die Zündintervalle des Motors und es drohte nun der Stillstand. Da erschien der zuständige Maurer, hantierte am Motor und dieser tuckerte dann wie gewünscht. Danach strebte der Mann wieder ins Haus. Nach seinen paar Schritten schien der Motor doch abzusterben. Der Mann drehte sich genervt um. Was macht er da? Er drohte von Weitem der Maschine, ganz zornig, mit geballter Faust! Das folgende Tack ... Tack ... Tack ... Tack, Tack, Tack, Tack sagte alles.

Das Maschinchen hatte scheinbar reagiert und rührte weiter – ohne stehenzubleiben. Diese Story beobachtete ich schmunzelnd vom Stallgebäude aus. Ja, lustige Geschichten gibt es.

CHATEAU ... DAS DORFFEST IM SOMMER

Es war wieder einmal Wochenende und mein Schafe-Nachbar fragte mich, ob ich auch zum Dorffest kommen würde. Natürlich komme ich! Am Nachmittag begann das Spektakel neben dem Bürgermeisterhaus im Dorf! Auf einem romantisch gelegenen Platz gab es diverse Buden mit Schießstand, Ball-auf-Dosen-Werfen etc., Weinausschank und Imbiss.

Als ich näher zu den Leuten kam und die Lage sichtete, traf ich die ersten Bekannten. Eine ganze Gruppe hielt sich vor einer Bude auf und schaute gespannt den Ballwerfern zu. Das tat ich auch und bemerkte aber zwei Beobachter neben mir, die zusammen eine große, schwere Milchkanne trugen und ebenfalls einen langen Hals nach vorn machten. Zum Wundern verblieb mir keine Zeit, denn ich sah, dass aus dem unteren Teil der Kanne ein dünner, aber kräftiger Pipi-Strahl aus Wasser dem/der Vordermann/-frau das Bein nässte! Die Reaktionen der „Opfer" waren filmreif! Es gab viel Spaß und es wurde viel gelacht.

DINER CHAMPÉTRE / ESSEN IM FREIEN

Jedes Jahr im Sommer hängen überall die Plakate mit Hinweisen auf die beliebten fêtes champêtres. Das sind gemeinschaftliche große Essen an langen Tischen mit meist dreißig bis vierzig Personen auf der freien Wiese, aber in geschützten Lagen auf dem Land. Den Menü-Bon kauft man Tage zuvor und kreuzt das gewünschte Essen an. Getränke bekommt man am Tisch, sie werden extra beglichen. Platzkarten gibt es nicht. Jeder kann sich hinsetzen, wo es frei ist. Aber, kaum eingetroffen, beginnt das Spiel: Die eintrudelnden Gäste bewegen sich zögerlich, nicht um EINEN Platz zu finden, sondern mustern die bereits Sitzenden, um

DEN Platz zu finden, der die interessanteste Nachbarschaft verspricht. So hofft man jedenfalls. Auf diese Weise begegnen sich, sehr angenehm und ungezwungen, tolle Menschen. So lernte ich John aus UK, seine Frau Joy und ihre zwei erwachsenen Töchter kennen. So ist es oft: Die eine war hübscher als die andere und groß und schlank. Später bei meinen Besuchen bei ihnen hatten wir stets viel zu erzählen. Johns Frau sprach ganz passabel Französisch, aber Johns Französisch musste als eine neue Sprache deklariert werden. Ich verstand sie nur mit Mühe.

JOHN UND JOY

So unterhielten wir uns meistens nicht auf Französisch. Das war für mich auch das Beste. Nichts ist anstrengender, als wenn man beim Zusammensein dauernd die Worte vom starken Akzent säubern muss, damit man sie aufnehmen kann.

Trotz alledem, wir harmonierten prima und die Begegnungen bereiteten uns Vergnügen.

Johns Frau besaß in UK einen Frisiersalon, war locker, aufgeschlossen und John war der stille Pol. Meine feminine Ader störte sie nicht. Sie schien eher zu gefallen. Das ist dann keine Sensation, sich bei solchen Menschen wohlzufühlen. Bei den häufigen Begegnungen war John stets Prinzgemahl, sie dagegen setzte die Segel.

Und es dauerte nicht lange, da entwickelte sich die Vertrautheit so weit, dass sie mir bei jedem Besuch mit einem Finger den Ausschnitt anhob, um hineinzuschauen, was für einen Büstenhalter ich trug. Sehr diskret natürlich!

Sie wusste auch, welche Auffassung ich vertrat: Ein BH sollte passgenau sein im Umfang und in der Körbchengröße und stramm sitzen können, ohne zu kneifen. Ist das gute Stück auch noch aus feinem, weichem und glattem Stoff mit zartem Blütenmuster und Mandelblütenfarben geschneidert, so kann man sagen: Er ist ideal für mich. Nur für mich! Vor allem: Er ist dann mehr als ein technisches Hilfswerk, ein Traumartikel. Eine starke erotische Intention für die Trägerin als auch für den Betrachter lässt sich nicht leugnen. Nun, das bedeutet auch: echte Nahrung für die feminine Seele!

JOHNS PARTY

Bei einer Sommerparty auf Johns Hof erschien ich in Jeans, hohen sandfarbenen Ami-Stiefeln, französischem BH und mit einem eleganten schwarzen reinseidenen Oberteil darüber, ohne Arm, ohne Knopf, gerundete Nahtabschlüsse, matt auf glänzend gewebte, feine, kleine Optik.

Zu dem Pferdeschwanz und Kämmchen passten gut Perlohrstecker und Lippenstift und Fingernägel, frisch lackiert.

Ich glaube, so konnte ich mich sehen lassen.

Als wir uns etwas bekannt gemacht hatten, fragte die mir sehr sympathische Tochter von John und Joy: „Sag mal, wo hast du dein Shirt her?" – „Aus Deutschland", balzte ich stolz. „Das gab es nur als Einzelstück, leider." – „Das musst du mir versprechen: Wenn du es nicht mehr haben willst, bekomme ich das?!" – „Ja, das mache ich."

Das ist heute rund fünfzehn Jahre her. Ich habe es und ich liebe es immer noch!

Wo ich den Fetzen herhabe? Aus einer Damenboutique in Deutschland. Dazu gibt es noch diese kleine Anekdote, die ich in Frankreich nicht erzählte: Als ich nach dem Kauf zu Hause ankam und meine Ernte auspackte, stellte ich fest, dass sich an der Seite ein eingetrockneter Fleck in voller Größe eingekrallt hatte: Sperma! Danke für diese Auszeichnung! – sprach ich mit mir selbst, das ist ein Gütesiegel! An einen Umtausch war aus verständlichen Gründen nicht zu denken. Wie konnte ich so etwas übersehen? Nach der Wäsche sah man aber nichts mehr!

MEINE FEMININE WELT

Pierre war ich nur in meinem Wohngebiet. Weiter außerhalb wurde ich mutiger, wagte mehr und frequentierte immer öfter die Domäne der Frauen und tauchte ein.

Meine feminine Welt bekam jetzt nun auch mehr Licht und suchte immer mehr, sich über Auskünfte, über Möglichkeiten weiter freizumachen. Meine Damengarderobe war schon aufgestockt und alle meine Männersachen längst im Spendencontainer.

Es war Sommer, Wochenende und der Einkaufsplan fertig. Das war wieder ein Anlass, mich ganz weiblich und als Frau zu kleiden, zu erleben, zu testen, zu lernen und jedes Mal war es ungeheuer aufregend und spannend. So geschah es auch jetzt. Es herrscht in mir eine magische Kraft, der ich nicht widerstehen kann!

Heute will ich in dem Supermarkt einkaufen, der weiter entfernt liegt und mir die Möglichkeit bietet, in meiner Garderobe frei zu laufen. Ja, das heißt, in die Traumrolle hineinschlüpfen, soweit die Nerven das aushalten. Also, alles Nötige zusammenlegen: BH, Bluse, Lippenstift, Ohrstecker (dezent), Parfüm, lange Sommerhose und eine leichte Jacke zum Kaschieren. Ach ja, Pumps mit etwas höherem Absatz müssen mit. Die flachen sind für das Autofahren gedacht.

OPALES BLÜSCHEN IM SUPERMARKT

Meinen Plan, mit opalem Blüschen und ohne Jacke einzukaufen, wollte ich heute unbedingt ausführen.

Mein Gott, war ich aufgeregt! Nein, das halte ich nicht aus! Doch, ich mache es; aber wie wird es laufen? – So pendelten meine Wünsche, Erwartungen durch das Gestrüpp der Unsicherheiten und Nöte hin und her. (Ich bin überzeugt, dass diese Nöte wichtig waren, um mein Bewusstsein noch mehr zu schärfen.)

Der Gedanke, ein Schlückchen Sekt könnte hier hilfreich sein, gefiel mir sehr.

Am Supermarkt angekommen, versorgte ich zunächst Luna, meine Hündin, und öffnete dann die Kribbelflasche und nahm ein wenig und etwas mehr, zog die Pumps an und die Jacke aus, ging so gestärkt einkaufen. Locker bleiben, locker … so dachte ich, als ich den Caddie, den Einkaufswagen, holte.

Es war grandios. Ich fühlte mich zu Hause! Nach einer Weile zwischen den Gängen überholte mich eine junge Familie mit zwei halbwüchsigen Kindern. Die Eltern sahen ganz normal um sich im Vorbeischlendern, doch eines der Kinder drehte sich um und neigte sich dann zur Mutter. Daraufhin schaute sie sich ebenfalls zu mir um. – Bumm!

Später wählte ich eine Kasse, wo nur erwachsene Kunden warteten. Es ging alles gut.

Für mich gilt die Richtlinie: nicht aufbrezeln und gelassen bleiben. Im Letzteren muss ich noch besser werden. Und zu zweit ist vieles eindeutig einfacher, aber eine veritable Freundin zu finden, ist auch nicht so leicht. Kommt Zeit, kommt Rat.

DER NACHBAR AM ZAUN

Am Wohnort ist Pierre äußerlich stets neutral, einigermaßen. Wie schon erwähnt. Es geschah eines Tages, ich kann es ja nicht lassen, Folgendes:

Besuch war nicht zu erwarten, die Sommersonne heizte kräftig, da drehte ich etwas mehr auf als sonst und bewegte mich freier in der femininen Rolle, das heißt: nur mit BH und Höschen in der Wohnung.

Luna kannte mich schon in diesem Aufzug und sagte nichts. Dann dachte ich: Es ist sowieso kein Mensch draußen bei der Hitze und ich husche mal schnell um die Ecke in den Garten. – Doch da steht der Nachbar mit seiner Frau plötzlich am Zaun!

So wussten sie, was los war, und ich genierte mich nicht mehr, mich bei ihnen feminin zu zeigen; jedenfalls nur ein wenig üppiger gekleidet.

POULES – DIE NEUEN HÜHNER

Bei nächster Gelegenheit kam ich auf die Begegnung zurück.
Sie fanden es ganz lustig und meinten lachend, ich könne ein Pin-up-Girl werden/sein.

Meine Zuversicht hatte sich also gelohnt.

Und noch mehr gab es: Durch diese Geschichte wurde ich in meinem

Umfeld freier, meine Anspannungen verflogen und mein Selbstwertgefühl verbesserte sich.

Unser Häuschen stand auf einem größeren Grundstück auf dem Lande, die ersten Jahre des Machens lagen hinter uns, da wurde es Zeit für Hühner. Ich MAG sie.

Auf dem Viehmarkt, mit großer Auswahl, erstand ich dann zehn Tiere. Ein prächtiger roter Gockel war auch dabei.

Ein anderer Nachbar half vorher, das Gehege zu bauen, es war nun wie der Stall bezugsfertig.

Nachdem die Hühner eingezogen waren, hatten wir am zweiten Tag die totale Meuterei, den absoluten Aufstand.

FREIHEIT FÜR DAS HUHN

Die Hühnerbeine drängten sich am Gatter, flatterten und hüpften hoch: Sie wollten heraus.

Da ich keine Ahnung vom Wesen der Hühner hatte, sperrte ich sie zunächst im Stall ein. Aber dann gab ich mich doch geschlagen und öffnete das Gehege. So fing der Tag an. Sie rannten über das Gelände an Luna vorbei und nachher auf das Feld des Landwirts. Weg waren sie.

Nun dachte ich: aus der Traum, Hühner weg! Gehege ist umsonst gebaut, Hühner umsonst gekauft, Arbeit umsonst, Ende! Das nennt man Schicksal!

Als ich am Nachmittag mit der Tagesarbeit so weit fertig war, hörte ich Hühner hinten an der Mauer. Es waren meine! Schnell holte ich die Körner und schüttete sie nahe dem Stall auf den Weg. Das Sausen der fallenden Körner kannten sie bestimmt, denn sie strampelten alle herbei. – Das Gehege ließ ich später abbauen, sie schliefen alle im Stall und am Tage waren sie unterwegs.

AUCH HÜHNER WERDEN NASS BEI REGEN

Nach Sommer und Herbst folgte die Winterzeit mit Regen, Regen, Regen. Schließlich macht sich der Atlantik in 50 km Entfernung gewaltig bemerkbar. Wie an anderen Küsten, so ist es auch hier: Wenn es regnet, dann regnet es auch und alles ist feucht und nass.

Der Hühnerstall lag an der Nordseite und hatte so dicke Wände, dass die Sonne kaum etwas ausrichten konnte.

Die Holzöfen im Haus mussten wegen der allgemeinen Feuchtigkeit öfters angezündet werden. So wurde es zur Regel, dass meine nass gewordenen Hühner sich im Tagesraum ihr Gefieder trockneten.

Ein Huhn hatte sich schon einen Schnupfen geholt. So fuhren wir zum Veterinär. Bei der Heimfahrt stellte ich mit Schrecken fest, dass ich mit Kämmchen im Haar unterwegs war. Seit dieser Zeit trage ich sie nun ständig.

AUSFLUG AN DEN ATLANTIQUE

Endlich kam wieder der Sommer. Es zog uns ans Meer, an unsere bekannte Stelle. Proviant ja, aber kein Picknick, kein Baden, nur so spazieren und träumen.

Ich hatte alles vorbereitet, auch meine Sommergarderobe, denn ich wollte wieder einmal richtig Weib sein.

So unternahmen wir den Ausflug zum Atlantique. Wie so oft in den letzten Jahren. Aber ich trug erstmals die tollen neuen Silikon-BH-Einlagen. Vorher hatte ich Körbchengröße B und keine Polster gehabt und nun, frisch mitgebracht aus Deutschland, medizinische Gewölbe: die Sensation! Körbchengröße D! Das war gewaltig!

Natürlich verabschiedete ich meine kleinen BHs, was mir wirklich schwerfiel. Die neuen Modelle stammten aus der Hauptstadt La Roche-sur-Yon. Jedes Körbchen nicht elastisch, sondern raffiniert mit glatten, dünnen Stoffen auf Form geschneidert. Es war die Pracht! Halt französisch!

Als wir die Küste erreichten, liefen relativ wenige Leute am Strand und so ließ ich meinen Hund frei.

Sommer, prima Wetter, vormittags, das Meer, das Paradies.

Der Wind flatterte an meiner Bluse und zeichnete den gut gefüllten BH ganz unverschämt ab. (Hoffentlich ist mein Make-up noch in Ordnung.) Mit wildem Parfum und natürlich zur seelischen Abrundung einen Tropfen Kribbel dazu, wanderten wir bester Stimmung auf den Dünenwegen.

Wenn ich das alles in Erinnerung rufe, waren das doch göttliche Momente, trotz der riesigen Anstrengungen im Alltag, und es erfüllt mich mit Wehmut.

Kaum hatten wir die gut zu begehende Wasserkante erreicht, streifte ich die Bluse ab und marschierte nur mit Büstenhalter und langer Flatterhose den Strand entlang.

Unbeschreiblich schön war es.

Traumhafte Momente, leicht und frei.

Ist das Glück? – Schon, aber das ist nicht alles. – Aber ja, doch, das ist „mein" Glück.

Stolz zog ich den Strand entlang und hoffte, dass er nie (zeitlich) und nicht (örtlich) enden würde.

Keiner guckte komisch. Niemand drehte sich um.

Die Zugabe „ohne Bluse" stand nicht im Programm. Es ergab sich aus dem Moment und entwickelte doch eine tolle Qualität, die mich wahrlich überraschte und mir den Tag vergoldete.

Ein Supertag! Dank dem Himmel!

DIE STILLE

Gern erinnere ich mich an den Sommermorgen bei der Ankunft bei uns in Chateau. Wir waren nachts von Deutschland über 18 Stunden bis hierher gefahren. Es mochte ca. 8.00 Uhr morgens gewesen sein, da lag unser Häuschen (mit der Stirnseite unseres Nachbarhauses verbunden), in Rufweite des Dorfes, ganz still (am Ende einer Sackstraße), so ruhig und friedlich in der Morgensonne wie eine schlummernde Katze im Paradies.

Auch später erlebte ich nicht wieder diese Stille: Die Nachbarn mit Hund waren in Urlaub; kein Auto, kein Traktor, keine Menschenstimme, kein Bellen, kein Hupen, Fahren, Rasseln, einfach nichts. Nur die fliegenden Insekten schnurrten und summten leise in den Kräutern.

Die Autotür lehnte ich nur an, um ja nicht die Ruhe zu stören.

Das Häuschen lag still und umsäumt von blühenden Gräsern und Stauden wie im Märchenland.

Leider konnte das ganze Kraut nicht bleiben. Selbst der Eingang war zugewachsen, hüfthoch.

So war nach Öffnen von Tür und Fenstern die Sense dran; auch zum Schutz gegen gefährliche Vipern musste alles um das Haus herum und der Garten komplett getrimmt werden.

GEDICHT: RENAISSANCE

Hallo Yvette
Hier ist ein Gruß an Dich
Geschrieben an einem Morgen voller Sonne
Im Herbst der Küste des Ozeans
Es ist warm
Ein Vogel ist zu hören
Sonst Stille wie im Garten Eden
Verblüht sind die Blumen
Doch sie halten die Früchte des Sommers
Schon in ihrem Schoß
Bereit für den Frühling
Für den Tanz der Falter
Bald wird es kalt und starr
Eine Träne im Auge zeugt vom Abschiednehmen
Von der Stille wie im Paradies

Vom Atlantik der Franzosen
Mein Freund, wir werden sterben …
Um wiederzukommen im Mai
Und um Hochzeit zu feiern
Hochzeit feiern wie die Falter
Auf dem Feld der neuen Blüten
In Freiheit und Glücklichsein
Getragen im Wind
Im Wind
Pierre 1991, Chateau Guibert

RENAISSANCE
Allô Yvette
Voíci un bonjour à ton égard
Ecrit par un matin d'automne
Sur la côte de l'océan en plein soleil
Il fait chaud
Juste la léger son d'un oiseau
Atteind mon onreille dans ce calme de jardin d'eden
Fanées sont les fleurs
Mais déjà gardent-elles les fruits de l'été dans leur sein
Préts pour le printemps
Pour la danse des papillons
Bientôt viendront le froid et la glace
Une larme à l'oeil témoigne de l'adieu à prendre
Quitter le calme du paradis
Quitter l'Atlantique de Français
Mon ami, nous allons mourir…
Pour revenir au mois de mai
Et alors feter les noces
Les noces comme le font les papillons
Sur le champ des premières fleurs

En liberté et dans la joie de vivre
Portés par le vent
Par le vent
Pierre 1991, Chateau Guibert

STIMMEN

Andere Länder, andere, andere ...

Wenn beim französischen Bauern auf den Feldern Getreide oder der Mais keimt, kommen gerne Scharen von Krähen, andere Vögel und Möwen herbei.

Um Schaden zu verhindern, werden von den Landleuten „Bazoukas" aufgestellt. Das sind normalgroße Gasflaschen mit einer Zündautomatik mit Zeituhr. Und so läuft die Geschichte: Alle zwanzig Sekunden knallt es wie ein Kanonenschuss. Von morgens um fünf bis nachts um zwölf oder ähnlich, manchmal auch 24 Stunden durch und viele Wochen lang. Alle Menschen und Tiere müssen das aushalten! Wie lange noch?

Dagegen ist folgende Technik Musik in meinen Ohren: Im Dorf hängen manche Bewohner ganz einfach eingeschaltete Transistorradios in die Kirschbäume. So sind die Kirschen den ganzen Tag auf Sendung und die Vögel meiden diese Stellen. Ob das stimmt?

GRÜNE HIMBEEREN

In unserem Garten: Eine lange Reihe Kohlpflanzen, frisch eingesetzt, wuchs gut an. Doch an einem Morgen sah ich, dass die Blätter nicht nur fast abgefressen waren, sondern übersät von grünen Raupen dastanden. Was war zu tun? Vor lauter Ärger entschied ich: Ja, ich werde sie probieren. So nahm ich die Raupen ab und verzehrte sie wie Himbeeren vom Strauch, nur ... dass sie nach Kohl schmeckten. Dann ging es mir besser und den Kohlpflanzen wohl auch. Achtung! Nicht jede Raupenart ist essbar. Also Vorsicht!

EINWEIHUNG DES BASSINS / EINE VOLLMONDNACHT

Der Sommer verabschiedete schon das Frühjahr in Chateau und der Garten machte Fortschritte. Das Bassin, größer als eine Badewanne, stand neu installiert und mit Brunnenwasser gefüllt im Garten. Die kräftige Sonne wärmte schon mal das Wasser und mit freudiger Erwartung dachte ich:

Heute Abend wird das Bassin eingeweiht.

Gerade war ich mit meiner Arbeit fertig, begann die Nacht schon mit ihrer Dunkelheit, als der Mond voll und rund am Horizont aufstieg und die Umgebung mit seinem fahlen Licht stimmungsvoll verzauberte. Zikaden, überall verteilt, zirpten unermüdlich in der warmen Abendluft. Die Äcker, die Bäume und Pflanzen mit ihren Blättern und Blüten ergänzten mit ihrem typischen Aroma charmant die Szenerie wie das Parfum einer hübschen Frau (so empfand ich es).

Es war zum Weinen schön.

Mit meiner Flasche Sekt schlenderte ich nun dem Bassin entgegen.

Stille überall. Friede!

Die Nachbarn nebenan hielten sich woanders auf; auch gab es keine Knallerei von den Bazoukas. Wunderbar. Man wird ja wirklich bescheiden, glücklich, wenn diese Dinger mal aus sind.

Die Nacht zeigte sich angenehm warm, kein Wind und der Wandermond beleuchtete nun schon von höherer Position die Landschaft.

Meinen Slip zog ich aus, den BH nicht, stieg in das Bassin und plantschte wie eine Amsel. – „Bumm!", sagte der Korken: „Das Buffet ist eröffnet."

Nun begrüßte ich den dicken Gelben und nahm auch ein Schlückchen auf den Nachbarstern und ein Schlückchen auf den Stern daneben und schließlich ein Schlückchen auf das Firmament … und so etwas dauert natürlich. Meine Stimmung wurde inzwischen langsam exorbitant: Bitte? – Doch! Ich musste es mir besorgen, ganz allein, und zwar jetzt! Jetzt? Ja, jetzt! D'accord! Nur das Wasser um mich und der Himmel über mir. Der

Mond zog ungerührt weiter. „Aaaaah!", schrie ich so laut ich konnte und erschrak etwas, als ich aus dem nächtlichen Tal das Echo hörte.

Aber toll war es doch. Und unvergesslich!

EMAILLIERTE BADEWANNE

Eine emaillierte Badewanne, beim Nachbarn ausrangiert, kam mir gut zupasse, denn ich wollte ein paar Goldfische bei mir im Garten haben. Es klappte. Sauber und unbeschädigt stand sie nun nahe der Hauswand, sodass das Regenwasser direkt vom Dach zu den Fischen plätschern konnte.

Aus dem nahen See organisierte ich eine Schilfpflanze, einige Steine und schon war der Wannensee möbliert und fertig für den Einzug.

Aus dem Baumarkt erstand ich einige rote Fische und ließ sie dann in der Badewanne laufen. Trockenfutter hatte ich auch und so brauchten meine Tierchen nicht zu hungern.

Es dauerte gar nicht mal lange, da konnte ich das Leben unter Wasser nicht mehr so vergnüglich beobachten:

Alles wurde grün, das Wasser, die weiße Wand. Bloß gut, dass die Fische rot blieben.

Fuhr ich wieder einmal für ein paar Wochen nach Deutschland, so füllte ich etwas Wasser nach, zu meiner Beruhigung. Kamen wir wieder zurück, sah ich in der blaugrünen Brühe nur ab und zu mal einen Fisch.

Meine Untersuchungen ergaben, dass nur noch zwei große Goldtiere da waren. Auch neue Kiemenatmer verschwanden in kurzer Zeit und ich glaube, die beiden Großen wussten genau, wo sie geblieben waren.

Eines Tages bekamen wir Besuch: Ein mittelgroßer grünbrauner Frosch saß auf dem Wannenrand, quakte ab und zu und sonnte sich. Es war Herbst, trocken und heiß. Von außen an der Wanne formte ich eine Rampe aus Stein für den Hüpfer.

Mir gefiel das Bauwerk, aber ob es dem Fröschli gefiel oder nutzte, erfuhr ich nicht – und nach einigen Tagen war er dann auch weg.

EINE KREATUR

Frankreich, bei mir zu Haus in der Vendée: Meine Aktivitäten bedingten öfters einen Besuch des Postamtes in der nahen Kleinstadt Mareuil-sur-Lay. Neben dem normalen Schalterbetrieb von Post-Ein- und -Ausgängen fanden auch Rentenzahlungen statt, sodass im Allgemeinen der Schaltertresen gut belegt war.

Meistens gab es eine Kundenschlange, die sich zögerlich bewegte und die Wartenden veranlasste, die anderen zu beobachten oder Bekannte mit vier (üblich in der Vendée) Wangenküsschen zu begrüßen.

Ich hatte noch kaum Bekannte, aber dafür mehr Zeit, andere zu beobachten. Und vor allem, was da vorn am Schalter so gehandhabt wurde. War mal etwas mehr los und eine zweite Schlange bildete sich, wurde das Personal, Gott sei es gedankt, verstärkt.

Ich schaute dem Betrieb am Schalter zu und dachte, ich seh nicht recht: Dort hatte zur Verstärkung als dritte Bedienung eine Person Platz genommen und meine Augen klimperten. Ein hübsches Weib, aber so ein hübsches Weib! Etwas größer als mittelgroß, so um die vierzig, obenherum nicht mager, frischer Teint und volle Lippen, tolles Profil, naturkastanienbraune Haare, raffiniert onduliert frisiert. Sie war wirklich „gut beinand" (würde der Bayer sagen) und fertig zum Anbeißen und Mitnehmen. Die Eleganz der Kleidung mit einer Sonderprise Sex signalisierte endgültig: Diese Kreatur (so nennt man in Frankreich ein Wesen wie aus dem Journal) gehört nicht in ein Kleinstadtbüro, eher als Starmannequin auf den Laufsteg in Paris!

Keine weiteren Gedanken in diese Richtung machte ich mir, denn ich war doch froh, dass sie hier präsent war!

Es ging sogar so weit, dass ich mir wünschte, noch nicht an der Reihe zu sein, als ich an der Reihe war, nur um Madame noch länger betrachten zu können.

Durch diese Situation bekam die Poststelle natürlich einen reizvolleren Gehalt für mich.

Saß sie mal alleine am Schalter und es war wenig los, plänkelte ich etwas mehr mit ihr als sonst, neben meiner Aufgabe. So entwickelte sich ein besonderer Status. Nicht dass ich nach einer ernstlichen Bedrängnis trachtete. Sehr genoss ich es, dass sie fein, edel und mit charmantem Stolz auf meine Flirtvarianten einging. Und so wurde mit der Zeit jeder Postgang eine Klaviersonate und fester Bestandteil meines Besuches.

So ging die Zeit dahin – heute brachte ich ihr ein Blümchen, das nächste Mal etwas Obst aus dem Garten oder Ähnliches.

Von meinen Reisen nach Deutschland mit meinem großen Hund wusste die Hübsche dann auch schon und es gab eine liebe, nette Postbüro-Freundschaft mit zum Teil pikanten Einlagen; aber immer mit höflichem Abstand, mit Contenance! Das war doch alles wunderbar!

Nach meiner längeren Abwesenheit komme ich wieder einmal zu „meiner" Poststelle in Mareuil. Meine Liebe war anwesend und arbeitete mit mehreren Kollegen am Schalter. Der Hochbetrieb verursachte Schlangestehen und gab mir die Gelegenheit, Madame mit meinen Augen wieder einmal abzutasten:

Mon Dieu! Die Gesichtszüge und Augen von ihr sahen traurig und leidend aus, fremd, ihre Frisur glich der eines alternden Wesens und ihre Kleidung hing farb- und schmucklos an ihr herab.

Was war geschehen? Ich wagte nicht zu fragen, erfuhr es nicht und verhielt mich neutral und freundlich.

Die nächsten Male waren nicht anders.

So endete eine schöne Zeit mit Tragik im Postbüro in der Stadt.

DRRITT, DRRITT

So ist das Leben: Im Grunde genommen passiert doch jeden Tag etwas. Und denkt man: Aha, jetzt kommt eine Phase, wo mal wirklich nichts los ist und die Pause angebracht wäre, um Liegengebliebenes zu reduzieren oder wirklich einen Kaffee zu trinken, ereignet sich doch wieder etwas; oder ist das alles ein Trugschluss, eine Täuschung der Wahrnehmung?

Während ich noch darüber nachdenke, gehe ich den Weg zwischen Geräteschuppen (ehemaliger Schweinestall) und Backhaus und vernehme ein Geräusch, mittellaut: drritt – drritt – drritt. Ich bleibe stehen. Nichts. Doch, da ... Da ist es wieder: drritt – drritt. Nachdem ich mich im Kreis umsah und nicht die Ursache fand, schwenkte ich den suchenden Blick etwas höher und äugte das 200-jährige Gemäuer aus Naturstein und Erde Stück für Stück ab und fand schließlich ganz oben unter einem Dachziegel in einem Spalt eine Eidechse regungslos sitzen.

Aber was war das? Eine Ameisenstraße führte vom Boden vertikal bis zum Dach und oben direkt über ein Bein des Minireptils. Da schüttelte das Bein die lästigen Krabbelkitzel-Tiere ab und schon machte es dabei wieder „drritt, drritt". Da war die angestrebte Mittagsruhe eine nervende Angelegenheit für die „arme" Eidechse. „Drritt, drritt" ...

So, nun will ich noch ein paar Zeilen schreiben an René:

BRIEF AN RENÉ

Hallo, lieber René, hallo liebe Gaby!

Heute ist Sonntagabend, 19.00 Uhr, der 3. Mai 1992, die Sonne scheint, obwohl es den ganzen Tag windig und kühl war. Vormittags 10 °C, nachmittags und jetzt 14 °C. Drei bis vier Tage hatte ich den Wohnzimmerofen nicht an, um zu sparen. Aber das war vielleicht ein Übel: 85 % Luftfeuchte bei max. 14 °C im Raum. Da geht aber nichts mehr! Total ungemütlich. Das Bett war klamm und alle Buchdeckel, Papiere etc. fingen an, total krumm zu werden. In den letzten beiden Tagen hab ich Tag und Nacht etwas Feuer. Es ist wirklich besser so. Doch das Holz reicht nur noch für ca. eine Woche. Ich weiß zurzeit nicht, wo ich trockenes Holz herbekomme. Kommt Zeit, kommt Rat. Die Hühner habe ich schon um 18.00 Uhr ins Bett/Nest gebracht. Diese Bande. Da bin ich im Zimmer/Raum im Backhaus, dort schlafen die Federtiere, ich dreh mich um, um die Nester zu richten, da ... ein Spektakel! Ich hatte kurz zuvor das Abendessen für sie hingestellt und alle Tuckas langten zu. Ein Spektakel, sage ich. Was sehe ich da? Da hat der Gockel sich ein Hühnerweib gegriffen und schwuppdiwupp ihr es kräftig beim Abendessen besorgt! Der Hahn macht nie viel Federlesen, er kommt sofort auf den Punkt! Ja, so ist es halt. Lieber René, Gaby sagte mir am Telefon, dass Du Pech gehabt hast mit angetrunkenen Rüpeln. Bloß gut, dass Dir nicht mehr passiert ist!!! Aber ich denke, Du wirst beim nächsten Mal noch besser wissen, wie Du Dich in Sicherheit bringst. Ein Rückzug bei einem überlegenen Gegner ist nie eine Schande, sondern nur klug! Das Gesetz gilt im übertragenen Sinne auch für andere Unternehmungen wie z. B. einem Kraftakt. Das gilt nicht nur für Dich und mich, es gilt für alle: Gaby sagte, Du willst nach Chateau kommen. Toll, sage ich. Doch bitte nicht allen mit dem Auto! Glaub mir, es ist wirklich besser zu zweit. Bitte riskiere nicht unnötige Dinge. Außerdem ist es finanziell für zwei Personen rentabler. Aber was sage ich. Du weißt es im Grunde auch: Bis Mitte Juli sind es noch ein paar Tage und so können wir ja noch (auf Wunsch) gemeinsam überlegen. Ich habe noch gar nicht gefragt: Wie geht es Dir überhaupt? Ich hoffe, so ganz gut. Und knabbern müssen wir alle. Es ist nicht alles Gold, was glänzt! Du willst wissen, wie es mir geht, René? Der große Arbeitssturm der letzten vier Monate hat sich gelegt, automatisch, denn die Hauptdinge – Garten herrichten, Hühnerhaus (Teichseite) reparieren, Wege begradigen und Schlauchleitungen für Pumpen, Pumpengestell – ja, das ist so weit getan. Es ist alles gesät und gepflanzt (außer Tomaten) und jetzt heißt es, das neu keimende Unkraut in Schach zu halten. Bald dürfte es wärmer werden. Du lieber Himmel, es ist Anfang Mai und alles ist grün. Ich denke, dass die Zeit verfliegt. Ich habe 8 kg abgenommen. Ich bin vielleicht mager geworden: Der Hals ist dünn und das erste Loch im Gürtel trägt die Hose. Ich denke, dass ich ab jetzt wieder aufholen werde. Außerdem lasse ich jetzt alles langsamer angehen, denn ich muss mich auch wieder erholen. Auch sehe ich ab und zu TV 5. Das ist aber erst seit ca. einer Woche der Fall. Vorher war ich zu alle. Das war es zunächst für heute, René. Gaby, gute Besserung! (Zwei Briefe von Dr. Wolf sind da.) Macht es gut und vertragt Euch!

Mit lieben Wünschen
Pierre
Wie viele Mäuse hast Du jetzt?
Verkaufst Du welche an den Händler?

EINE REISE NACH ÄGYPTEN

Frankreich: So um 11.00 Uhr vormittags geht das Telefon. Ich hatte doch eine Vorahnung, nicht in den Garten zu gehen. Ehe ich sonst am Hörer ankomme, ist oft das Gespräch weg. „Hallo?" Eine junge Frau meldet sich: „Sie haben eine Reise gewonnen!" – „Nein, das kann nicht sein, denn ich habe in letzter Zeit an keiner Verlosung oder Ähnlichem teilgenommen!" – „Doch, eine Woche, zwei Personen, Ägypten. Wir verlosen aus unserer Kundenkartei jedes Jahr Reisen. Wenn Sie sich bitte notieren wollen: Ihre Teilnehmerziffer lautet 153. Und nehmen Sie bitte Ihren Personalausweis mit, wenn Sie in unser Geschäft kommen. Es geht aber nur Donnerstag, Freitag, Samstag."

Du lieber Himmel! Ich? Eine Reise? Ägypten?! Das gibt es nicht! Nein, das ist nicht wahr. Wo ist der Laden? Ah, im Industriegebiet links an der Route de Nantes? „Mein Herr, es tut mir leid, ich kenne die Örtlichkeiten nicht, denn ich rufe direkt von Paris aus an." – „Macht nichts, ich werde es schon finden. Danke." Ja, danke, das gibt es nicht, eine Reise! DANKE. „Auf Wiederhören."

Na ja, ist ja toll. Der Tag läuft bestens. Eine Reise, eine Reise nach Ägypten: Pyramiden, Gizeh, Kamele, Feigen, Dünen, Palmen und natürlich Basare.

Ein orientalisches Gewand stände mir nicht schlecht! Was mag es wohl kosten? Handeln, mein Lieber, handeln. Das muss man bei den Muselmännern! Die hauen doch glatt jeden Europäer übers Ohr. Also achtgeben.

Was mag der Nachbar wohl sagen, wenn ich ihm das erzähle?! Eine Reise. Was sagte die Kleine am Telefon? Innerhalb eines Jahres kann ich die Reise antreten, wann ich will. Ja, nicht schlecht. Ob an der Chose ein Haken ist? Ach wo, wer sollte Interesse haben, von Paris anzurufen, eine Teilnehmernummer zu erfinden und noch ein Geschäft zu nennen? Keine Frage, das Ding läuft. Sie machte auch einen seriösen Eindruck.

Ob eventuell die Reise auszuzahlen ist? Ein bisschen Moos, nun, mir käm es Recht. Doch: Wann komme ich mal nach Ägypten?! Ja, Mutter war zu Lebzeiten einmal im Land der Pharaonen. Dann fasse ich dieselben Pyramiden dort an, die Steine, genau wie Mutter. Mann, das wäre stark.

Aber das Herumrasen mit der Gruppe von einem Tempel in den anderen, das liegt mir nicht. Dann ginge ich lieber gemütlich durch die engen, schattigen Basargassen und hätte bestimmt viel zu gucken. Aber, und das darf ich nicht vergessen: Ich lass mir zeigen, wie man einen Turban bindet! Und dann kauf ich mir den Turban-Stoff, schlinge mir das Ding zu Hause um den Kopf und laufe damit im Garten herum. Vielleicht gebe ich auch wieder einmal eine Party; ja, warum nicht?!

Mensch, Pierre, der Himmel hat dich nicht vergessen. Eine Reise! Wem erzähle ich es zuerst? – Bleib cool, Junge, gar nichts wird erzählt. Erst gucken, dann jucken. Ist doch eine tolle Sache. Ein bisschen könnte man ja erzählen, nur ein klein wenig. Nein, nein, nichts, nein, protestierte mein Inneres. Geh erst mal in den Garten, das entspannt. Und rauch nicht schon wieder eine. Du hast doch gerade … mahnte meine zweite Stimme.

Im Garten wurde es langsam heiß, es war fast Mittag.

Heute ist Mittwoch, also ist morgen Donnerstag und dann kann ich direkt in das Zaubergeschäft in La Roche gehen.

Wie viele Stunden sind es noch? Nein, weshalb soll ich auch zählen? Nervös bin ich ja sowieso schon und das strengt an! Morgen früh also. – Na ja.

Ach, beinahe hätte ich es vergessen: Reise für zwei Personen. Wen nehme ich denn mit? Meinen fast erwachsenen Sohn oder meine Freundin in Deutschland? Mein „Ableger" hat nächste Woche, am 12. August, Geburtstag. Das wäre gerade passend. Aber vielleicht will er lieber bei seiner Freundin bleiben. Dann fahre ich halt mit MEINER Freundin. So! Und wer versorgt dann meine Dogge? Eine Woche, das wird gehen. Kommt Zeit, kommt Rat. Fast ein Jahr kann ich darüber nachdenken.

An diesem Abend muss ich noch einen Freund anrufen. Bei dieser Gelegenheit werde ich ihm von der Reise nach Ägypten erzählen. Ja, das mache ich. Was für ein Gesicht wird er machen? Unsinn, das siehst du doch gar nicht. Ach, das ist mir auch egal.

Es ist immer noch nicht nach 20.00 Uhr. Das ist immer unsere „Sendezeit". Ablenken, Junge, ablenken. Es wird schon von allein nach 20.00 Uhr.

Endlich ist es so weit und zum Schluss des Gesprächs sage ich ganz locker: „Hör mal, hab 'ne Reise gewonnen, eine Woche Ägypten, zwei Personen. Doch, doch! Ist alles richtig. Der Himmel hat mich nicht vergessen. Nein – die Sache ist absolut sauber. Wer soll ein Interesse haben? … Danke, danke, ja, auf nach Ägypten! Aber erst im Frühjahr, mein ich, dann ist es nicht so heiß!"

Abends im Bett denke ich noch: Ist das wohl der erste oder zweite Preis? Vielleicht fährt ein anderer Gewinner nach Australien? Aber das dauert. Die Strecke ist ja wohl etwas länger als bis zum Milchmann. Fliegen wird der wohl müssen, sonst ist die Reise bei Gibraltar schon zu Ende. Nein, mit dem Schiff nach Ägypten bei einer Wochenreise, nein, das geht auch nicht. Also wird geflogen, allemal. Das wird mein erster Flug. Dem Himmel war ich noch nie so nahe. Was ist das wohl für ein Gefühl? Oben nichts und unten nichts und sonst auch nichts!

Und schon fallen mir die Augen zu.

Nun ist Donnerstag, der große Tag. Den Notizzettel und den Ausweis darf ich nicht vergessen. Vorher muss ich noch schnell zur Post und dann geht es ab. En route! In Richtung La Roche-sur-Yon. Nach ca. dreißig Minuten Fahrt parke ich den Wagen vor dem angekündigten Geschäft.

Tatsächlich, es stimmte. Ganz groß und breit prangte der Namenszug am Gebäude, ein riesiger Möbelladen.

Aha, hier bin ich richtig.

Als ich das Geschäft betrat, es war niemand zu sehen, schlängelte ich mich durch die Möbelinseln, sah Plakate, Reiseziel Ägypten, und fand schließlich einen Verkäufer. „Bonjour", begann ich, „gestern erhielt ich einen Anruf aus Paris. La Dame versicherte mir, dass Sie Reisen verlosen und ich eine Woche Ägypten gewonnen hätte. Stimmt das denn?" – „Aber ja, das ist so. Sie haben eine Woche Ägypten gewonnen, für zwei Personen. Welche Teilnehmernummer haben Sie?" Nervös wiederholte ich: „Einhundertdreiundfünfzig." – „Ihr Name?" Jetzt verschwand der junge Angestellte im Hinterzimmer und kehrte kurz darauf mit einem Faltprospekt zurück. „Sie haben zwei Wochen Zeit, diesen Vordruck ausgefüllt und mit 100 FF (ca. 33 DM) Einschreibe-Gebühr abzuschicken. Wie gesagt, ein Jahr Zeit steht danach zur Verfügung. In dieser Spanne können Sie frei entscheiden und hier ist das Programm: zweiter Tag eine Exkursion, dritter Tag ist frei etc. Der Flug beginnt in Paris." – „Ja, vielen Dank, auf Wiedersehen."

Im Wagen las ich erst einmal die Einschreibbedingungen. Du lieber Himmel, ist das spannend: bla, bla, bla, bla ... nächster Absatz, nächste Zeile: DAAAA! Übernachtung mit Frühstück, Halbpension und Flug ist mit 3000 FF (ca. 999 DM) pro Person ab Paris selbst zu zahlen!!! – Baff!!!

So, das reichte. Soll ich noch einmal ins Geschäft zurückgehen und meinem aufkommenden Zorn Luft machen?

Nein, Pierre, fahr erst einmal nach Hause.

Da heute mein Einkaufstag ist (jeden Donnerstag), geht es erst einmal in den Supermarkt. Schönes Wetter haben wir heute und es beginnt, heiß zu werden.

Daheim angelangt las ich noch einmal den Prospekt durch. Tatsächlich: Halbpension, Selbstzahlung, Reisekosten!

Diese Rüpel, wollen sie mich und mindestens 152 andere so trickreich hereinlegen? Unglaublich, was sich die Leute so alles einfallen lassen, um Geschäfte zu machen.

Diese Bande, ausräuchern sollte man sie!

Anzeigen, jawohl, das ist glatter Betrug. Betrüger, Ekel, Beutelschneider, niederträchtiger Fetzen!

Ob ich den Kerl anrufe? Ach nein, der kleine Typ kann selbst ja nichts dafür. Nein, die Zentrale sollte man anrufen, sich den Chef geben lassen! Ja, sicher, den mache ich zur totalen Schnecke!

Der Laden war wirklich riesig und alle Möbel reduziert! Oh Mann, oh Mann. Was das wohl kostet?! Und kein Kunde darin ... und was nun? Gar nichts werde ich tun, rein nichts, nichts, nichts! – Die Leute sind sowieso schon gestraft genug, dass sie solche Tricks nötig haben. Nun gut. Alsooo:

Keine Woche Ägypten für zwei Personen, keine Pyramiden und Palmen, keinen Einkaufsbummel inmitten der Muselmänner, kein Turban im Garten. Ja, mein Garten, mein Häuschen, es ist alles so schön hier! Wirklich. Jetzt wünsche ich sogar, dass der Himmel solche dubiosen Sendboten der Träume erhalten möge: als Rezept zum Öffnen von Augen, Ohren und Sinnen. Ich küsse meinen Hund und schaue den Schwalben nach. SIE fliegen nach Ägypten … im September! Und ich bleib hier! Gott sei Dank!

SERPENTINEN

An so etwas denkt man wohl zuletzt oder gar nicht: In Frankreich und Spanien auf dem Lande gibt es nicht nur enge, stark gekringelte Straßen, sondern auch jede Art von Schlangen; nicht nur im Hypermarché oder an den Tankstellen, auch ganz profan auf der Erde im Garten oder im Busch. Das sind Tiere, zum Teil zwei Meter lang. Schnell gemessen entspricht das meiner Armspannweite.

Diese Würgeschlangen, dick wie ein Schaufelstiel, fand ich – zu meiner Freude – nur als Straßenopfer. Weit häufiger begegnet man der ungiftigen Couleuvre mit Schlitzaugen und stumpfem Schwanz. Die ausgewachsenen Exemplare messen meist einen Meter in der Länge und ca. sechs Zentimeter im Durchmesser mit leerem Magen. Diese sind für Menschen ungefährlich, wenngleich auch sie beißen können.

Brenzlig wird es bei einer Begegnung mit einer Viper. Diese Tierchen werden ca. 60 cm lang, besitzen runde Pupillen, ein „Y" auf der Stirn und ein spitzes Schwanzende. Ihr Biss kann für den Menschen tödlich enden, je nach Bissstelle und Gegengift-Injektion. Deshalb gilt das ungeschriebene Gesetz: Gehe niemals ohne Stiefel im Garten oder in der Prärie. Trete fest auf und benutze einen langen Stock zum Aufsetzen auf den Boden. Das erschüttert den Boden und die Schlangen fliehen, da sie scheu sind. Fasse nie mit bloßer Hand in dunkle Ecken und Löcher!

Tritt man aus Versehen auf die gut getarnte Schlange, dann setzt es gefährliche Überraschungen. Also stets hinschauen, wo man läuft.

HOMMAGE AN LUNA

Über all diese Hinweise war mein Doggen-Luna-Hündchen erhaben: Mit nackten Beinen und feuchter Nase ging es oft durch den Garten und an jeden Buschwinkel. Manchmal fiel ich fast in Ohnmacht vor lauter Schreck und Sorge um mein geliebtes Wesen. Doch ihm ist nie etwas passiert.

Mein Hund war kein Hund, er war sowieso ein Engel in Hundegestalt!

Ich habe für ihn gesorgt und alles Mögliche, Machbare veranlasst und er hat mich beschützt, mir Trost gegeben, mich im Bett nachts gewärmt, ach, was sage ich, Luna war meine Freundin und Vertraute, die mir auch vieles beigebracht hat.

Geduldig, klug, souverän und loyal. Ja, das war sie. Ich habe sie geliebt und noch heute vermisse ich sie sehr.

COULEUVRE – SCHLANGEN-TAUZIEHEN

An einem Nachmittag im Sommer sitze ich im Atelier und schaue bei geöffneten Türen in den Garten hinaus und döse ein klein wenig in der Mittagspause. Beim Blinzeln merke ich, dass die Erde sich an einer Stelle bewegt. Da wurde ich doch wacher und schaute irritiert auf den Gartenboden. Es war eine ungiftige Schlange, ca. einen Meter lang. Die wollte ich mir doch greifen!

Schon hatte ich ihren Schwanz erfasst und gedachte sie hochzuheben. Doch das Tier war etwas schneller als ich und schon mit dem Vorderteil im Mauseloch und hielt sich darin fest! Jetzt wurde es spannend. Die Schlange ließ nicht locker – und ich auch nicht. Ich zog immer fester. „Krack", machte es und schon hielt ich den windenden Schwanz in der Hand.

Derweil verschwand das verkürzte Tier gänzlich im Mauseloch. Mit ekeligem Schreck steckte in den zappelnden Schlangenrest in das Mauseloch hinterher und kratzte das Loch zu.

COULEUVRE – DIE BEET-SCHLANGE

Seit diesem Erlebnis mit der Schlange besaß ich keinen Wunsch mehr, eine Schlange anzufassen oder gar zu fangen.

Und wie es im Frühsommer so ist, muss in der Hoch-Zeit der Natur, wo alles im starken Wachstum ist, auch jede Menge Unkraut entfernt werden. Mit viel Mühe war das Stück um einen Apfelbaum geschafft und mit dem Rechen die Erde glatt und krümelig gearbeitet. Da ging das Telefon. Dann kam die Mittagszeit und es dauerte etwas, ehe ich an die fertige Stelle zurückkehrte, um dort weiterzuarbeiten.

Was sehe ich da? Ein großer Haufen von eingekringelter Schlange liegt auf der fertigen, weichen und warmen Erde unter dem kleinen Apfelbaum und schaut mich an. Erschrocken bleibe ich stehen wie bei einem roten Ampellicht und die Schlange reckt sich, wird länger und windet sich davon! Welch ein Exemplar, diese Couleuvre, sie war gestreckt bestimmt über einen Meter lang.

Wie ich später von Eingeborenen hörte, lässt die Kommune Schlangen fangen, um sie in schlangenarmen Gebieten wieder freizulassen, denn sie sind begehrte Mäusejäger! Und Mäuse, also Erd- und Gartenmäuse, gab es bei uns ja auch genug.

HÜHNER-LEBEN

Musste ich mal eine Partie umgraben, rief ich meine Hühner, denn regelmäßig kamen beim Erdwenden Mäuse hervor und die Hühner fingen sie im Nu. Mein Hahn verschlang ein Knabberviech ohne zu kauen und ich dachte, er ersticke an der Maus. Aber alles ging gut.

Im Laufe der neuen Hühnerzeit etablierte sich ein regelrechter Tages-Hühner-Fahrplan: Morgens bis zum frühen Nachmittag hatten meine Federleute freien Ausgang. Dann tuckerten sie langsam näher oder ich rief „gaak, gaak" und schon rannten sie flügelschwenkend herbei, denn es gab Körner. Derweil, je nach Wetter und Jahreszeit – bei Regen nie –, holte ich meinen Heurechen und schon ging es in die nachbarschaftlichen Wegränder.

Dort zog ich mit dem Rücken des Rechens über das meist trockene Gras und die aufspringenden Heupferdchen wurden von den Schnabeltieren aufgefangen.

Hatten wir wieder einmal den Regen überstanden, wurde zur Schneckenjagd geblasen. Weinbergschnecken und andere gab es in Hülle und Fülle. Die gesammelten Glitschis machte ich flach und meine Hühner warteten schon ungeduldig auf die nächste Ladung von mir. Es sah wirklich aus wie bei einer Autogrammstunde.

Mein Hund war natürlich mit von der Partie und schaute interessiert zu und die Hühner marschierten unter ihm hindurch, vor seiner Nase entlang oder hinter ihm herum; so gehört sich das auch in einer guten Familie.

Gab es mal weder Schnecken noch Grashüpfer, so kam Plan „C" zum Einsatz: Der Steinwendeplatz, groß wie ein halber Pkw-Parkplatz, bildete ein Eldorado der Möglichkeiten. Beim Wenden der Steine fanden sich Käfer, Spinnen, Grillen und anderes Kleingetier, fertig zum Verzehr.

DAS HÜHNER-PARADIES?

Auf einem sackgepolsterten Holzbrett saß ich dann am Rand der ausgelegten Kalksandsteine auf der Erde und wendete einen Stein nach dem anderen.

Die aufgeregten Hühnerfrauen liefen mir über die Arme und Hände, jede wollte die Erste sein. Da … plötzlich änderte ein Huhn abrupt den üblichen Gesang in ein Trällern und schaute zum Himmel! Eine Weihe kreiste einige Runden und verschwand. Der Überraschungsspaß beim Steinewenden ging dann weiter.

Nach einer Weile entdeckte ich im Gras ein Ameisennest. Ein Huhn schaute nur nach dem Stein und bemerkte zu spät die Ameisen. Mit einem Bein stand es genau im Auge des Hurrikans. Die eilig aufsteigenden fleißigen Tierchen kitzelten bestimmt nicht nur, sondern gaben durch das Beißen dem Original-Hühner-Stepptanz eine flotte Stakkato-Note.

Ich musste so lachen, die Situation war soo komisch! Das Lustige nahm ein schnelles Ende, denn ich spürte Ameisenbisse im Schritt! Auweia! So verteilte sich die Freude.

Jedenfalls legten meine Strampler nicht nur reichlich Eier, sondern welche mit äußerst dicker Schale und tiefgelbem Dotter! Mein Angebot nahm der Konditor in dem Nachbarort nach einer Probe gerne an und so lieferte ich jede Woche eine Schüssel bester Eier für ein Paket Hefe.

Voller Stolz über diese Symbiose, fabrizierte ich regelmäßig und mit Freude meine Brote.

UNSER KLIMA AN DER KÜSTE

Wenn man so die aufgeschriebenen Ereignisse verfolgt, könnte der Eindruck entstehen, dass in Westfrankreich überwiegend schönes Wetter herrscht. Die Nähe zum Atlantique (ca. 40 km) macht sich an zweierlei Punkten besonders bemerkbar:

Erstens: Das Meeresklima; feuchte Luft, viel Regen, viel Wind und schneller Wetterwechsel.

Zweitens: Der Golfstrom wärmt das Gebiet spürbar, sodass der Küstenstreifen, ca. 100 km breit und von Bordeaux jeweils 150 km nach Norden und Süden, zu Recht „der Garten von Frankreich" genannt wird.

Das bisschen Schnee im Winter bleibt nicht liegen und die vielen Palmen dort halten es auch aus. Die Vegetation ist ganzjährig im Einsatz, wenn auch in schwankender Intensität.

In meiner Zeit von insgesamt fünfzehn Jahren erlebte ich auch manches Unwetter. Da mein Grundstück an einem langgezogenen Hügelgebiet lag, direkt neben einem Stausee, ging es bei den Gewittern so richtig rund. Dann goss und schüttete es zum Angstbekommen. Dicke Regentropfen sausten dann mit Sturmgebraus mehr als diagonal einen halben Tag oder länger hernieder.

Einmal beobachtete ich eine Taube, die auf einer Stromleitung saß, mitten in diesem fürchterlichen Regenguss. Und was macht sie? Gymnastik! Sie biegt sich zur Seite und streckt einen Flügel aus, dann biegt sie die andere Seite und so fort. Das Federtier hat sich geduscht! Man soll es nicht glauben!

Derweil schaute ich weiter besorgt aus dem Fester, denn der Regenbach auf der Straße wurde immer stärker und strömte auf unser Grundstück zum Haus.

UNWETTER AM ATLANTIQUE

Schien der Moment günstig, eilte ich mit Wetterjacke, Gummistiefeln und mit Spaten und Schaufel hinaus, um das ankommende Wasser zu leiten oder umzuleiten; und um sonst auch nach dem Rechten zu sehen.

Als das Unwetter vorbei und so weit alles wieder gerichtet war, konnte ich mit dem Auto noch einkaufen fahren.

Auf der kleinen Zubringerstraße zum nächsten Dorf war der parallel laufende Bach so angeschwollen, dass die Straße stellenweise zum Bach gehörte.

Und dann dieser Anblick: Wie von Geisterhand bestellt schwammen auf dem ockerfarbenen Wasser riesengroße gelbe Kürbisse hintereinander dahin wie im Gänsemarsch. Mit einheitlicher Geschwindigkeit wie auf einem Förderband! Nun ja, es war Herbst.

Ein anderes Mal gab es ein starkes Gewitter und es regnete nicht. Es knallte und krachte, ich dachte, die Welt geht unter. Und dann auf der Anhöhe und so dicht am See. Oh, oh! Wo sind wir am sichersten? Klar, im Bett! Meine Hündin Luna lag schon herdrinnen und zitterte am ganzen Leibe, denn das Knallen ängstigte sie sehr. Schnell lag ich auch im Bett und drückte sie an mich und mummelte uns bis zur Nasenspitze ein.

Kaum lagen wir einen Moment zusammen, gab es einen gewaltigen scharfen Knall und ein Blitz fuhr aus der Wand und irgendwo hin. Mein Gott, da hatte ich aber dreimal Angst. Später stellte ich fest, dass das Telefon und das TV-Gerät verschmort waren.

Übrigens wird stets gewarnt: Nie bei Gewitter telefonieren!

CHATEAU ... LAGE

Ganz am Anfang, als mein kleines Landhaus einigermaßen saniert war, kam parallel der ca. 1 000 m² große verwilderte Garten an die Reihe, der im Grunde nur ein paar unveredelte kleine Pflaumenbäumchen beherbergte und kein Garten war.

Der Rest bestand aus blickdichtem Gestrüpp und wilden Brombeerbüschen. Nach und nach, mit Mühe, Zorn und einer dauerhaften freien Feuerstelle, wurde das Reiserzeug verbrannt und mit Freude über den sichtbaren Fortschritt weiter kultiviert.

Aus dem arrondierten Grenzwuchs, zum Teil Hecken, sägte ich Stück um Stück die abgestorbenen armdicken Eichenstämmchen heraus, damit ich für das erste Futter für meine gierigen Öfen erhielt.

Die Erde im freigelegten sogenannten Garten zeigte Buckel und eimergroße Vertiefungen, die durch eine dicke Gras- und Wurzelnarbe abgedeckt waren. Das Umgraben brachte allerlei Überraschungen mit sich: Eisen- und Blechteile, Sekt- und Weinflaschen und jede Menge Glasscherben und etwas tiefer fing das Felsgestein an.

Das Abenteuer präsentierte sich fürstlich. Als ich wieder einmal auf Holzjagd war und einen langen trockenen Eichenholzstängel absägen wollte, nahm ich einen längeren Strick mit, den ich in über zwei Meter Höhe anbrachte und ziemlich unten die Säge ansetzte.

CHATEAU ... DER BROMBEERSESSEL

An dieser Stelle gab es so viele Brombeerbüsche, dass ich nur mit Not stehen konnte. Endlich raspelte die Säge sich ins Finale und mit dem Seil wollte ich den Stamm abknicken (ich dachte an die kohlebetriebenen kleinen Bugsier- und Schlepperboote in Brunsbüttel zu meiner Kinderzeit, die vor der Durchfahrt einer Brücke den langen Schornstein auch mit einem Seil einknickten. Unter einer Brücke hindurch brauchte ich zwar nicht, dennoch schien mir diese Technik mein Vorhaben zu begünstigen). Ich zog und zog, das obere Holz schwankte nur.

Rums machte es, das alte Seil war gerissen und ich lag ungebremst mitten im Brombeerbusch wie in einem Clubsessel, aber mit Nadeln!

Ich bewegte mich nicht mit den Dornästen an Rücken, Armen und Beinen! So aufrichten konnte ich mich nicht, da ich unfallbedingt nur mithilfe beider Arme aufstehen kann …

Und das Dornenzeug stand so hoch, dass meine Hände den Boden nicht erreichten. – Ich schaute mich um und entdeckte meine Baumsäge, die ich mit Mühe angelte und schnippelte ein Griffloch zum Aufstehen. Meine Säge war mein Retter!

Wochen, Monate vergingen mit anderen Arbeiten und das nächste Jahr ebenso und bald rückte die Baumpflanzzeit heran: Zwei Walnussbäume, einmal männlich, einmal weiblich, vier Apfelbäume und viele Aprikosenbäume kauften wir und fuhren sie vorsichtig nach Haus.

CHATEAU … BÄUMEPFLANZEN / 10 GEBOTE

Mit dem Eingraben der Bäumchen bereitete ich mir mehr Arbeit, als ich anfangs dachte:

Unbedingt wollte ich den Standort so wählen, dass die Bäume später windgeschützt stünden, dass sich die Kronen ausbreiten und sich die Blüten selbst bestäuben könnten, dass das poröse Felsgestein im Sommer feucht genug bzw. reichlich Krume vorhanden sei, dass die Bäume im Spannungsabstand des goldenen Schnittes stünden und trotzdem sich in den Typus der Gartenbegrenzung einfügten, mit Schattenaspekten, und zuletzt die Himmelsrichtungen dokumentierten.

Diese Punkte meiner zehn Gebote wollte ich unbedingt einhalten und markierte die Standpositionen mit Stöckchen und Steinen. Holzpfostengestelle krönten dann den Schaffensakt.

CHATEAU ... SONNIGE TOMATEN

Im Frühjahr darauf wollte ich unbedingt eigene Tomaten züchten, aber nicht wie meine französischen Nachbarn mit einem 1,50-m-Stock mitten ins Freiland. Nein, das wollte ich nicht.

Einen Teil des Gartens hatte ich schon hergerichtet und eine passende Stelle ausgeguckt: Dort drüben in der Ecke der Mauer mit der Backsteinhauswand müsste es gelingen! Da mir die Erde nicht sauber genug erschien, kofferte ich mit dem Spaten einen Streifen von ca. 50 × 400 cm aus und füllte mit ausgesuchtem Boden auf. Weil ich wusste, dass auch Tomaten auf die Naturweisheit reagieren, nach dem Motto „Liebe die Tomaten und die Tomaten werden Dich lieben!", wählte ich den Standort an der sonnigen Wand, die abends noch wärmt und vor Wind und Wetter etwas schützt.

Hat der Gärtner die jungen Pflanzen so weit, dann bespreche ich mit ihm meine gewünschte Sorte, suche mir die stabilsten vier Pflanzen (für vier Meter) aus und gehe nach Haus.

Sogleich grabe ich ein Loch nach dem anderen und zwar so tief, dass die Pflanze beim Einsetzen nur noch ein Viertel der ganzen Länge herausschaut. Vorsichtig wird die Tomate mit loser Erde eingekrümelt, samt Blattwerk.

Nach Angießen und leichtem Andrücken ist eine modellierte kleine Erdwand von Vorteil, damit das spätere Gießwasser (nur temperiertes und kein Leitungswasser) nicht wegläuft. Der Fuß der Pflanze muss unbedingt unkrautfrei gehalten werden, damit die Sonne die Wurzeln gut wärmen kann.

Achselkeime werden ausgegeizt und über die ganzen vier Meter (beizeiten) ein, zwei Meter hohes Holzlattenregal verankert. Von den Lattenböden kommt die mittlere Leiste weg, damit die Tomatenpflanze da hindurchkrabbeln kann.

So wandert das Blattwerk von Etage zu Etage. Und wenn die Stängel etwas festgebunden sind mit Bast, hat der Wind vergebliches Blasen.

Auf der mittleren Höhe angekommen kann man dann dem munteren

Klettern freien Lauf und alle Sprossen und Blätter lassen! Für ein paar Düngerschaufeln vom Kompost ca. alle zwei Wochen und einen warmen Guss an die Füße – Brennnessel-Wasser aus der Tonne hilft auch zur Kräftigung – dankt Ihnen das einstige Pflänzchen mit Tomaten in einer einzigartigen Pracht!

Das war mein Rezept für jedes Jahr und so hatte ich zauberhafte Früchte bis zum Frost. Meine französischen Nachbarn beobachteten meine Zwei-Meter-Pflanzen und sagten voller Neid, ich hätte einen Pakt mit dem Teufel geschlossen; aber ganz ernst war das sicher nicht gemeint.

„Halleluja!"

Übrigens, ohne triftigen Grund wechsele ich nie nicht den Tomatenstandplatz, sondern nach Bedarf nur die Erde.

CHATEAU ... KIRSCHBAUMKAUF

Meine gepflanzten Obstbäume waren längst gut angewachsen, als ich die Idee bekam, dass ein Kirschbaum doch wohl auch noch fehlte.

Also kaufte ich bei nächster Gelegenheit ein Süßkirschenbäumchen. Welche Höhe es hatte, wurde mir erst richtig bewusst, als es nicht in unseren Pkw-Kofferraum passte. Das sowieso heraushängende Stück war einfach zu lang und schleifte über die Erde.

Aber mitgenommen musste es werden, irgendwie. Ach ja, da haben wir ja noch das Schiebedach!

Gaaanz vorsichtig hantierten wir das große Bäumchen mit dem dicken Wurzelballen durch die Seitentür, beginnend mit der Spitze voran durch das Dachfenster. Umwickelt mit Papier, Pappen und Lappen war die Halskrause geschaffen gegen eventuelle Schürfwunden an dem Geäst.

So hieß unser neuer Beifahrer: Kirschbaum.

Als alles gesichert war, schaute ich mir das Machwerk noch einmal an, zur Endkontrolle. Der Wagen mit dem ca. zwei Meter herausstehenden Kronenstück sah aus wie eine mutierte Straßenbahn mit wirrem Stromabnehmerbügel. Bei gemächlicher Fahrt schafften wir die ca. 15 km bequem nach Haus.

Die ausgesuchte Pflanzstelle musste ziemlich dicht am Haus sein, da der Kirschbaum keine Snackbar für die Vögel werden sollte. Ich spekulierte hier, dann dort, dann da drüben, nahm Maß. Ach, es wollte nicht gelingen und so pflanzte ich das arme Bäumchen halt an die zuerst bestimmte Stelle.

CHATEAU ... KIRSCHBAUMUMZUG

Während die Monate vergingen, überlegte ich immer wieder zwischendurch, ob es nicht einen besseren Platz für meine Süßkirsche gäbe – und somit wurde mein Bäumchen langsam zur Sorgen-Sauerkirsche. Es musste doch eine Lösung geben!

Da, herrje! Ich hatte sie: Der Baum konnte bei mir nicht glücklich werden! Also fragte ich den Nachbarn Berger-Joseph. „Ja", sagte dieser und kam mit seinem neuen, aber verlotterten Citroën 2CV Kombi zu mir, um den Baum zu holen. Schnell ausgebuddelt setzen wir die Fracht zu zweit am 2CV ab.

Sie passte nicht ins Auto und in meinen Wagen schon gar nicht. Was machen wir nun? Denk, denk, konzentriere dich: Genau, wir packen den Wurzelballen in meine Schubkarre und dann schieben wir ihn den 300-m-Weg entlang bis zu ihm nach Haus, leicht bergauf und abwechselnd.

An seinem fragenden Gesicht merkte ich, dass er hellauf begeistert war. Also, so nicht! Gut, dachte ich, wenn es so nicht geht, dann geht es anders und wir bekommen das Ding gedreht!

Das will ich doch mal sehen und sage zu Joseph: „Écoute (hör mal), wir machen das so: Den Baum packen wir in die Schubkarre und schieben sie an die gerade Ladefläche vom CV und zwar mit den Griffen zum Auto. Dann nehme ich die Schubkarre und gehe langsam rückwärts, bis ich auf der Ladefläche sitzen kann. Ich halte die Schubkarre fest und stabilisiere mit ausgestreckten Beinen! Und du fährst ganz, ganz doucement (langsam). D'accord?!" – „Okay."

So setzte sich der Pilgerzug in Bewegung. Vorn der 2CV mit Joseph, auf der Ladefläche saß ich, rücklings, die Schubkarre in den Händen, die Beine flankierten die Fracht und der Baum wippte als Schwanz. Ein Bild für die Götter!

Was sich der Baum in der Schubkarre gedacht hat, werden wir nie erfahren. Aber ich werde diese 300-Meter-Reise so schnell nicht vergessen: Beim ganzen Hin und Her hatte ich meine unfallgeschädigten Beine vergessen und gemütlich saß ich auch nicht bei diesem Kopplungsmanöver. Tage später sah ich den eingegrabenen Kirschbaum und ich dachte: Oha! Als ich dann Wochen später von Deutschland zurückkam, war der Baum verschwunden!

CHATEAU ... ERSTER KONTAKT CHRISTIAN

Beim ersten Kontakt mit Leuten in der neuen Umgebung lernte ich Christian, den zehn Jahre älteren ehemaligen Bürgermeister aus dem Nachbardorf, kennen.

Etwas klein, untersetzt, sympathisch, aufgeschlossen, klug und clever und mir zugetan. Er besaß einen kleinen Ein-Mann-Bauernhof mit sechs Kühen, die er gerade weggab, großem Gemüsegarten und mehreren Hektar Land mit vielen niedrigen Weinstöcken und einem respektablen Weinkeller, in dem er mehrere tausend Liter Rotwein pro Jahr kelterte.

Sein einziges Pferd war sein uralter Traktor, der immer noch gut lief und Christian beste Dienste leistete. Seine nette brünette Frau Lucienne war dezente Chefin von Küche und Haushalt und ebenfalls sehr sympathisch.

All die Jahre in Frankreich stand mir Christian zur Seite und half mir in vielen Dingen.

An meinem Garten wollte ich unbedingt Wein anbauen, hatte aber nur ein unauffindbares Gartenbuch und keinerlei Ahnung. Also fragte ich Christian als lebenslangen Fachmann nach Anzahl und Dichte der Pflanzpunkte. Mit den Informationen „60 bis 80 cm, jeweils ein Stock" ermittelte ich den Bedarf und eilte zum alteingesessenen Gärtner im Nachbarort, der mit viel Liebe und Erläuterungen ca. vierzig Setzlinge aussuchte in unterschiedlichster Rasse: helle, dunkle, frühe, späte und Dessert-Modelle. Glücklich und voller Erwartung und mit innerer Vision, wie toll das frisch gepflanzte Weinfeld aussehen werde, kurvte ich heimwärts.

CHATEAU ... WEINBAU, DIE NEUEN

Alles lag einsatzbereit. Und so buddelte ich Löcher auf Abstand und Linie für den Weinstock. Nach dem Angießen und einem Pseudo-Richtfest überlegte ich, wie den später hangelnden Weinranken Halt verschafft werden könnte.

Ein Drahtgestell von ca. 1,80 m ist eine Illusion, da kein Pfosten tiefer als 30 cm in die Erde kann, wegen des Felsgrundes.

Also konstruierte ich mithilfe von etlichen dicken Holzstäben aus Kastanienholz, ziemlich wetterfest, ein Ständerwerk, das in etwa die Funktion eines Spitzdaches erfüllte.

Da ich sicher war, dass ich eher fertig würde mit der Konstruktion als die Rankenarme Halt suchen würden, bohrte und schraubte ich gelassen die neue Anlage Stück für Stück zu einem stabilen Werk, welches zur Not auch für Vergnügungsschaukelei statisch tauglich war.

Das Jahr verging. Im nächsten Jahr wuchs schon jede Pflanze sichtlich in die Höhe und ich stellte fest, dass die Abstände von Pflanze zu Pflanze mit ca. 80 cm viel zu gering bemessen waren. Konsequenz: Jede zweite oder dritte Rebe grub ich wieder aus und rätselte, wo sich noch ein passender Platz finden könnte für die Heimatlosen. Es musste gehen und es ging!

Christian war ich nicht böse wegen des unrichtigen Rates, denn ich war selber schuld. In Ruhe und ohne Wein im Glas betrachtet, ergibt sich doch eine klare Linie:

Christians Weinpflanzen wachsen in niedriger und dichter Erdstrauchmanier und brauchen keine Stellage. Meine gekauften Rassen sind von einer Potenz, die bequem in Jahren sogar 3 × 10 Meter Mauerwerk bedecken können, als Einzelkämpfer!

Das hatte ich in der Hektik nicht bedacht und total versäumt. Auch hielt ich es für diplomatischer, die Episode Christian nicht zu verkünden.

Die Kinderjahre des Weins vergingen und die wunderbar duftenden Weinblüten, kaum zu sehen, kündigten einen ersten respektablen Weinertrag an.

Es wurde Herbst, die dunklen Beeren wurden immer dunkler und die blonden immer blonder. Jetzt kam auch schon mal ein aufmerksamer Vogel, um von den Früchten zu probieren. Ja, jetzt wurde es Zeit, mit der Ernte zu beginnen!

Die erste richtige Ernte nach so viel Mühe und Arbeit. Das Gefühl von Erhabenheit verflüchtigte sich bei der Frage: Was mach ich mit mehr als einem Eimer Weintrauben? Ehe ich sie alle verzehrt habe, sind sie längst alle ange- oder ganz verschimmelt. Esse ich haufenweise die Beeren, erwartet mich ein Durchfall, dass ich tagelang nicht geradeaus schauen kann und schielend über dem Stuhl hänge! Und Montezumas Rache ist gewiss und gnadenlos. Ganz abgesehen von der Logistik. Also, so nicht!

Wein könnte man davon machen, das denke ich schon die ganze Zeit. Aber mir fehlen geeignete Behältnisse und dann muss ein Verschluss her, der Luft heraus-, aber nicht hineinlässt.

Ich fahre zum Supermarkt: Dort gibt es Fünf-Liter-Ballons aus Glas mit billigem Wein. Ja, das mache ich. Flugs angekommen ordere ich zwei Ballons, denn zwei sind immer besser als nur einer. So, jetzt geht es zum Baumarkt, da gibt es technische Artikel zur Weinherstellung und wir sind ja schließlich in einem Weinland (genau wie im Rheinland).

Ich habe endlich diesen Schnuller.

Und dann zu Haus angekommen, beginne ich in einem emaillierten Topf die eingeschütteten Trauben zu zerstampfen. Das ist geschafft. Obwohl ich über keine Erfahrung, sondern nur über obergäriges Wissen der Kelterei verfüge, glaube ich, dass wir der Sache näherkommen. Nun dürfte der Traubenmatsch in ein paar Tagen gären.

Jetzt leere ich den erstandenen Fünf-Liter-Glasballon mit Korbgeflecht in einen großen Kochtopf und probiere den Wein. Akzeptabel, kann man trinken. Aber zehn Liter?! Nein.

Ich fasse mir ein Herz, gieße den Inhalt des einen Ballons in den Ausguss und stelle ihn offen weg, damit etwas Luft hineinkommt.

Derweil probiere ich von dem gekauften Wein aus dem zweiten Ballon. Es ist ja ein Frevel, Wein wegzuschütten, und so erbarme ich mich mit weiteren Schlückchen in den nächsten Wochen.

CHATEAU … ERSTE WEINHERSTELLUNG

Nach ein paar Tagen der Beobachtung der gequetschten Weinbeerenernte dachte ich: Noch zwei Tage, dann seihe ich das Ganze ab und schütte es in die Ballons.

Nun war es so weit und ich nehme den ersten Ballon und will den Trichter aufsetzen, da steigt mir ein exotischer Duft in die Nase. Mit einem Auge erspähe ich in der Tiefe der Flasche eine leblose Maus. Sie muss wohl schon ein paar Tage bei der Wärme darin herumgelegen haben.

So fiel ein Ballon aus und er kam in den Container.

Von der zweiten Flasche entfernte ich das Strohgeflecht und füllte den Traubensaft ein. Der Schnuller kam darauf und es dauerte nicht lange, da sagte es ganz mystisch: „Plipp, plipp …" Es gärte! Die vielen Kerne und Fasern von dem Fruchtfleisch tanzten von der Oberfläche wieder in die Tiefe und wieder hoch. Dieses Treiben unterhielt mich eine ganze Zeit, ähnlich dem Flackern eines Holzfeuers.

Auch wusste ich, dass der Gärungsprozess so lange anhält, bis der Alkoholgehalt die Gärpilze auflöst. Also war noch etwas Zeit. Die restliche Suppe füllte ich in leere Flaschen ohne Korken und probierte dann und wann etwas. Ich musste doch die Sache prüfen.

Mein Gott: Das Rumoren im Leib kündigte ein alsbaldiges Gewitter an! Doch lief alles recht glimpflich ab.

CHATEAU ... SCHLEHENKLIKÖR – EDLES SÄFTCHEN

Wenn ich mal in einen fremden Haushalt eingeladen werde oder Leute treffe, die von besonderen Gerichten oder Techniken erzählen, bin ich immer mit gespitzten Ohren dabei.

Doch zunächst die Sache im Keller bei Christian:

Der Keller selbst bestand aus einem stallähnlichen Anbau mit einer Reihe von meterdicken Weinfässern in alter Eiche und vorn in einer Nische mit einem Tisch, gesäumt von Stühlen, Hockern und einer kleinen Bank. Alles passend für ca. sechs Personen. Die Mitte des Tisches zierte ein Holzbrett mit Kochlöffelstielen zum Aufstülpen der kleinen Probiergläser.

Gab es einen Anlass, kam Christian schon mal mit einem Likörfläschchen mit fremdem Korken an und schüttete mir etwas in den obligatorischen kleinen Glasbecher ein. Wir prosteten mit „Santé" und meine Zunge jubelte: Es handelte sich um einen Schlehenaufgesetzten! Und zwar farblos und ganz klar! Wie geht das denn?

Ich pflückte schon seit Jahrzehnten Schlehen nach mehreren Frostnächten und steckte sie in eine Flasche mit Kandiszucker und goss Korn oder Wodka hinzu. Nach ca. drei Wochen war der aromatische Schlehenlikör oder „Aufgesetzte", bordeauxrot, fertig.

„Ja", erläuterte Christian, „wir nehmen im Frühjahr kurz vor der Blüte viele kleine Schlehenzweige und legen sie in Schnaps, natürlich mit Zucker! Das Aroma ist sehr fein und angenehm." Ja, das hatte ich gemerkt. Fantastisch!

Einmal war ich mit Christian zu Besuch bei einem Bekannten von ihm. Natürlich führte der erste Weg in den Weinkeller. „Mon Dieu!" Welchen Glanz sah ich dort! Weinflasche an Weinflasche, kleine Weinfässer und Weingerätschaften. Der Hausherr, im Rentenalter und humpelnd, renommierte zu Recht mit seinen Schätzen! Dann bot er uns einen Saft an von unbeschreiblichem Charme!

Das besagte Tröpfchen, goldgelb, klar und sämig, schmeckte nach einer Mischung aus reifer Aprikose, Spätlesetrauben und Rosenblüten.

Diese paradiesische, süße Aromakomposition konnte nur aus passionierter Heimarbeit stammen. So war es auch.

Eine solche Göttlichkeit traf ich später nicht wieder an.

CHATEAU ... KLEINHOLZ MIT CHRISTIAN

Christian besaß viele alte Eichenbäume und verfügte dementsprechend über große Reserven an Holzstapeln. So bezog ich mein Brennholz von seinem Bestand. Das waren Meterstücke an Eichenästen, die er mit dem Traktor lieferte und aus denen wir beide dann Kleinholz machten. Ich nahm die Äste auf, legte sie auf einen Ypsilon-Pfosten und Christian knatterte mit der qualmenden Motorsäge im an- und abschwellenden Takt durch die hingehaltenen Knüppel.

Die Arbeit mit Krach, Staub und Gestank ging meist über einen ganzen Tag und das reichte auch. Für den Ofen reichte das für maximal drei Wochen, je nach Wetterlage und Jahreszeit. Buchenholz war äußerst rar und teuer, denn hier dominieren die Eichen. Selbst Eichenstammholz bekam ich nicht.

CHATEAU ... HERDKAUF

Inzwischen zeigte der alte Küchenofen solche Risse und Roststellen, dass unbedingt ein neuer her musste. Ich ging zur Bank und hob in angemessener Höhe französische Francs ab und fuhr zu dem Haushaltsgeschäft, bei dem ich schon öfters eingekauft hatte und ließ mich beraten und kaufte einen neuen Küchenofen.

Als ich an der Kasse stand und das Bargeld präsentierte, bockte die Kassiererin und fragte mich unwirsch, wo ich das Bargeld herhätte (!). Obwohl ich beteuerte, dass ich soeben von der Bank käme, glaubte sie mir nicht und verlangte die Bankquittung und rief bei meiner Bank an, ob das auch richtig sei!

Die anderen Kunden im Geschäft bekamen alles mit. Na ja, so ist es manchmal!

CHATEAU ... MEIN NEUER HERD

Mein neuer meterlanger Küchenherd zum Heizen mit Holz und Kohle besaß neben einer respektablen Herdplatte auch ein verlockend großes Backfach.

Das seitlich herausragende und ca. 1,50 m hochsteigende weiß emaillierte Ofenrohr gab meiner neuen Feuermaschine einen leichten Hauch von Luxus. Natürlich züngelte ich darauf, den neuen Kasten zu beleben.

So einfach ging das aber nicht, da ich meist nur über sperriges und nicht ganz trockenes Holz verfügte. Zudem merkte ich erst beim Gebrauch, wie klein die Feuerklappe bemessen war. Der Ofenkonstrukteur dachte bei seiner Arbeit wohl nur an Kohlefütterung des Herdes.

Nun ja, da stand er nun in meiner Küche, still und ruhig und sog die Luft der Küche ein und hauchte sie dann in den Schornstein wieder aus.

Mit allmöglichen Spezereien wie Holzschnipseln und kleinen, trockenen Leistenresten aus der Werkbankecke und als Dessert einem Baumwolllappen, in Olivenöl getränkt, so hoffte ich, müsste sich mein neues Öfchen doch erwärmen können. Wir hatten Glück. Das Feuer im Ofen brannte und der ganze metallene Körper erhitzte sich mit zufriedenem Knacken der Ausdehnung.

Daran erinnerte ich mich auch, dass alle neuen Sachen und Dinge vor Gebrauch eingefahren werden sollen, genau wie bei einem neuen Auto, ließ ich den Ofen erst einmal für sich in Ruhe brennen. Es dauerte auch gar nicht lange, da sorgte ich erst einmal für Frischluft in der Küche, denn mein Neuer qualmte aus allen Fugen!

CHATEAU ... MENÜ FÜR LUNA

Das war mit Sicherheit nicht bedenklich, denn mein Ofen ist schließlich nicht ein Reitpferd, das nach einem scharfen Ritt gehörig dampft.

So war der erste Einsatz nach der Fabrikation überwunden und meine Boudin-noir- et -blanc-Würstchen mit Gemüse saßen in dem einen und die Kartoffeln in dem anderen Topf und ließen sich in Wallung bringen – als erste Gäste auf dem neuen Parkett.

Da ich mich schon seit frühester Jugend für küchentechnische Belange interessierte und von Mutter Lucie viel erlernte, halfen mir diese Kenntnisse vor allem bei dem Umgang mit komplizierten Situationen und eingeschränkten Mitteln.

Und die Küchenanforderungen bereiteten mir Freude, trotz mancher Mühseligkeiten. Im Wechsel kochte ich Gemüse aus unserem großen Garten, Kartoffeln aus dem Hyper-U-Supermarkt sowie mal ein Hähnchen.

Auf jeden Fall kaufte ich Rindfleisch, zwei bis fünf Kilo pro Woche, für mein Luna-Doggenmädchen. Zu Hause angekommen, zerlegte ich die Stücke in Streifen und hing sie auf eine Leine zum Trocknen.

So konnte ich Luna täglich einen Riegel Hartfleisch zu ihrer Mahlzeit geben. Obwohl ich ausgesuchtes Trockenfertigfutter in Reserve hatte, bereitete ich meinem Stern oft eigene Kompositionen zu. Frisch gekochte bayrische Spätzle, ohne Zwiebeln, aber mit geriebenem feinem Hartkäse. Dazu gab es zu ca. einem Viertel der Gesamtmenge gehackten grünen Salat mit diversen Kräutern oder bevorzugt gehackte Löwenzahnblätter, Stängel und Blüten mit einem Schuss Olivenöl. Den Salat löffelte sie mit ihrer langen Zunge immer zuerst heraus.

Mehlige Quetschkartoffeln mit Würstchen und Sauce mochte sie auch ganz gerne.

Auf ein Sorbet legten wir allerdings keinen Wert. Auch diesbezüglich stimmten wir mit unserer Menüvorliebe überein.

LUNAS KURZBIOGRAFIE

Wie schon erwähnt war Luna meine Doggen-Hündin.

So fing es an: Es kam das Jahr 1987 und ich musste unbedingt wieder einen Hund haben und so reiste ich zum Tierheim des Stadtkreises und hielt Ausschau nach einem mittelgroßen Vierbeiner.

Da mir die Heimleiterin, nett und sympathisch, schon mehrere Jahre bekannt war, fühlte ich mich bei ihr gut aufgehoben, denn es ging ja um eine ganz wichtige Entscheidung auf Jahre! So zählte ich vertrauensvoll auf ihren Beistand.

Nach meinem ersten Rundgang an den Hundezwingern betrat ich den Vorraum des Büros, um meine Eindrücke mit der Leiterin zu diskutieren.

„Wissen Sie was", unterbrach sie mich, „ich habe einen Hund für Sie. Der ist nicht in der Box. Er liegt dort unter dem Tisch! Er, das heißt sie, ist ganz schwarz, deshalb fällt sie in der Nische nicht so auf, und ist ein Findelkind. Sie hockte zitternd und halb verhungert an einem Gebüsch in einem Feld, ehe Fußgänger die Feuerwehr alarmierten. Sie ist ängstlich und verschüchtert. Aber ich meine ernsthaft: Das ist IHR Hund! Ich mache die Leine an und dann können Sie ein Stück mit ihr gehen."

Das ging alles so fix und ehe ich es begriff, lief ein Hund neben mir. So marschierten wir zu dritt, mein Sohn begleitete mich natürlich, einen kleinen Weg rauf und runter. „Ja, das könnte gehen", begann ich, „aber ich möchte mir eine Stunde Bedenkzeit erbitten." – „Kein Problem, sie können ihn zur Probe auch erst einmal ein paar Tage mitnehmen." Um Gottes willen, das wollte ich nicht und wartete ca. eine Stunde, um dann zu sagen: Ich möchte ihn! Auch mein Sohn René mochte den neuen Hund und so reisten wir zu dritt nach Hause.

Ich wählte den Namen Luna, weil er mit „Lu" anfing wie Lucia und sie sich in einem sanften Charakter zeigte wie das milde Mondlicht.

LUNA GEHT MIT ZUM EINKAUF

Luna erholte sich bald und wurde sehr zutraulich. Das erleichterte natürlich die Übungsstunden mit ihr für allerlei Begriffe. Da mein erster Hund ein Franzose gewesen war und ich mit ihm nur Französisch gesprochen hatte, setzte ich die Tradition fort und Luna lernte so auch Französisch.

Luna mit ihren gespitzten Ohren bellte so gut wie nie. Das brauchte sie auch nicht, denn es reichte, wenn sie nur dastand oder um die Ecke kam und manchmal leicht knurrte.

Gingen wir beide zum Supermarkt, so deutete ich auf ein Plätzchen vor dem Eingang und sagte: Warte hier, ich bin gleich zurück.

Sie blieb sitzen oder stand, ohne angebunden zu sein, da, bis ich wiederauftauchte. Auch vorbeiziehende Hunde beeindruckten sie nicht. Wieder einmal gingen wir zum gewohnten Supermarkt einkaufen, aber diesmal sollte es ein klein wenig länger dauern:

An der Kasse kippte durch einen Schubs mein Portemonnaie um und alle Groschen und Markstücke purzelten und kullerten hernieder. An der Kasse stand auch noch ein Sonderangebotstisch, der das Einsammeln der flüchtigen Sterntaler nicht gerade erleichterte. Als ich auf allen Vieren unter dem Tischgewirr meiner Münzsammlung nachging, bekam ich Hilfe von einer Kundin. Schweigend robbte sie unter dem Tisch heran, kam ganz dicht, küsste mich auf den Mund und zog sich rasch zurück!

Trotz der vielen Kunden hatte scheinbar niemand etwas bemerkt und mir blieb auch keine Zeit, um mich zu wundern. Die Unbekannte blieb unbekannt. So ist das Leben.

LUNAS PFLEGE

Dem Lunabein ging es von Tag zu Tag besser und wir harmonierten auf einer ungewöhnlich guten Frequenz. Sie hatte am Tag mehrere gepolsterte Liegeplätze, einschließlich Couch, und nachts lag sie in meinem Bett!

Als wir später in Frankreich ein Gespräch führten, es ging um Doggen, erzählte mir der ca. dreißigjährige Einheimische, er habe auch eine Dogge. Seine Mutter habe eine, sein Vater habe eine sowie sein Onkel.

Meine Frage lautete: „Ja, sagen sie mal, wo schlafen denn die Tiere?" – „Alle in unseren Betten!" Unglaublich und gleichzeitig beruhigend und erfreulich, dass ich nicht der einzige Mensch mit „Dogge im Bett" war. Eine Dogge friert leicht mit dem kurzen Fell und am Bauch ist sie sowieso nackend. Durch die dünne Haut und das enorme Gewicht, um 80 Kilo, benötigt sie auch ein weiches Lager und das Bett kommt da genau recht.

Es versteht sich von selbst, dass ein solches Hundetier von mir maximale Pflege erhält: Das Fell wird regelmäßig gebürstet und mit einem

Waschlappen und warmem Wasser frottiert. Auch Augen-, Ohren-, Zahn- und Analpflege sind selbstverständlich. Luna war so geduldig, dass ich nach einer Zeit des Übens auch alle Zähne von Zahnstein befreien konnte. Die riesigen Zehennägel, mit einer Spezialzange gekürzt, rundete ich in aufwendiger Manier jedes Mal mit einer Nagelfeile. Über regelmäßige Wurmkontrollen bei ihr und bei mir brauche ich nicht zu berichten.

Noch etwas: Ohne Luna hätte ich das Unternehmen Frankreich bestimmt nicht realisieren können!

EINSAME KÖRNER

Zu unserer Küchenausrüstung gehörte auch die treue und stabile elektrische Körnermühle, die uns jederzeit frisches Dinkelmehl lieferte, aber dabei solch einen Krach entwickelte, dass man am besten dann den Raum verlässt.

Wir verbrauchten allgemein pro Monat dreißig Kilo deutschen Dinkel oder französischen Weizen. Die französischen Körner, kaum gereinigt, glichen eher dem Hühnerfutter bei uns in Deutschland. Aber es ging.

In einem Sommer fuhren wir wieder einmal in die alte Heimat. Unterwegs fiel mir der Getreidesack mit den vielen Körnern ein. Den hatte ich vergessen. Die Mäuse werden sich freuen bei diesem Angebot!

Wochen später kommen wir wieder zurück von der langen Reise, ich schließe die Tür auf und was sehe ich da? Alle Oberflächen an den Tischen, Stühlen, auf dem Herd, in dem Geschirr, an den Fenstern, quasi überall und natürlich auch auf dem Fußboden: millimetergroße tote schwarze Kornkäfer! Der Getreidevorrat für einen Monat war dahin und der Rest in der Tüte nur ein Hülsendrama.

So lernte ich dazu, keine Kornreserven längere Zeit ruhig stehen zu lassen, denn eine alte Regel besagt: Bewegung ist alles im Leben und auch zum Schutz des Weizens.

EIN FEGER

Nachdem unser neuer Küchenofen so prima Dienste geleistet hatte, ging es mit ihm auf einmal gar nicht so recht. Er hatte keinen Zug! Vorsichtig löste ich das Ofenrohr, da fiel die erste Asche schon herab. Alle Öffnungen zeigten an, dass eine gründliche Reinigung vonnöten war. Im Freien ausgeklopft und gereinigt, wanderte das Ofenrohr wieder in die Küche, doch das Kaminloch in der Wand sah auch übel aus: Beim Reinigen mit einem Kehrblech und Handfeger stellte ich fest, dass der Schacht nach einer Krümmung nur nach oben verlief!

Jetzt wurde es mir klar, weshalb bei schlechtem Wetter und danach Wasser an dem Ofenrohr herunterfloss und schmutzige Bahnen hinterließ! Das Regenwasser floss den Kamin herab und konnte nur am Rauchrohr herausfließen, denn tiefer ging es nicht. Auf einen üblichen, weil zwingend nötig, geraden Kamin bis untenhin hatte der eifrige Maurer verzichtet. Welch ein Gottvertrauen!

Da wir gerade beim Kaminthema sind: Da kam doch eines Tages ein kleiner Lieferwagen vorgefahren und ein Mann klopfte an die Tür: Er sei Schonsteinfeger und komme alle drei Monate in die Gegend und es sei so wichtig, dass die Kamine gereinigt würden. Die Brandgefahr sei zu hoch, um das zu riskieren. Es koste … FF, ich weiß es nicht mehr, aber der Preis war weit mehr als angemessen. Ich willigte ein und der Mann nahm behände zwei je ca. drei Meter lange, biegsame Plastikrohre, schraubte sie zusammen zu einem und führte diesen langen Stachel von unten in den Kaminschacht ein. Mit schwingenden Kurbelbewegungen wedelte er mit dem Gestänge herum.

Als der Feger nach ganz kurzer Zeit wieder vor mir stand und kassierte, fragte ich ihn ungläubig: „Wie lange hält die Reinigung?" Da sagte er: „Keine Ahnung." – „Und wenn der Kamin später doch brennt?" – „Ja, dann holen sie die Feuerwehr." Auf diese Pointe war ich nicht vorbereitet.

Doch als alles vorbei war, wurde mir klar: Dieser Mann war wirklich ein „Feger", ein echter fahrender Gesell, aber niemals ein echter Kaminfeger!

Ich fand den Auftritt von diesem Feger so simpel, aber auch so raffiniert, dass ich später noch lachte und ihm verzieh.

MEINE KÜCHENARBEITEN ... BROTBACKEN

Häufig hatte ich schon im Emaille-Topf Brot gebacken, aber im Küchenofen noch nicht. So fing ich an Mehl herzustellen in diesem Höllenwerk von Mühle: Sie mahlte super und schnell mit ihren Steinzähnen, aber enorm laut, wie schon berichtet.

So begann ich: In eine Schüssel kommt Hefe hinein und wird mit warmem Wasser angegossen, verrührt, bis die Hefe aufgelöst ist. In einer anderen Schüssel (Backschüssel) wartet schon ca. ein Kilo Mehl. In eine Mehlvertiefung gieße ich dann das warme Hefewasser im Verhältnis so, dass der Teig knetfähig wird. Salz gebe ich nicht gern dazu, denn Salz unterdrückt die Gärung und salzen kann ich später noch.

Dann knete ich den Teig durch (er darf nicht an den Fingern kleben) und lasse ihn eine Weile, zugedeckt mit einem angewärmten Geschirrtuch, an einem warmen Platz ruhen.

Dann knete ich ihn noch etwas, paniere den Knetklumpen und forme ihn mit der Hand vor zur Brotform (lang oder rund) und lege das Ganze in die mehlbestreute Backform, lasse den Teig hochkommen und schiebe die Form in den Ofen.

Die Stichprobe mit einer Stricknadel zeigt an, wann das Brot fertig ist. Ist die Hitze zu gering, dann fällt alles zusammen; ist sie zu hoch, verbrennt es außen und innen bleibt es klitschig.

Brot aus Sauerteig dauert viel, viel länger. Je nach Wetterlage mehrere Tage, denn der Teig muss von allein sauer werden und allein gären. So wird Stück für Stück der Sauerteig in der Masse vergrößert, durch Zusatz von weiterem Mehl und Wasser – kneten und gären lassen. Hat man genug Sauerteig, kommt er in die Form und darf hochkommen. Dann marschiert er in den Ofen.

Beim Pumpernickel-Backen mahlt man grobes Mehl, weicht es ein, mischt es mit feinem, lässt es gären und gibt zum Schluss Zuckerrübensirup und eine Prise Salz dazu. Sonst wie zuvor.

MEINE KÜCHENARBEITEN ... HEFEKLÖSSE

Hefeklöße, was ist denn das? Ganz einfach: ein schlesisches Gericht. Punkt. Bestehend aus Hefeteig, ohne Salz, in Dampf gegart. Nun en détail: Man nehme ein Stück Hefe und löse sie in warmem Wasser auf. Das Mehl in der Backschüssel erhält einen Krater. Da hinein gießt man das Hefewasser. Scheint es für das Mehl zu wenig zu sein, gebe ich sofort warmes Wasser hinzu und verrühre das Ganze, bis ich einen Teig nach Wunsch erhalte.

Inzwischen ist der hohe Emaille-Topf ausgerüstet mit halber Höhe Wasser und einem aufgebundenen Geschirrtuch. Es darf nicht zu tief hängen, sonst tunkt es in das Wasser.

Nun kommt der Topf auf die Flamme und, wenn das Wasser singt (siedet), können die ersten Brötchen/Klöße hineingelegt werden – und dann schnell den Deckel schließen.

Mit einer Stricknadel kann man jeweils eine Stichprobe machen, ob sie gar sind. Bleibt Teig an der Nadel hängen, muss der Deckel noch ein Weilchen auf dem Topf bleiben.

Die Menschen essen die warmen, frischen Brötchen mit Blaubeer- oder anderer Konfitüre. Himmlisch!

Luna meint das auch und steht schon in der Nähe und verfolgt genau mein Hantieren. Da läuft ihr reichlich Spucke aus dem Mund, denn sie weiß, es gibt frische Brötchen. Sie erhält, etwas abgekühlt und geprüft, zwei Brötchen, aber ohne etwas drauf und verzehrt sie mit eiligem Genuss!

Bekäme sie mehr Brötchen auf einmal, so riskierten wir einen Durchfall und das wäre ... böse, böse.

MEINE KÜCHENARBEITEN ...
KOHLSORTEN

Schon im alten Griechenland, es gab nur zwei Blattkohlsorten, war der Kohl eine heilige Pflanze. Man könnte hinzufügen: Auch heute noch ist er eine heilende Pflanze.

„Iss den Kohl und fühl dich wohl." Wieder einmal so ein Spruch. Aber dieser hat es wahrlich in sich, obwohl der Kohl so unverdächtig klingt. Für mich jedenfalls ist er ein ganz wichtiges Gemüse und glauben Sie mir, aus eigener langjähriger Beobachtung und Erfahrung steht der Kohl mit seinen Varianten zu Recht an erster Stelle auf meinem Speiseplan.

Der Wirsing, genauso wichtig: Tiefgrün und mit flauschigen Blättern findet man ihn in fast jedem Supermarktregal. Ich sehe immer wieder, wie die Leute die äußeren Blätter abbrechen und liegen lassen, bevor sie zur Waage gehen. Gerade dieses tieffarbige Außenlaub besitzt viel Chlorophyll.

In meinen kritischen Phasen mit den Beinen ging ich mit dem Kohl ins Bett: Mit einem Nudelholz oder einer Flasche walzte ich die Außenblätter flach, verteilte sie über die Beine und stabilisierte mit Geschirrtüchern: Das ist ein angenehmer, toller Kniff, weil der Kohl die Sachen nicht verschmutzt und so einfach und effektiv zu handhaben ist.

Auch verinnerlicht, nur ganz leicht gedünstet, freut sich der Leib, wenn der Kohl ankommt. Gegen die Furcht vor windigen Etappen helfen Kümmelkerne, die mit in den Topf wandern.

Weißkohl und Sauerkraut: Aus dem ursprünglichen Wildkohl, der auch an den Küsten des Mittelmeeres zu Hause ist und zu seinem Wetterschutz scharfen Saft, Senföl-Glykoside, produziert, wurde unter anderem auch der Weißkohl gezüchtet, den jeder kennt.

Auch er enthält Folsäure und Vitamin B6, die notwendig sind zum Aufbau von Blutkörperchen und für den Stoffwechsel. – Das in Kürze. – Wichtig ist es für mich, immer wieder Kohl kaufen zu können.

Was machen die Menschen in der Sahara? Ach ja, die haben ja ihre Oasen. Aber ich glaube, ihr Kohl hängt in Massen auf den Palmen in

Form von Datteln und dazu Kamelmilch. Das könnte gehen. Ich liebe aber meinen Kohl und hobele ihn jede Woche.

Vor rund dreißig Jahren verfügte ich über zwei sauschwere Zwanzig-Liter-Steinguttöpfe mit Rinne und Deckel, extra gekauft, zusammen mit einem österreichischen Dreiklingenhobel mit Schlitten; nein, nicht dem gewöhnlichen, wenn es draußen weiß wird. Den einen Topf schleppte ich mit nach Frankreich. Als ich das erste Mal zwanzig (!) Kilo Weißkohl gehobelt, gesalzen und eingestampft hatte, merkte ich, ich wollte es ja nicht glauben, dass ich im Eifer des Gefechtes die Reaktion falsch eingeschätzt hatte:

Diese große Menge für maximal zwei Personen wurde schlecht, ehe ich mich versah!

Heute sind Topf und Hobel längst verschenkt, verkauft für ein paar Euro, und ich mache doch mein Sauerkraut. Und zwar so: Ich kaufe einen Kopf von ca. zwei Kilo oder besser zwei Köpfe von ca. eineinhalb Kilo. Die kleinen sind zarter und man kann sie besser halten. Das einseitige Reibeisen verfügt meistens auch über eine Gurkenklinge, die ich zum Schaben meines Kohls gebrauche. Ein großer, flacher Topf muss her. Ich stelle dann das Eisen hinein und fange an zu beten, dass der Himmel mir meine Finger heil lassen möge! Es ist ganz wichtig, konzentriert zu hobeln, denn schnell ist etwas passiert. Sind die beiden Köpfe geschnippelt, salze ich die Chose: 15 Gramm Salz auf ein Kilo Kraut. Ich messe nie ab, dabei gilt die Regel: Bei zu wenig Salz Schimmelbildung, bei zu viel wird es nicht sauer, sondern grau. Nun bleibt der Topf ein paar Stunden stehen, dann wird mit einem Gurkenglas gestampft und dann umgepackt in einen kleineren Topf und kühlgestellt. –

Haarreinigung auf Chinesisch: Vor vielen Jahren las ich in einem Heft einen Artikel, mit welchen Mittelchen die Chinesen im Alten China ihre Haare reinigten. Ich konnte es nicht glauben: nur mit Reismehl! Fantastisch! Das sollte ich doch auch mal mit Weizenmehl versuchen (!), dachte ich.

Es sind mehr als dreißig Jahre vergangen, ich habe es noch immer nicht ausprobiert. Man kommt ja zu nichts, könnte ich lässig argumentieren.

So ... zu meiner Ehrenrettung kann ich aber berichten, dass ich diese Mehlgeschichte mit dem Reinigungseffekt in mein Küchenprogramm erfolgreich transferiert habe, mit dem Gedanken: Was dem Schopf recht ist, soll der Pfanne billig sein! Meine zuvor bevorzugte Reinigungstechnik mit Papierhaushaltsrollen trat also in den Hintergrund: Töpfe, Pfannen, Tassen und sonstiges fettbehaftetes Geschirr erhalte ich bequem, einfach, biologisch und preiswert fettfrei und sauber durch den Einsatz von Mehl.

Selbst nach einer Fischmahlzeit bekomme ich die Sachen, speziell die Pfanne, prima sauber und freue mich immer wieder, wie problemlos ich das lästige Fett wegbekomme und zwar ohne chemisches Geschirrspülzeug!

WEIN VON CHRISTIAN

Obwohl alles bei Christian einfach und von bescheidener Natur war, empfand ich eine organische Harmonie und Souveränität, die inneren Glanz entwickelte und des Äußeren nicht bedurfte. Wirklich.

Führte mal mein Weg bei meinen Tagesaufgaben an seinem Haus vorbei, hielt ich kurz für ein Schwätzchen und war dann wieder weg. Auch am Vormittag kam es vor, dass Christian deutete: Komm, wir setzen uns eine Minute. So marschierte ich dann hinter ihm her in die oft stark frequentierte Weinkellernische. Selbst im Sommer war dort mageres bis dämmriges Licht, das durch eine Kunstharzwellplatte von der Decke herunterblinzelte.

Christian bewegte sich dann mit geübter Manier zu einem Weinfass, hob den leinenumwickelten Korken empor und stach mit einem Glasheber in den Leib des Fasses, um sogleich mit gefüllter Pipette die beiden Gläser mit dem begehrten Saft zu füllen. Die Gläser glichen eher einem Becher, so klein waren sie, aber der Wein, wie soll ich das sagen? – Der Wein war für die ungeübte Zunge in diesem kleinen Glasbecher wohl angemessen: Ein herbes Landwein-Tröpfchen für den ganzen Tag und schnell mal zwischendurch. Und bei uns trinkt man einen starken Kaffee auch nicht aus einem großen Limo-Glas!

Dem ganzen Tag war die Spitze genommen durch das eine Gläschen Rotwein von Christian am frühen Morgen. Ich wollte bei ihm mal stark sein, verlor aber und machte es nicht wieder.

Frauen beteiligen sich in der Vendée allgemein nicht an Männergesprächen und Alkohol ist nur ein Artikel für einen Mann; es sei denn, es gäbe ein Likörchen (und das ist ja kein Alkohol)!

GESELLSCHAFT IN CHRISTIANS WEINKELLER

Traf ich mal am Nachmittag oder etwas später ein, so lief der Hase schon mal etwas anders. Denn Christian, als honorige Persönlichkeit, wurde von vielen Leuten besucht – von Nachbarn, Freunden, von der Kommune und von Kunden, die mit trockener Zunge ihr wöchentliches Kontingent an Wein in gepolsterten Glasballons oder Plastikkanistern aushandelten und nach Hause fuhren.

Es heißt so oft: Frauen haben untereinander stets und immer sooo viel zu erzählen! Aber hier, wir befanden uns auf dem Land in Frankreich, wabern und fließen die Geschichten und Neuigkeiten in der Männerrunde um einiges üppiger. Oder täuscht mich mein Empfinden?

Jedenfalls stand oder saß ich an der Seite oder in der Mitte so oft in einer Männergruppe und verstand überhaupt nichts, denn die einheimischen Leutchen sprachen meist Dialekt, der manchmal gar nicht französisch klang.

In einer solchen Situation dachte ich manches Mal: Sage, frage nichts und warte ab. Allein die Mimik und Gestik verfolgte ich wie ein Gehörloser mit ganzer Aufmerksamkeit und so genoss ich mit Kurzweil das Ereignis.

Natürlich lief das nicht immer so, denn jeder Tag ist anders und wenn es mir schicklicher erschien, ein anderes Mal aufzutauchen, so verschwand ich im Nu.

Das leuchtete mir ein: Christian war das Herz der Umgebung, durch das die Gesellschaft pulsierte. Er kannte sie alle, die Alten und die Jungen, und alle kannten ihn. Wie oft standen und saßen wir beide beieinander und sprachen über unser Dasein. Als ich wieder einmal seine krummen Hände betrachtete und seine festgebogenen Finger berührte, erzählte Christian: Schon als Kind musste er täglich auf dem Feld und im Garten arbeiten. Da gab es nichts zu Lachen und Zeit zum Spielen hatte er nie. Geschweige denn ein Spielzeug oder einen Teddy. – Das war hart. –

Ach ja, wenn ich so zurückschaue, wird mir mein Herz ganz schwer. Einerseits beim Gedanken daran, was ich so von Christian mitbekommen habe, andererseits auch wenn ich an meine hoffnungsvolle Zeit nach meinem Unfall und an das Finale und den Abschied von Frankreich denke …

Das Materielle von damals ist längst verflossen und ich arbeite auf einen neuen brauchbaren Abschnitt hin. Unter anderem nach dem Motto von Frau Dr. Kübler-Ross „Jedes Ende ist ein strahlender Beginn". – Ich lasse nicht locker!

JEDER TAG IST ANDERS / FREI ALS FRAU

Wir lebten insgesamt ca. 15 Jahre in Frankreich mit Pendeleien zwischendurch nach Deutschland und nicht ein Tag war so wie der andere. An sich nichts Besonderes, natürlich nicht, aber da gab es Perioden, die mir beim Rückblick in meinem Gedächtnis kreisen:

Die markante Legierung von Freiheit, Abenteuer und der Farbigkeit entwickelte ein spezielles Bewusstsein in einer bewegten Zeit.

Es war eine lange Strecke in der feinen, fremden Gegend, die uns so kurzweilig umgab, viel abverlangte, und mich bestimmt auch geformt hat und mir jetzt ein wenig Heimweh bereitet.

Auf meinen häufigeren Reisen nach Westfalen, unserem Zweitwohnsitz, und zurück in die Vendée fühlte ich mich wie immer, besonders frei, war mutiger in dem Umgang in der Gesellschaft und zeigte mich von Herzen gern als Frau.

EIN TEIL UNSERER FAMILIE

Wir schaukelten mehrere Male im Jahr zwischen den Grenzen, um Dinge zu erledigen und gleichzeitig meinen Sohn und Gaby, seine Mutter, zu sehen. Schon Jahre waren wir wieder gut miteinander und so gab es stets ein fröhliches Wiedersehen, aber auch einen traurigen Abschied. – Später besuchten mich Gaby und René mehrmals in Frankreich.

Gaby war und ist ein Teil unserer Familie, das habe ich immer gesagt! Ob geschieden oder nicht. Es bleibt auch so. Und meine zunehmende feminine Entwicklung hat Gaby tapfer toleriert, wenn auch mit Bedauern.

ANKUNFT UND AUSSTELLUNG AUF SYLT

Von Frankreich aus führte mein Weg natürlich zuerst nach NRW. Später ergab sich auch ein Kontakt nach Sylt, der sich in der Folgezeit vertiefte.

Und so fuhr ich öfters nach Sylt und bereitete auch meine erste Ausstellung dort vor.

Manch einmal reise ich mit meinem Autochen in den Norden und tue so, als ob ich just nach Dänemark reisen möchte; doch hinter Flensburg, immer noch auf der A7, wo nach ein paar Kilometern Deutschland zu Ende ist, schlage ich plötzlich einen Haken von 45° nach links; das bedeutet: go west! In Niebüll höre ich auf mit der Fahrerei und gliedere mich ein auf die Wartepiste. Denn auf dem letzten Stück der Reise geht es mit der Autobahn auf Schienen weiter, nach Sylt.

Die Barzahler fahren auf eine linke Spur mit einem Zahlhäuschen am Ende: Vorn befindet sich das große Fenster und darunter eine Schublade, die jeweils elektrisch ausgefahren wird. Nähert sich ein Fahrwilliger, streckt das System seine gierige Zunge aus, um Papiere und Geld in Empfang zu nehmen.

Nach einer vollendeten Buchung wollte ich schnell ein Tempo benutzen und legte meinen Umschlag mit Fahrkarte, Rückgeld und meinem

Portemonnaie auf den Deckel der Zunge. Kaum lag es dort, machte die Schublade mit einem Klack den Rückzug und das ganze Gedöns fiel auf die Erde. Die Münzen kullerten und der stetige Wind jagte die Zettel auseinander. Die Autoschlange hinter mir hatte bestimmt ihren Spaß.

KAI DER UNIVERSALE

Mein Kontakt mit der Sylter Galerie-Inhaberin führte dazu, dass der jüngere Sohn Kai und ich regelmäßig bei Ebbe zum Strand in der Nähe der „Sturmhaube" auf Lochsteinsuche gingen. Wir verstanden uns großartig und hatten viel Spaß miteinander.

Kai war ein echter Insulaner. Er sah alles, wusste alles, machte alles, mochte nicht alles, sammelte vieles, aber nicht alles. –

Auch sonst war der Kai ein besonderer Mensch: Sein Bett stand in der Souterrain-Garage (wohnen konnte er nicht im Haus, denn die Zimmer waren stets vermietet), neben Kisten und Kästen, diversen Groß- und Kleingeräten und Werkzeugen sowie einer alten, aber gut erhaltenen BMW. Die Maschine hatte er für den späteren Einsatz gedacht, denn zurzeit reichte sein großer Volvo-Caravan-Diesel aus der Nachkriegszeit.

Wollte der Diesel mal nicht, oder hatte er mal ein Bauchweh, so kam das Talent von Kai voll zum Einsatz. Seine Fertigkeiten wurden in seiner Jungendzeit bei Volvo auf Mechanik geschult und im Anschluss viele Jahre dort verfestigt, sodass er bestimmt den Status eines Volvo-Schamanen verdient hätte.

Gelassen und zuversichtlich erkannte er die vielen Probleme und teilte die Lösungszeiten so ein, dass kein Stress entstand – zunächst.

Doch zwischendurch fertigte der Großmeister seine kleinen, dicken Zigarettchen mit Profigeschwindigkeit und ich glaube, dass er seinen Päckchentabak mit ostfriesischem Tee verfeinerte. Die unnachahmliche Würze des Tabakrauches hätte vielleicht auch einen Imker begeistert. Jedenfalls paffte Kai in seiner Orangerie-Garage und in seinem Volvo beliebig; im Haus war es tabu. So glänzte er auch als verständiger Freiluftraucher im häuslichen Gefüge.

KAI UND KAFFEE

Sein Volvo als Zweitwohn-Etablissement brauchte schon lange zur Komfortabrundung einen Kaffeespender.

Das sollte jetzt geschehen, denn die Idee schien überreif. Als mehr oder weniger stiller Beobachter und menschliche Stütze bei diesem delikaten Vorhaben verfolgte ich mit ungeduldiger Freude den Werdungsprozess.

Nebenbei bemerkt: Kais Auto verfügte über so ziemlich alles, was der Mensch so braucht, und das fordert Opfer. Als voll komplettiertes Mobil entfiel automatisch die Handhabung des Beifahrersitzes.

Ich könnte mir auch vorstellen, dass dieses Ein-Mann-Fahrzeug nicht nur die Aussicht auf eine respektable Steuervergünstigung bietet, sondern auch unliebsame Fahrgäste elegant und dauerhaft abhält. Die Vorstellung der Genüsslichkeit eines frisch gebrühten schwarzen Heißwässerchens, überall und jederzeit, hatte bei Kai dieselbe Wirkung wie Zugsalbe auf ein krankes Bein.

Er lehnte schon immer jede Verzögerung bei der Herstellung einer Kaffee-Erfrischung kategorisch ab. Wollte er einen „Heißen", dann musste es sofort sein und dann auch in der gewohnten Qualität. Das war alles recht schwierig und damit sollte jetzt Schluss sein. Diese Begehrlichkeit duldete also keinerlei Aufschub der Umbaumaßnahmen.

Jetzt ging es wirklich los: Der mit Patina verbrämte, aromastarke Aschenbecher wanderte von dem Tunnelstandort nahe Schaltung weiter zur Seite, um einem holzgefertigten Tablett Platz zu machen. Darauf kam eine ganz normale Kaffeemaschine, oben Filter mit Kaffeepulver, an der Seite Wasser hinein und schon konnte der erwartete Kaffeesaft frisch und heiß in den Glasbehälter tröpfeln. Befestigt werden musste das Zauberwerk nicht, denn „Das Auto läuft so ruhig!", versicherte Kai. „Da passiert überhaupt nichts! Der Umwandler macht seinen Strom und so brüh ich dann auch auf der Autobahn meinen Kaffee und kann ihn dann so wächlutschen." Bei der nötigen Probefahrt gelang die Kaffeeproduktion, wie Kai meinte, dank Alt-Wikinger-Erbgutreste: „Alles kloar!"

Ein Hochgefühl gelungener Ingenieurskunst kann so auch mal mit einer extraguten Tasse Kaffee geadelt werden.

KAI AUCH AM STRAND

So, nun ist es Zeit, dass ich etwas von mir berichte: Kai war ein Sohn der Galeriebesitzerin, die mir ihren großen Raum für eine Ausstellung mit meinen großformatigen Gemälden vermietet hatte.

Gleichzeitig wohnten wir bei ihr in einem winzigen Knusper-Einzelzimmer-Häuschen mit Fachwerkkonstruktion und Reetdach, zauberhaft. In Anbetracht der vorhandenen diversen Nägel in der Wand war es für mich keine Mühe, ein Bild von mir dort unterzubringen. Meine Wahl fiel auf das vergrößerte und eingerahmte Foto von mir, als ich nur mit einem BH bekleidet in die Höhe schaue. Annette hatte es vor nicht allzu langer Zeit im Sommer auf Chateau im Rahmen eines Fotoshootings aufgenommen.

Ein selbst gestaltetes Bild kann und konnte niemals in meiner Wohnumgebung platziert werden und so passte wieder einmal alles zusammen.

Kai, der schon längst mitbekommen hatte, dass ich Büstenhalter trug, hatte täglich bei seiner Hausboy-Tätigkeit die Freiheit, ganz genau hinzuschauen. Er verhielt sich mir gegenüber immer äußerst nett und loyal. Ist das nicht groß, genau großartig?!

Wir hatten schon wieder/immer noch Sammelfieber und fuhren zu „unserem" Strand und gründelten wie die Enten. Und nach einer gewissen Zeit der Meeresforschung legten wir unsere Beute ab und begutachteten gegenseitig die neuen Dinge. Die Steine, bis zur Faustgröße und mit einem durchgehenden Loch, wurden ausgiebig taxiert. Gefiel einem der Stein des anderen besonders, wurde gejault und gefeilscht, bis der andere nachgab. Es war für uns beide, ohne zu übertreiben, stets eine tolle Atmosphäre mit einem Touch eines arabischen Marktes.

Einmal fand ich einen Stein, so groß und rund wie ein Straußenei und mit nur einem Loch! Dieses Unikat habe ich heute noch, aber wo? Durch die vielen Umzüge steckt er sicher noch in einem Karton!

Wieder einmal war Steinzeit: Die Ebbe legte die Buhnen frei und wir waren voll im Jagdfieber. Auf diesen großen Pfosten sitzen oft die Möwen und auch schon mal Kormorane, die mit ausgestreckten Flügeln ihre nassen Tauchfedern trocknen. Aber jetzt observierten WIR das Gelände und die Zahnhälse von den Vogelsitzpfosten. Netzteile, Schnüre, Taustücke und anderes verfängt sich schon mal daran. An dem Hals der einen Buhne entdeckte ich ein Stück Holz, das senkrecht ganz dicht an derselbigen ganz wenig aus dem Wasser lugte.

KAI UND MEIN WACKELZAHN

Ich fasste es an und zog daran. Es wackelte wie ein loser Zahn und meine Ausdauer wurde belohnt: Es handelte sich um ein altes Rippenstück vom Wal! Mein Gott, war das eine Aufregung und Kai war auch nicht zu bremsen. Ausgerechnet ich, als fremde Landratte, fand so etwas, was eigentlich dem Kai zustand. Nun ja, Stolz hier, Trauer dort; so ist das Leben.

Nicht lange darauf kam Kais großer Bruder und Mediziner und begutachtete den Fund. Die Presse brachte auch noch einen Bericht und wir fuhren mit dem Unikat heimwärts. Zu Haus grübelte ich, was ich mit dem ranzigen Knochen anfangen könnte. Das Objekt war aus dem Meer und nicht vom Festland. Also sollte Kai den Zahn bekommen.

Nach einer Presseeinlage packte ich ihn ein und bei der nächsten Nordfahrt überreichte ich Kai das Geschenk. Für Kai war es Weihnachten und wie ich Kai so glücklich sah, wurde es bei mir auch Weihnachten. Das musste gefeiert werden! Und manch eine rotgrüne Flasche aus Bordeaux half uns dabei.

Wie das Leben so arbeitet: Trotz der guten freundschaftlichen Entwicklung verloren wir uns aus den Augen und später erfuhr ich, dass Kai nun nicht mehr Steine sammeln kann. Ich trauere um ihn!

BASEL KUNSTMESSE

Im Frühsommer vor ein paar Jahren wollte ich die Kunstmesse in Basel besuchen. Damals fuhr ich noch meinen großen Chevy-Van und mein Doggen-Mann Bijou war mit von der Partie.

Meine minutiöse Planung für die Reise kam arg ins Wanken, da ich mir eine gehörige Blasenentzündung eingefangen hatte. Dank der ärztlichen Medikation ging es mir bald besser und der Schreck war überstanden.

Nun sollte es morgens um 4.00 Uhr losgehen, mein Hund und ich. Zu allem Übel regnete es in der Nacht und auch unterwegs ganz heftig. Aber meiner Blase ging es gut. Welch ein Glück!

Hinter Frankfurt hörte der Regen auf und der aufklarende Himmel ließ die Sonne scheinen. Das Prachtwetter hob natürlich die Stimmung und ich war sehr gespannt, wie wir die Kunstmesse erleben würden. Doch diese Gedanken hielten nicht lange; denn meine Blase meldete sich unangenehm. Ja gibt es so etwas?!

Da ich aus Erfahrung weiß, wie schnell eine Blasenentzündung eskalieren kann, traute ich dem momentanen Zustand nicht und beschloss, einen Arzt aufzusuchen; auf der Autobahn? Nein, jetzt musste ich bald abfahren und im nächsten Ort nach einem Hospital Ausschau halten.

Mittlerweile war Mittag und die Ausfahrt Weil am Rhein in Sicht. Also abbiegen und am Ortsrand eine Parkstelle suchen, wo mein Hund erst einmal Pipi machen und Wasser trinken kann. Gedacht, getan. Die Arztsuche kommt danach. Wir fanden einen üppigen Parkplatz mit grüner Randzone. Nachdem ich meinen Hund versorgt hatte, ging ich mit ihm um den Chevy und ließ ihn einsteigen.

Kaum habe ich die Autotür geschlossen, hält rechts neben mir ein großer Pkw Marke Jeep. Ein Mann, gut 50 Jahre, steigt aus und spricht mich an: Er habe meinen Hund gesehen und … Es kam schnell eine lebhafte Diskussion zustande, bis es schließlich um Himmel und Erde und um das menschliche Dasein ging.

Mich erstaunte die flüssige, aufgeschlossene und verständnisreiche Art und Weise des Fremden nicht nur, sondern erzeugte auch ein seltenes

Wohlbefinden, das ich dann verbal formulierte: „Ja", sagte mein Vis-a-vis, „ich bin Arzt." Gott im Himmel (!), dachte ich. Mit den Worten „Ich muss pünktlich sein" verabschiedete sich der Mediziner und eilte zu Fuß dahin. Als er weg war, fiel mir meine Blase ein. So etwas Dummes. Ich hätte ihn doch fragen können! Aber vorbei ist vorbei. Langsam ging ich nach diesem Höhenflug einer netten Begegnung traurig vorn ins Auto, startete den Motor, fuhr eine Wagenlänge rückwärts und blieb komisch schräg auf dem Weg stehen.

Was sollte ich jetzt tun? In das Stadtzentrum fahren, laufen? In diesem Moment der Qual und Krise blicke ich in die Ferne und sehe, wie der Medizinmann zurückkommt! Ich steige aus und gehe ihm entgegen und schildere ihm meine Misere. „Nun", beginnt er, „sie brauchen kein Medikament. Sie brauchen viel Wärme und Wasser. Setzen Sie sich dort auf die warme Mauer. Das wird Ihnen helfen!", stieg in sein Auto und war weg.

Ohne zu übertreiben: Ich hatte das Empfinden, als ob mir ein Engel in Menschengestalt begegnet sei.

Wie geheißen setzte ich mich eine Weile auf das wärmende Mäuerchen und fuhr dann mit aufgeheiztem Po auf der Landstraße nach Basel. Wie es mir ging? Mit seinen letzten Worten fiel ein Schatten von meinem Körper und mir ging es augenblicklich gut. Mit der zuversichtlichen Stimmung und unter dem Eindruck des gerade Erlebten rollten wir gestärkt in das nahe Basel.

Zeit zum Nachdenken blieb mir nicht, denn das Programm ging nahtlos weiter.

ENDE CHATEAU / ANFANG DEUTSCHLAND

Die folgende Zeit in Chateau war nicht so lustig, denn ernste Dinge standen an. Sie entwickelten sich zu dem Ergebnis: Wir würden unser Domizil in Frankreich aufgeben und nach Deutschland zurückkehren.

Unsere Zeit in Chateau war also erfüllt und alles wurde verkauft – leider weit unter Wert.

Jetzt begann für uns ein neuer Lebensabschnitt. Wir hatten zwar eine Wohnung mit Garten in Deutschland, allein der Abschied von Frankreich hinterließ doch heftige Spuren.

Es musste weitergehen. Gottlob, dass mein Hündchen noch da war. Mein Rüde, der am Ende der 16-jährigen Doggen-Reihe mit mir lebte, hieß Monsieur Brochard, hatte schwarze Haare und das Temperament eines Naturburschen, eine Schulterhöhe von 85 cm und wog ca. 90 kg.

Der große Garten hier in Deutschland gefiel ihm sehr, doch Katzen mochte er ganz und gar nicht. Durch die umliegende bäuerliche Nachbarschaft bedingt, waren wir für die Mäusefänger eine Art Transitland und M. B. hatte regelmäßig zu tun.

IN DEUTSCHLAND

Einmal bemerkte er die Katze eher als sie ihn – und rannte auf sie zu. Die Konstellation von Mauer, Wand und Zaun bildete eine unausweichliche Falle für die Katze. Doch im letzten Moment sprang sie ihm entgegen, um im Zickzack wie bei einem Rösselsprung zu entkommen.

Da waren noch jüngere Pflaumenbäume, die es in sich hatten: vielleicht vier Meter hoch, aber voll mit reifen Früchten und Ameisen. Die eiligen Dauerläufer schleppen bekanntlich Blattläuse auf den Baum, die ihrerseits Kolonien bilden, süßen Saft abgeben und die Ameisen damit erfreuen. Meist wellen sich die Blätter vor süßer Klebrigkeit und werden mancher Wespe zum Verhängnis. Sie fallen vom Blatt herunter, weil sie nicht mehr mit verklebten Flügeln sausen können, und krabbeln unter den Bäumen umher.

MONSIEUR BROCHARD

Der Beobachtungsgabe von M. B. sind die Gelb-Schwarzen nicht entgangen:

Kaum, dass er sie entdeckt hat, muss er sie zerbeißen. Kopfschüttelnd weicht er zurück und noch mal und noch mal. Dann rennt er im Galopp durch den Garten und fegt sein Gesicht an den Johannissträuchern. Natürlich stachen sie ihn in die Lippen, aber er wollte scheinbar seine Erfahrung selber machen, genau wie die jungen Menschen.

Auch Hunde lieben ihren Tagesrhythmus und verpasste ich mal die Tagesstunde zum Spielen und es wurde später, saß M. B. schon an der Couch oder obendrauf und schaute im Wechsel nach den Puppen und dann mich an. Da wusste ich Bescheid.

PUPPENTHEATER

Zum Abend spielten wir also regelmäßig Puppentheater an seiner Couch. War das vorbei, winkte die Krabbelstunde. Auf dem Rücken liegend, alle Beine hoch, Kopf gerade, schielte er um die Ecke, ob ich schon anfange. Vorsichtig nahm ich sein Bein und küsste ihm die Fußsohlen, krabbelte über das Bein zum Bauch (ganz unbehaart) und ließ die warmen Finger Schlittschuh laufen. Er hielt ganz still. Oft wuchs sein Rütlein dann zum Knollengewächs und ich half durch meinen Handwellengang weiter, bis es artesisch spritzte. Welch eine Pracht!

Es kam vor, dass der „Lauser" während der Krabbelei einfach einschlief.

Nicht nur M. B. liebte das fast tägliche Puppenspiel. Auch meine anderen Doggen vor ihm schätzten diese Unterhaltung zum Ausklang des Tages. Zu den wichtigsten Requisiten zählten eine große Couch und mehrere kleine Stoffpuppen, Plüschmännchen und Märchentiere. Seitlich platziert führte ich mit ausgestrecktem Arm die lustigen Figuren am Rücken der Couch langsam an einer Stelle empor, wie eine aufgehende Sonne am Horizont.

M. B. saß als einziger Zuschauer gespannt vor dem Polstermöbel und beobachtete mit scharfem Blick die Entwicklung, um im passenden Moment einzugreifen. Die großen Augen und sein blinkender Zahnkranz unterstrichen eindrucksvoll die Dramatik der Stunde. Schaute ein Plüschchen mal höher heraus, schoss M. B. vor, um es zu fangen. Je nachdem, wer schneller war, konnte er das Opfer behalten und das Mäuschen-guckt-um-die-Ecke-Spiel konnte mit neuer Besetzung weitergehen.

Uns beiden bereitete dieses Spiel wahrlich großes Vergnügen.

DER SPANISCHE ROTE SCHNECK

Die folgenden drei Jahre hier in Deutschland hielten uns auf Trab: Der Garten, ca. 900 m², brauchte eine Renovierung mit vielerlei Aufgaben. Bäume, Hecken und Rosen beschneiden, Rosensetzlinge integrieren und zwischendurch Unkraut, Unkraut, Mäuse und Maulwürfe herausziehen und vor allem den Schneck ernten.

Ja, dieser Schneck! Neue Kohl- und Salatpflanzen standen kaum neu in der Erde, so konnte man am nächsten Morgen nur noch die leeren Pflanzenstängel betrachten. Die erfolglose Suche nach den Übeltätern am Tag veranlasste uns, auch in der Dunkelheit mal auf Jagd zu gehen. Mit Eimer, Taschenlampe und Gummihandschuh ausgerüstet, betraten wir den Garten und siehe da! Welche Überraschung! Alles voller Schneck! Kleine, mittlere und fingerlange Dinger vom roten spanischen Nacktschneck schlichen umher auf der Suche nach Grün!

Kaum dass sie im Eimer lagen, krochen sie hoch und mussten wieder zurückgesteckt werden. Bei mehr als 50 Stück leerte ich den glitschigen Eimerinhalt und die Suche ging weiter. So erntete ich die Schneck-Last tagelang in den späten Stunden, wo andere schon lange im Bett oder auf der Mutter lagen. Diese biblische Schneck-Plage muss man erlebt haben, sonst fällt es schwer, das zu glauben!

Und von dem Schneck-Schleim ganz zu schweigen!

Dieser Latexglibber klebte an allen Fingern und klebte und klebte. Selbst mit Wasser und Seife ging das Zeug ganz schlecht ab. Auch dachte ich daran, die Räuber zu kochen und mit Knoblauch, Essig und Olivenöl zu verzehren.

Diese kulinarische Möglichkeit habe ich dann doch auf irgendwann verschoben.

BULLERKAHN UND DER SCHORNSTEINMEISTER

Da lag ja noch die Lkw-Ladung Buchenholz abgekippt auf dem Gartenweg. Diese rund 24-m³-Lieferung als Winterfutter für unseren großen Stahlofen musste noch gestapelt werden.

Mittlerweile wusste ich durch viele Stapeleien, wie es geht, aber immerhin bereitet diese Arbeit viel Mühe und ist spannend wie ein Schachspiel!

Denn die Enden des Stapels müssen immer höher gelegt werden, damit dieser nicht umfällt, und jedes Scheit passt nicht an jede Stelle, genau wie bei Natursteinpflasterung eines Weges oder einer Steinmauer.

Bevor das Holz in den Ofen wandert, soll es ein paar Jahre gelagert und trocken sein. Das gelang natürlich nicht immer und ein qualmender Schornstein war die Folge. Da dieser bullige Tonnenofen mit 60 cm tiefer Brennkammer gerade erst neu war, musste der örtliche Schornsteinfegermeister eine gründliche Inspektion mit diversen Messungen vornehmen: Steht der Ofen im nötigen Abstand zur Wand? Passen der Schornsteinquerschnitt und die Höhe desselbigen? Abgaswerte wie beim TÜV …

Auch gab es verbindliche Ratschläge zur Fütterung des Ofens. Auf keinen Fall dürfen Brandbeschleuniger und Abfälle dort hinein! Ich dachte: allerhand! Mein alter Autoreifen passt da sowieso nicht rein und für meine Gummis gibt es keinen besseren Ort. –

Nun ja, das Buchenholz war da, der Schornsteinmeister war auch da. Der war ja vielleicht nett. Halt! Eine pikante Note wurde sichtbar. Dieser Mann war extrem pingelig und verstand keinen Spaß! Da war also nichts mit reiner Ofenfreude.

Wochen vergingen. Mein neuer Ofen musste doch noch eingeweiht werden. Dazu lud ich auch meine Vermieterin zum frühen Nachmittag ein, die gerade Geburtstagsbesuch von mehreren Kolleginnen hatte. Jubelnd tauchte das lustige Völkchen bei mir auf.

Derweil die Mädels am großen Tisch in der Nähe des wärmenden neuen Ofens Platz genommen hatten und der erste Toast vorbei war, musste ich zwingend auf das WC. Meine Toilette, im Umbau begriffen, konnte ich nicht benutzen und so blieb mir für diese erste Zeit nur mein Not-WC im Schuppen.

Zwei Hackklötze und eine Samstagsausgabe der Tageszeitung dazwischen (Montagsausgabe wäre zu dünn gewesen), so ging es.

PAKETAUFGABE

Kunstgerecht verpackt wie Heringe vom Wochenmarkt brachte ich die getarnte Ladung zum Ofen und schob ihm das göttliche Paket hinein.

In Afrika, ja genau, in Afrika machen die Schwarzen es ja auch so, aber da ist es ja auch alles trockener, machte ich mir Trost. Bei meiner anschließenden Feuerkontrolle musste ich feststellen, dass das Feuer Not hatte, am Leben zu bleiben. Ein paar kleinere Hölzer schob ich nach, um die Chose zu retten.

Ofenklappe zu, es wird schon! Zuversichtlich und erleichtert gesellte ich mich zu den Gästinnen. Keine zehn Minuten später, es war wirklich so, klopfte es an der Tür und der Schornsteinfegermeister trat ein: „Sagen Sie mal, ich gehe gerade vorbei und sehe, dass Ihr Schornstein so qualmt!" – „Ach Gott, ist das wahr?! Da muss ich mal nachsehen. Ich habe nichts gemerkt. Kommen Sie! Wir haben Geburtstagsgäste und nun setzen Sie sich erst mal. Hier ist ein gutes Schlückchen, Herr Obermeister!" – „Nein, nein", wehrte er ab, nahm das Stochereisen, öffnete die Ofentür und werkelte am Scheiterhaufen. Ich dachte, ich müsste im Erdboden versinken und fing an zu beten!

Ich wollte den Eifrigen vom Ofenloch weglocken, es gelang mir nicht. „Sie müssen nicht so viel hineinstecken und kein feuchtes Papier!" Ich versprach Besserung und dachte in höchster Not: Bitte, lieber Gott, lass ihn nicht in das Paket hineinstöcheln!

Murrend ließ er dann tatsächlich nach und verabschiedete sich kurz darauf mit ernsthaftem Gesicht und gutem Rat.

Das Stochereisen blieb sauber! Mit einem Rundgang im Garten versuchte ich mich erst einmal von diesem Schreck zu erholen.

RAUCH IM BAUCH

Der Raum, in dem wir lebten, beherbergte mit seinen fast 100 m² Fläche, Giebelhöhe 4,50 m, ein großzügiges Wohnatelier in bäuerlicher Nachbarschaft.

Wie vieles im Leben, hat alles zwei Seiten. Und das Thema Ofen geht noch weiter: Je nach Wetterlage zog der Rauch in eine andere Richtung! So kam es öfters vor, dass beim Neubestücken des Ofens der Schornsteinqualm statt nach oben ganz penetrant nach unten gedrückt wurde und sich um die Nachbarhäuser durch die Straße ins Tal zog.

Bei Sturmwetter blies der Wind trotz Sturmhaube auf dem Schornsteinende den Qualm in das Atelier. Je nach Stärke der Böe und Feuer im Ofen traten schon mal pustende Flammen aus. In einem solchen Falle hilft nur: sofort alles aufreißen für einen Durchzug. Dann ist die warme Luft dahin und kalte zieht ein.

Aber wenn alles ruhig ist und das Feuerchen knistert oder röhrt, ist es einzigartig romantisch.

Mehrere Male hatten wir sagenhaftes Glück. Es war Herbst-/Winterzeit und die Wetterlage schien gut. Doch in der Nacht kam Sturm auf und das ganze Atelier war verqualmt. Zum Glück wurde ich wach und konnte lüften. Der Umstand, dass wir ganz flach schliefen, in der Nähe einer undichten Tür, hat uns sicher das Leben gerettet.

Den diversen ungebetenen Gästen schien der zeitweilige Qualm nichts auszumachen. Alles war still am Abend, das Feuer rabostelte langsam vor sich hin, mein Hund schlief schon und ich malte an der großen Staffelei.

GÄSTE

Ein Scheppern und ein Krachen aus der Küchenecke: Voller Schreck drehe ich mich um und sehe, wie eine dicke, fette Ratte über die leeren Töpfe und Deckel hangelt, um behände über den nächsten Regalpfosten zu entweichen.

Von Haus- und Gartenmäusen bekamen wir auch öfters Besuch und so manche Falle schnappte mit lautem Klatsch zu. Wichtig ist es für mich, die Nager sofort wegzuschaffen, sonst hat man auch noch vermehrte Last mit Flöhen.

Dann sind da noch die Spitzmausuntermieter. Regelmäßig kam es vor, dass speziell am Abend diese Tierchen am Fußboden hin- und herliefen, meist in einer Gruppe im Gänsemarsch. Wie ich erfuhr, sind sie eigentlich keine üblichen Mäuse, da sie nur Kerbtiere und Regenwürmer verzehren. Mit ihren Giftzähnen lähmen sie ihre überzählige Beute, um sie dann bei Bedarf hervorzuholen. Katzen verschmähen sie und ich bin auch nicht begeistert von ihrer Gegenwart im Haus.

BRATEN AUF DER LEINE

Da meine geliebte Hundeseele unter anderem Trockenfleisch von Herzen gern verzehrt und es auch zum Wohlbefinden beiträgt, kaufte ich wöchentlich Rinderbraten aus der Keule, um Nachschub zu bereiten. Aufmerksam zerlegte ich den Klumpen Fleisch in die Muskelabschnitte und teilte sie im Zickzack zu schmalen Doppelstücken oder Ketten. Diese Fleischlappen kamen auf eine Wäscheleine zum Trocknen. Zwischendurch gewendet und gerichtet, trocknen sie zu ca. daumendicken, harten Stängeln heran. Einmal schnitt ich kühn und geriet mit dem Messer an meine linke Hand und schnitt vom gebeugten Finger die ganze Kuppe ab.

Dann war ich nicht mehr so kühn!

SPEISEPLAN MONSIEUR BROCHARD

Speiseplan für meinen Doggen-Mann:

Mittags: Fertigfutter aus Schweden

Abends: Fertigfutter aus Schweden

Im Tageswechsel: Dinkelnudeln, frisch gemahlen und gekocht, mit einem Stich Butter und Chevre

Mittags im Wechsel: frische Pellkartoffeln und daraus Stampfkartoffeln und seitlich in die Schüssel 2–3 EL Gartenkräutersalat – aus Löwenzahn, Rosenblüten, fein gehackt, Essig, Olivenöl, etwas Senf.

GABY UND M. B.

M. B. spielt auch gerne Schlossgeist. Mit Galopp auf die Couch und unter die Decke, wartet er auf dem Rücken liegend, Beine hoch, auf ein Opfer: Wer möchte noch einen blauen Fleck? Der Rachen ist offen und fröhlich bereit zuzuzwacken á la Krokodili!

Gaby, meine Ex-Frau, sitzt an der äußersten Kante der Couch und ist bereit! Mutig erfasst sie eine strampelnde Pfote und erntet glatt einen Po-Zwack mit Jubel und Geschrei. Nach ein paar Minuten ist der Spuk vorbei und alle sind glücklich, das Abenteuer überstanden zu haben.

Je nach Wetterlage kann dieses Gekampele schon mal länger dauern und mit Schürfwunden enden. Auch ist es unbedingt wichtig, den Kopf und das Gesicht auf sicheren Abstand zu halten, denn eine vorschnellende Pfote kann ernstlich verletzen.

Aber Gabylein betrachtet die Sache locker. Das hatte zur Folge, dass sie oft die Kampfspuren mit Salbe trösten musste. Dann necke ich sie schon mal gern: Du mit deiner Hodensalbe vom Krammarkt! Der ganze Raum duftet schon nach Marke „Nachtfalter"!

Meine Aussage stimmte natürlich nicht, verfehlte aber keineswegs eine gewisse Wirkung. Dann verschwand Gaby in die Küche und brühte erst einmal einen Kaffee für alle „Stierkämpfer"!

FLIEGER IN HHS

Die umliegenden Bauernhöfe sorgten dafür, dass wir immer genügend Fliegen im Gehäuse hatten. Durch diesen Umstand wurden wir so vertraut mit diesen Tierchen, dass wir bestimmt Experten hätten beraten können.

Die unterschiedlichsten Arten kennt wohl jeder, doch das individuelle Verhalten dieser Flieger überraschte mich: Die normale Stubenfliege zeigt eine gefederte Beinstellung, wogegen die Stechfliegen, sie sehen aus wie normale Typen, sich mit durchgedrückten Beinen bewegen. Nicht nur bei diesen, sondern auch bei dickeren Vertretern kann man beobachten, dass sie humpeln oder im Stand ein Bein schütteln.

Nachdem ich einige gefangen und in ein Glas gesperrt hatte, entdeckte ich den Grund: Kleine Wesen, weniger als einen Millimeter groß, hielten sich am Fliegenbein fest, um als blinder Passagier durch die Gegend zu reisen und überall hinzukommen, und das zum Nulltarif.

Eilig knipste ich die Lampe an und mikroskopierte die Touristen. Einige zeigten die Form und das Aussehen einer Schaflaus, doch da gab es einen Burschen von einer anderen Liga und der war besonders flott:

Ich nenne ihn mal Miniskorpion, nur ohne Stachel am Schwanz. So etwas sah ich noch nie. Und die Fliegen verteilen diese Spezies überallhin. Welcher Sinn mag dahinterstecken? Mehrere Proben gingen über meine Tierärztin an ein veterinärmedizinisches Institut mit dem Ergebnis: für den Menschen ungefährlich. Ach, wie lustig.

Weniger lustig fand ich die Massen von Fliegen. Gut, vieles duftete nach Hund und es war ein großer Hund (und ein großer Duft) und ca. 85 kg schwer und vieles duftete nach Mensch und es war ein langer Mensch und ca. 90 kg schwer. Noch besser: Vieles duftete nach Küche und es war eine große Küche. Das war am besten, natürlich.

Meist, wenn das Wetter es zuließ, stand unsere Eingangstür zum Garten offen und manchmal kam ich mir vor wie im Bienenhaus. Überall krabbelte, summte und kitzelte es.

Was kann man dagegen tun in einem Raum von ca. 100 m²?

Meine Fliegenklatschen halfen nur partiell. Ach ja, versuchen wir es mal mit meinem Staubsauger. Gesagt, getan: flup, flup, flup, machte es mit jeder besagten Fliege. Ich fing in meinem Jagdfieber an zu zählen und kam bald auf 10, 200, 400 und mehr Opfer. Das gab merklich Luft und dezimierte ordentlich. Gott sei Dank.

Das war dieee Lösung!

Wenn man Tag für Tag das Gesummsel und Gekrabbel um sich hat, geht das schon mal mächtig auf die Nerven. Umso stärker ist die Freude, wenn man etwas dagegen tun kann. Bis zum frühen Nachmittag hatte ich also ordentlich Fliegen gesaugt.

Entspannt erledigte ich andere Arbeiten und merkte dann ... was ist das? Alles wieder voller Fliegen! Als ob ich nie Fliegen gefangen hätte! Für mich gab es wieder einmal etwas Zusätzliches zum Nachdenken: Da ich den Eindruck hatte, dass insgesamt keine größere Fliegendichte vorhanden schien, musste wohl angenommen werden, dass aufgrund eines höheren Gesetzes nur so viele Fliegen nachgerückt waren wie gefangen wurden.

Obwohl das Fliegensaugen nur kurze Zeit half, praktizierte ich es recht häufig.

EINE SPINNE

Unser Domizil bestand ja aus einem sehr alten Holzständerbau mit vielen sichtbaren Balken, Winkeln und Ecken, die zum Teil so ungemütlich hoch oder sonst wie nicht erreichbar waren. Diese Gebiete sind natürlich geeignete Stellen für Mäuse, Käfer und ... Spinnen.

Spinnen lieben trockene Wärme und so bot das Bauwerk einen idealen Lebensbereich für sie.

An einem Abend, der Tag war heiß, stand ich im Toilettenbereich und wollte mir den Oberkörper abtrocknen. Ich ergreife das helle Frotteehandtuch und sehe nur einen Moment lang eine dunkle Stelle in den Falten und denk mir nichts dabei.

In dem Moment, als ich das Handtuch raffe, um den Rücken zu frottieren, fällt aus dem Handtuch eine dicke schwarze Spinne auf meine Schulter, läuft schnell den ebenfalls nackten Arm herunter in meine Hand und beißt mich in den Finger.

Voller Schock schrie ich leise, schüttelte das Tier ab und brachte es zur Strecke.

Die rote Bissstelle verging schnell, aber es dauerte Wochen, ehe ich diesen Schreck überwunden hatte und dieses Handtuch wieder benutzte.

MADE IN GERMANY

Es muss/mag im Spätsommer der Neunzigerjahre gewesen sein. Wie üblich bereitete ich wieder einmal argentinisches Rindfleisch (zum Braten) für meinen Doggen-Mann vor. In passende daumendicke Streifen zerlegte ich in Zickzack-Manier die acht bis zehn Kilo Fleischklumpen zu längeren Bändern.

An ausgesuchten Stellen im Atelier pendelte dann an gespannten Leinen aus dicker Hanfschnur die kiloschwere Fracht zum Trocken und gab dem Raum einen festlichen Rahmen.

Nun, damit war meine Arbeit noch lange nicht getan. Zwar brauchte ich jetzt nicht speziell achtzugeben, mir bei der Zerlege-Zeremonie eventuell in die Finger zu schneiden (was allerdings schon einmal passiert war). Die eigentliche Freude fing jetzt erst an:

Aus Erfahrung weiß ich, dass die Fleischstreifen am günstigsten hängen, wenn alle Seiten gut belüftet werden; dann trocknet das Fleisch am besten. In der Praxis sieht es aber so aus, dass viele Stellen übereinanderhängen und, statt zu trocknen, bösen Duft entwickeln:

Schon kommen die lieben Fliegen! Und dann die Maden!

MAGENKAMPF UND WADENKRAMPF

Und es braucht auch nicht lange, da kleben ganze Kolonien Eier dieser fertilen Flieger auf dem Fleisch, die mit einer weichen Bürste alsbald gut entfernt werden müssen; im späteren Falle aber von allein verschwinden: Als kleine Maden streuen sie in jeden Winkel und wachsen schnell.

In den meisten Fällen kommt das Fleisch in ein Wasserbad. Das reinigt auch. So gestaltet sich der Wettlauf mit den Maden recht „unterhaltsam". Ist der nötige Trockengrad erreicht, die möhrenlangen Fleischstängel also einigermaßen hart, so dienen sie als heiß begehrter Nachtisch einem höheren Gourmet-Erlebnis, das mein Doggen-Mann sehr zu schätzen wusste.

Alle Sorgen der Herstellung sind nun vergessen und zwei glückliche Seelen atmen entspannt durch.

Wie das im Leben halt so geht, gibt es auch hier Überraschungsmomente.

Nichts ahnend ernte ich ein paar Trockenfleischriegel und bemerke eine dickere Stelle mit einem delikaten Geruch. Über einem Topf schneide ich das Fleisch an und es bestätigt sich: alles voller wabernder dicker Maden! Sie quollen hervor und plumpsten in den Topf. Schließlich robbte bestimmt die Menge mehrerer Esslöffel in dem Kochtopf herum. Entwischen durfte mir keine, denn jede Made wird eine Fliege.

Und davon hatten wir bekanntlich reichlich bei dichter landwirtschaftlicher Nachbarschaft. Um Nachlieferungen brauchten wir also nicht zu bangen.

KRABBELIGES

Wie ich so die muntere Madenschar betrachte, denke ich: Wie viele Maden in welcher Zeit sind nötig, um ein Kaninchen, eine Katze oder gar einen menschlichen Körper von Fleisch zu befreien? Im Grunde sind das doch ganz saubere Tierchen! Und vor allen Dingen: Was ist das für ein Gefühl, wenn Hunderte, vielleicht Tausende nach getaner Arbeit den Körper aus dem Mund verlassen?!

Bei diesen Gedanken wurde es mir doch etwas flau. Hatte ich nicht noch irgendwo einen Calvados? Klar, das war der richtige Moment. Ich brauchte ihn. Saft war auch noch da und so mixte ich einen wahrlich echten Magenhilfslikör auf meine gewurmte Seele.

Gestärkt schaue ich wieder und wieder in den Topf und stochere mit dem Finger die Maden umher. Ja, das sind also die kleinen Dinger, die so viel bewirken und bewegen! Darauf mixe ich mir einen dritten oder ist es der vierte? Hallo! Muss alles numerisch erfasst werden? – Blödsinn! Die Maden werden auch nicht gezählt; Volkszählung der Maden? Wer will das tun und wozu?! Auf die verzichtete Volkszählung muss ich einen ordentlichen Schluck nehmen, ehe die angebrochene Flasche alle ist. – So.

Was mache ich mit den Tierchen?! Du bist verrückt! Doch! Ich will es wissen! Ich hole einen Esslöffel und wandere mit Topf und Calva-Mix ins WC vor den Spiegel und schaufele mir mehrere Male die Maden in den Mund!

Mein Gott war das ein Gekrabbel! Und schon sah ich im Spiegel, wie ich die Maden wieder von mir gab. War das eine Grabübung?

Übel war mir nicht dabei, eher ein Frohsinn, dass ich die Viecher wieder los wurde. Und gebissen haben sie mich auch noch!

Das ganze Theater landete schließlich im Abfluss und es herrschte wieder Frieden. Ich fühlte mich als Sieger in der Arena, aber ohne Drang für ein zweites Mal.

OP MIT CALVA

Schon längere Zeit bedauerte ich vehement, dass ich keine Vagina besaß, obwohl mein Phallus ganz gut diensttauglich platziert war.

An einem Wochenende, ich lebte schon Monate wieder in Deutschland, probierte ich am Abend allein zu Haus etwas Apfelmus mit Calvados.

Diese Mischung ergab nicht nur ein tolles Aroma, sondern wie bekannt auch eine gehobene Stimmung. Dann löffelte ich zur Abwechslung Calvados mit Apfelmus und kam auf den Gedanken, dass im Grunde die Öffnung an der Eichel wirklich zu klein sei. Etwas größer könnte sie schon sein und wäre dann auch femininer.

Aber wie stellte ich das an? Nach einer Weile und langem Zögern packte ich eine neue Rasierklinge aus, halbierte sie und stand vor der Entscheidung … Ja, ich mache es! Vorsichtig versenkte ich die Klinge etwas in die Harnröhrenöffnung und führte sie ca. einen Zentimeter nach unten! Mein Gott, es wird mir jetzt noch ganz anders.

Das Blut quoll heraus und hörte nicht auf. Es floss ins Waschbecken, auf die Erde an den Beinen hinunter und hörte nicht auf. Ich verlor eine Menge Blut! War das ein anhaltender Schreck!!!

OP-FOLGEN

Selbst meine beiden Handtücher konnten den Strom nicht aufhalten. Da bekam ich es mit der Angst zu tun und dachte: Das war zu viel. Ich muss die Schnittstelle nähen!

Bluttriefend erreichte ich eine Nadel aus meinem Nähzeug, schnitt einen Faden von der Zahnseide ab und stach durch die Eichel mit einem Stich und verknotete. Irgendwann ließ die Blutung nach.

Mit einer dicken Handtuchwindel zwischen den Beinen wischte ich grob den Boden und räumte auf.

Nach ca. zwei Tagen stellte ich fest, dass die Nahtstelle nicht zusammenhielt und Urin durchfloss. Das hieß: Der Faden lag umsonst. Also heraus damit. So trennte ich die Naht vorsichtig und zog den Faden wieder heraus. Obwohl die Eichel blau vom Bluterguss gezeichnet war, heilte alles problemlos.

Das war ein ungewolltes Abenteuer.

Nun verfüge ich über eine Mini-Scheide, die eine Fingerspitze aufnehmen kann. Aber zur Nachahmung kann ich meine Aktion nicht empfehlen.

Andere Arbeiten und Aufgaben lenkten ab und die Zeit verging.

Auf einmal fühlte ich mich schlechter …

HOSPITAL

Auf einmal fühlte ich mich schlechter und elend. Dank des Arztes landete ich bald im Krankhaus. Die akute Lungenentzündung erforderte einen längeren Aufenthalt und starke Medikation.

Links neben mir lag ein älterer, adipöser Mann, der gebrochen Deutsch sprach und dessen Atem nicht nur beim freien Husten Abstand nötig machte.

Auf der anderen Seite, das nächste Bett stand nur auf ca. einem Meter Abstand, lag ein ganz dürres Männlein von 94 Jahren. Der Mann musste wohl eine besondere Krankheit haben, denn er hustete sehr seltsam frei in den Raum. Außerdem sprach und murmelte der Gute wechselweise vor sich hin. Mit seinem Taxi-Gehwagen brachte er doch den nötigen Toilettengang sicher zustande.

DER STERBENDE

Nur der Rückzug gestaltete sich mit einigen Tücken. Vielfach klappte die Richtung nicht und der Wagen rumste regelmäßig gegen mein Bett.

An einem späten Abend jedoch lag er still auf dem Rücken und mit weit geöffnetem Mund röchelte und keuchte er gar schrecklich.

Jetzt stirbt er; da war ich sicher. Ob ich die Nachtwache bemühe? Es ist doch etwas Ernstes! Alle möglichen Gedanken sausten mir durch den Kopf. Vielleicht bin ich aus Versehen in ein Sterbezimmer geschoben worden! Wer weiß? Alles ist möglich.

Während ich noch überlegte, was zu tun sei, bewegte sich der Sterbende hin und her und wurschtelte sich mit Selbstgesprächen aus dem Bettzeug wie ein Maikäfer aus der Erde und mit dem Wägelchen ging es los, auf das WC. Gott sei Dank, mit dem Sterben wurde es also nichts in dieser Nacht.

Auch in den folgenden Nächten schlief er auf dem Rücken und röchelte.

An einem Tag erhielt er Besuch von mehreren Männern im Rentenalter: Verwandte, Freunde …?

MEIN RUSSE

Der rege Besuch, vermutlich auch alles Landwirte, unterhielt sich vergnügt, lautstark und munter lange Zeit im Kreise des Todkranken, der angeregt an der Runde teilnahm.

Jede Nacht röchelte und stöhnte dieser Nachbar, aber der Betagte starb nicht und wurde auch noch nicht entlassen!

Ich erhielt unter anderem hohe Dosen an Penicillin und allmählich verbesserte sich mein Zustand. An einem Tag begann mein adipöser Nachbar mit seiner Lebensgeschichte:

Seine Eltern seien in Russland nach Sibirien verschleppt und er in einem Waisenhaus aufgewachsen und später in eine Fabrik zwangseingewiesen worden. Er griff unter sein Kopfkissen und streckte mir plötzlich eine Pistole entgegen: „Du musst dich nicht erschrecken, das ist meine Pistole, die habe ich selbst gebaut! Schon als Kind musste ich in der Waffenfabrik helfen und dann habe ich gelernt, Pistolen zu machen, und so arbeitete ich die ganzen Jahre dort." Ja, es gibt Schicksale!

Bald wurde ich aus dem Hospital freigelassen und so begann mein privater Alltag wieder.

PENICILLIN

Ganz klar, meine Haus- und Tagesarbeiten gingen langsamer voran als ich dachte.

Dazu kam noch eine körperliche Überraschung. Nach dem Absetzen des Penicillins blutete ich zu Haus aus mehreren Körperöffnungen. Mein Mund und die Zunge waren wund und Blut rann die Mundwinkel herunter. Mein Anus schmerzte ebenfalls und blutete und das Wasserlassen entpuppte sich als Katastrophe. Da blutete ich auch. Die Eichel total wund und blutig, geschwollen und schmerzhaft, nicht nur bei jedem Schritt.

War das eine biblische Plage? Was ist denn nun wieder los?

Langsam heilten die Stellen ab und alles schien gut. Dann wollte ich doch mal sehen, was mein Penis machte. Lebt er noch? Ist vielleicht ein kleiner Orgasmus in Sicht? Nach ersten vorsichtigen Reinigungsversuchen stellte ich fest, dass der Kragen der Eichel mit der Vorhaut zu ca. einem Drittel verwachsen war! Immer wieder was Neues!

Mein Hausarzt besah sich den Schaden und meinte: „Das kommt vom Penicillin. Gehen Sie unter die Dusche und ziehen Sie die angewachsene Vorhaut herunter, bis die Eichel frei ist!" – Boing!

GIB GAS!

Ach, wie nett, dachte ich, niemand von den Ärzten sagte mir etwas davon! Jetzt werde ich mich selbst operieren. Okay.

In einer ruhigen Stunde am Abend nahm ich einen kräftigen Schluck zur Stärkung aus dem Glas und stellte die Flasche in Reichweite ab.

Nach einem kurzen Testlauf zog ich vorsichtig die Haut herunter und dann immer fester. Die Schmerzen steigerten sich und heute kommt mir der Vergleich in den Sinn. Es ist wie beim Autofahren: Je mehr man/frau Gas gibt, umso schneller geht es. (Gut, das ist ein unpassender Vergleich.) Fürs Erste hatte ich genug, denn je mehr ich dehnte, umso mehr zwackte die Stelle, klar. Die nächste Attacke startete ich nach einer Pause, aber ganz langsam steigernd. So, jetzt sollte es für den Moment reichen und wie geplant badete ich den „Geschundenen" in meinem Urin, um zu verhindern, dass die Chose wieder zusammenwächst und sich vielleicht entzündet.

In den folgenden Tagen gab es noch weitere Sitzungen, denn so fix ging alles nicht.

REHA

Nach Wochen der Erholung gab es neue Signale von meinem Hausarzt: Eine Kur zur Verbesserung meiner Lungenverfassung in Süddeutschland sei genehmigt. Vorbereitungen, wie üblich und notwendig, begünstigten die Reise und den Start für neue Ereignisse.

So erreichte ich den Kurort. An einem Morgen der ersten Tage wollte ich in der Freizeit in die nächste Stadt und erkundigte mich am Tresen der Klinik nach Busverbindungen. Da stand ein Herr neben mir, im Anzug, so um die 40, herum. „Ich fahre mit meinem Pkw dorthin, wenn Sie wollen, fahren wir zusammen." – „Ja, aber gern. Wenn Ihnen das nichts ausmacht!", entgegnete ich freudig angetan.

Und schon sausten die Alleebäume vorbei in dieser schönen Landschaft, dem Städtchen entgegen. „Wenn Sie wollen, setze ich Sie an diesem Zentralplatz ab und bin in zwei Stunden wieder hier." – „Abgemacht."

Nachdem ich meinen Rundgang abgeschlossen hatte, war es ca. 15 Minuten vor der verabredeten Zeit. So wartete ich geduldig eine Viertelstunde, 20 Minuten, 30 Minuten …

SCHÖNES AUTO

Da, endlich kam der Wagen und hielt an dem Parkstreifen der langen Straße direkt vor mir. Ich war froh, denn das Wetter war kühl-durchwachsen.

Ich öffne die hintere Tür, schwinge meine Tasche auf den Sitz, schließe die Tür vorsichtig, um sogleich vorn einzusteigen. Gerade habe ich entspannt Platz genommen, ich schaue meinem Fahrer zu, er dreht den Kopf: Es war ein Fremder, – ein Türke! Und das … falsche Auto!

Der Ausländer machte große Augen und sagte nichts. Stotternd entschuldigte ich mich, stieg schnell aus und raffte meine Tasche vom hinteren Sitz und schloss die Tür.

So stand ich wieder am Straßenrand und verdaute den Schreck und tat so, als sei nichts geschehen. Gleich darauf kam die Türken-Frau, stieg ein, der Wagen entschwand.

Bloß gut, dass das richtige Fahrzeug etwas später eintraf und nicht im Moment der Verwechslung.

Peinlich, peinlich.

Von dem anderen Auto erzählte ich nichts.

NEUE ASPEKTE

Auf der Heimfahrt zur Klinik mit dem Unbekannten stellte sich heraus, dass er in diesem Hause angestellt war. Das erleichterte natürlich die Atmosphäre und als ich auch von meinem Hund und meiner Malerei erzählte, zeigte er sich angenehm berührt und ermunterte mich, bei der Klinikleitung Fotos von meinen Ölbildern zu präsentieren, mit dem Gedanken einer eventuellen Ausstellung in diesem Institut.

Nach ein paar Tagen, mit der Fotomappe unter dem Arm, klopfte ich an die Tür von der Technischen Direktion und trat ein. Und wer saß im nächsten Raum? ... die nette Bekanntschaft von der Mitfahrerei in den nächsten Ort.

Nachdem ich die komplette Mappe mit einigen Worten vorgestellt hatte, bekam ich die Offerte, einerseits meine zum Teil großformatigen Ölbilder im Ärztezentrum auszustellen und zum zweiten eine freie Mit-Arbeitsstelle im Bereich Malstunden für Patienten zu besetzen.

Das hörte sich alles gut an und ich plante und begann mit Vorbereitungen.

Eine Stelle in der Klinik, Malstunden mit den Leuten, kleiner Umzug ins Allgäu?

Nicht schlecht.

BUNTES

Wie sicher überall bei einer Kur: Nach Tagen der Eingewöhnung in das System des Hauses ging vieles leichter und Bekanntschaften wurden vertieft, neue kamen hinzu und manche wurden durch die Abreise beendet. Eine solche stetige Turbulenz beschleunigte den Lauf der Tage, die somit wie im Flug vergingen.

Auch lernte ich einen Araber aus Tunis kennen, der seit Jahren mit seiner Familie in München lebte. Gebildet und viel herumgekommen, hinterließ er schon bei der ersten Begegnung einen imposanten Eindruck. Mit seinen gut 60 Jahren benötigte er am Tage eine Sauerstoffbeatmung und nachts eine Maschine. Dennoch wirkte Salai gelassen.

Wir trafen uns fast täglich. Wir hatten Zeit und verstanden uns ausgezeichnet. Ja, ich mochte ihm gern zuhören. Und es gab eine Menge zu erzählen. Auch erfuhr ich so vieles über die arabische Welt.

Da ich schon damals Hörprobleme hatte, rutschte ich möglichst dicht an ihn heran, um alles auch mitzubekommen.

Kurz und gut, mir wurde zugetragen, dass alle überzeugt waren, mein Araber und ich seien homosexuell und ein Paar. Ach Gott, ach Gott, wie interessant!

Besonders bei einem Kuraufenthalt entstehen ja bekanntlich interessante Geschichten, da viele Patienten, zu Haus allein, den Rausch der Geselligkeit hier erleben.

WEITER GEHT'S

Die Kurzeit endete und sogleich begann ich, meine neuen Pläne zu realisieren.

Das hieß: Feuer frei zum Malstundengeben für Patienten in der Klinik. Wieder einmal übte ich das Einpacken. Mit einer Reihe an Bildern und anderem Gepäck startete ich bald mit meinem Van in Richtung Süden, zur Klinik am Fuße der Alpen.

Bis ich eine Wohnung beziehen konnte, erhielt ich die Möglichkeit, im Ärzteviertel im Haus meines neuen Chefs (Technischer Direktor) in einer WG zu wohnen, in Gemeinschaft mit drei Studentinnen.

Zusammen mit den Klinikleuten hängten wir wie besprochen meine Gemälde in dem Arztbereich auf. So begleitete eine ganze Reihe meist größerer Bilder an den Wänden die vorbeiziehenden Menschen.

Als nächstes erschienen Plakate am schwarzen Brett mit dem Hinweis auf die neuen Malstunden. Dann war es so weit und nach den Vorbereitungen zum kreativen Abend hielt ich mich in dem Werkraum auf und wartete auf die Mal-Interessierten.

Tropfenweise traten sie ein und suchten sich einen Platz, derweil ich mich zu einer kleinen Gruppe setzte. Als wir uns so unterhielten, kam eine Frau herein und nahm den freien Platz neben mir ein und fragte mich nach einer Weile: „Wann kommt denn der Pierre?"

So nett begann die erste Stunde.

SCHEUERMITTEL

Gab ich meine Malstunden, trug ich auch und besonders gern BH und Pullover mit tieferem Ausschnitt, sodass beabsichtigt schon mal der Büstenhalter blitzte.

In der Malgruppe guckte niemand schief deshalb und in eine ordentliche Suppe gehören auch Gewürze, ist es nicht so?!

Im sonstigen Klinikbereich bewegte ich mich vorsichtiger. Meist ging ich nach der Abendstunde noch in die Cafeteria auf einen Café au lait und auf ein Schwätzchen.

An einem Abend erschien da eine unbekannte Patientin am Platz bei mir und sprach mich laut an: „Wie laufen Sie so herum? Sie sollten sich Ihre Haare schneiden lassen. Sie sind doch ein Mann und keine Frau. Das ist ja bescheuert!" Alle schauten auf mich. Schon verblüfft über diese Attacke sagte ich nur ganz ruhig: „Aha!"

Mir fiel im Moment nichts Besseres ein und dann erzählten wir weiter.

Am nächsten Morgen erschien sie an meinem Tisch im Speisesaal und entschuldigte sich. Sie habe gestern etwas zu viel getrunken. Es tue ihr leid. „Ach ja! Es ist schon in Ordnung", entgegnete ich und nahm einen Schluck Kaffee.

WIE EINE FRAU

Bei meinem Unterricht halte ich es stets so, dass ich Gedanken, Überlegungen und Erlebnisse, die es mir wert sind, zwischendurch erzähle.

Diesmal war unter anderem der Auftritt der beschickerten Patientin dran, denn ich war gespannt auf die Reaktion meiner Mal-Mäuse. Um diese Story gehaltvoller zu gestalten, berichtete ich zuerst von einer meiner Malstunden. Und zwar war es auf dem Campingplatz in Kampen auf Sylt, im meinem Wohnwagenvorzelt als Atelier:

Mitten im Werk-Mal-Prozess mit sechs Teilnehmern saß ich mit dem Rücken zum Aus-/Eingang des Vorzeltraumes und erklärte gerade etwas, da trat vorsichtig und neugierig eine fremde Frau ein und sprach drauflos: „Sagen Sie mal, von hinten sehen Sie aus wie eine Frau. Ich dachte, sie wären eine Frau!" – „Och", entgegnete ich geschmeichelt, „ich bin ein Mann." – „Aber Sie tragen ja feminine Sachen, auch darunter?" Die Frau war kühn, aber nett. „Klar, wenn Sie es genau wissen wollen, auch BHs."

Es wurde ganz ruhig in der Mal-Runde, damit hatte niemand gerechnet.

Nach einem Moment der Stille erhielt die Malstunde ein ganz anderes Klima als geplant oder gar erwartet. Die Spannung vom Zwischenbesuch hatte sich gelöst und alle sprachen befreit angeregt miteinander, mitsamt dem fremden Paar!

O. K.

Die anfängliche Spannung/Unsicherheit war also zugunsten einer heiteren Stimmung gewichen. Es bestand keine Peinlichkeit.

„So, das hat sich auf Sylt ereignet." – „Das hast du richtig gemacht, Pierre!", entgegnete Monika, die lebhafteste aus der Mal-Gruppe. „Ein richtiger Maler muss sowieso anders sein, sonst ist er keiner. Und deine roten Fingernägel sind auch okay." Einige der Frauen stimmten zu, andere lauschten nur, was gesagt wurde.

Natürlich wirkte die monikanische Aussage wie der Sommerwind in der Seidenbluse. Und so stabil, wie es manchmal aussieht, bin ich auch nicht immer, bin halt nur „a Mensch".

Jedenfalls: Meine Malstunden erklären sich nicht nur als didaktische Sitzungen, sie gleichen eher einem Kessel, in welchen Schicksale eingeworfen werden, Emotionen als Dampf emporsteigen und würzige Suppe von Menschlichkeit ausgegeben wird. Man/frau kann es nicht glauben:

Wir redeten, wir malten, wir lachten, wir hörten zu, wir sangen und auch manche Träne kullerte.

TRAGIK

Das Förderband des Reha-Kurbetriebes bewegte sich kontinuierlich: Kommen, Aufenthalt, Abreise im Rhythmus von meist drei Wochen bedeutete, dass viele gerade untereinander/miteinander warm gewordene Menschen plötzlich wieder getrennt wurden.

Die Malstunden unterlagen ebenfalls dieser Erscheinung. So gab es laufend Neuzugänge. Und Abschiede gestalteten sich meistens mit viel Wehmut und Traurigkeit. Wie bekannt bei jeder Kur. Viele Patienten lebten zu Haus allein und die Jüngsten waren sie auch nicht mehr. Schicksale, Schicksale; so ist das Leben.

Wenn ich jetzt, ein paar Jahre später, zurückdenke, wird meine Seele doch etwas erhellt durch die Zuversicht, dass ich bestimmt ein wenig Freude den Menschen vermitteln konnte.

ALLGÄU – WINTER

Mittlerweile fand ich eine Wohnung im Ort mit einem akzeptablen Geschäftsraum.

Glücklich über meine neue Situation als freier Mitarbeiter in der Klinik, mein Ausgleich war bescheiden, doch bereitete die Arbeit mit den Patienten große Freude und Wohlgefühl, richtete ich mir meine Wohnung ein und gleichzeitig meine kleine Galerie mit Platz für Mal-Freunde und für meine Staffeleien und Bilder.

Ich hatte wahrlich ein großes Programm zu bewältigen. In der Zeit des Aufbaus kam der Winter, der bayrische Winter! So etwas kannte ich noch nicht und war es auch nicht gewohnt: Am Fuße der riesigen Berge, mehr als 2 000 Meter hoch, werden die Nordwinde gebremst und verwirbelt, sodass sich oft extreme Wetterverhältnisse entwickeln. Es kann lange und kräftig regnen, im Winter heißt das Schneefall, aber gehörig.

Dann schneit es mehr als stundenlang oft nicht nur von oben, sondern von allen Seiten ringsherum. Und draußen wird es immer ruhiger, der Schnee dämmt den Schall und die Aktivitäten der Leute. Krach gibt es wieder, wenn die Schneeflüge und Fräsen die Wege freirattern.

Regelmäßig wird von der Kommune der Schnee aufgeladen und abtransportiert zu Lagerplätzen. Dort erreichen diese Schneehaufen schon mal die Höhe von einem Einfamilienhaus. Nicht nur der ab und zu einfallende Föhn lässt riesige Eiszapfen an den Dächern wachsen: „Vorsicht Lawinengefahr" und „Achtung Eiszapfen" = Schilder an Häuserwänden.

„NAA, NAA"

In meiner Allgäu-Zeit besuchte ich regelmäßig die nächstgrößere Stadt in ca. 10 km Entfernung von unserem Dorf zum Einkauf für Haushalt und auch für andere Notwendigkeiten.

Gang zur Krankenkasse stand heute auf meinem Laufzettel. In der Innenstadt, im ersten Stock, befanden sich die Geschäftsräume. Der rechteckige Büroraum dehnte sich mächtig in die Tiefe, das heißt, nach dem Eintreten sah man quer gestaffelt die einzelnen Sachbearbeiter-Inseln. Ich, in femininer Gestaltung, wählte den hintersten Beratungsplatz mit männlicher Besetzung.

Nachdem alles geregelt war, strebte ich dem Ausgang zu. Dort befanden sich drei Türen, wie ich zögerlich feststellte. Ich wollte ja noch auf das WC. Die beiden Angestellten in der Tür-Nähe plauschten angeregt miteinander, aber sie begleiteten mich aus den Augenwinkeln, wie es sich herausstellte, denn sie zeigten zuvorkommend mit den Händen auf eine Tür: „Do goads nei." Ich war ja auf Kurs Herrentoilette. „Naa, naa!", bremsten sie erneut meinen Schritt und deuteten bestimmt, aber freundlich besorgt auf die Damentoilette, die sich gleich daneben befand. Also, dort ging es rein!

So verrichtete ich mein kleines Geschäft im Damen-WC und erholte mich einen Moment von dem Schreck.

WETTLAUF

Und da wir gerade beim Thema sind, will ich unbedingt von einem weiteren Abenteuer und zwar vom „Müssen in Füssen" berichten:

Wenn ich in einem fremden Ort lande, so schaue ich mich als Erstes zur guten Orientierung nach markanten Punkten um. Besonders gebaute Häuser, markante Positionen wie hohe Bäume, Mauern und Plätze und dann als Nächstes kommt die Toilettensuche dran. Öffentliche Gebäude, Arztpraxen und auch Supermärkte sind echte Rettungsinseln.

Eine von den Inseln befand sich auf einem riesigen Parkplatz, auch für Busse (Touristen?!), am Stadtrand. Mein Gott, diesmal hatte ich es besonders eilig und die kühle Aprilluft half noch nach. Mit viel Glück und schnellen Schritten erreichte ich den besagten Parkplatz. Kein Bus stand dort und alles konnte gut werden. Kurz vor meinem Ziel kurvte doch ein Bus heran, blieb stehen und viele Frauen quollen heraus. Ein Pulk schwärmte in Richtung „meines" Häuschens.

Mit Gottes Hilfe war ich etwas eher da, betrat eilig den Vorraum und dann eine von nur zwei Kabinen. Diese leicht gebauten Sichtschutzkonstruktionen begannen nach ca. 10 cm Stelzenhöhe und endeten in ca. 2 m Höhe.

IMPRESSIONEN

Kaum hatte ich abgeschlossen, wurde es laut und einige Frauen drängten sich wie Hühner bei der Körnerausgabe gackernd in den Vorraum.

Mit einem Knall schlug neben mir die Tür ins Schloss. Und plötzlich begann meine Nachbarin mit lautem Duschgesang. „Tralla hallala" etc. und es plätscherte im Sturzbach! Welch Impression! Super! Damit hatte ich nicht gerechnet und erlebt hatte ich das auch noch nicht. Das war ein Teil echter Menschlichkeit.

Später dachte ich, es gibt so viele Karten für Wanderwege und Radfahrer bei Trocken- und Feuchtwetterlagen, Stadt-, Konzert-, Veranstaltungs- und Reiseführer und andere, aber ein praktischer Pipi-Führer ist mir noch nicht begegnet; geschweige denn ein umfangreiches WC-Lexikon.

Es kann ja auch sein, dass die Jugend sich einfach ein WC herbeigoogelt oder eine Satellitenortung: „Hallo Satellit, brauche dringend eine Location zum Niedersitzen. Ich glaube, in zwei Minuten komme ich in die Hot-Phase. Bin also in hurry." – „Hier Sat 3x. Nach 100 Schritten geradeaus, dann 100 Schritte links = Location. Für Security: Die Koordinaten für ultimativen Wäscheshop, cool, downloaden." – „Thanks, 3x, voll gute Information, Ziel erreicht. Total genial! MfG." Das klingt doch total cool, oder? Wer von den Älteren verfügt schon über I-Pad-Praktiken und Fragemaschinen? Da ich solche Sachen nicht hab und nicht will, bleibt es dabei.

Sowieso würde manches aber sicher in die Hose gehen bei mir mit diesem System, ehe ich etwas mit der Elektronik gefunden hätte, wenn überhaupt.

DIE SIEBEN

Auch zu dieser Zeit im Allgäu füllte sich der Tag mit diversen Ereignissen und Aufgaben, eigentlich wie immer.

Bevor ich es vergesse: Dies ist doch sehr speziell. Ein Phänomen? 1965 ging unsere Hochzeitsreise nach Séte (= Sieben). 2007 erlitt ich die Lungenentzündung. Meine Autozulassung trug eine 7. Von zu Haus bis in die Klinik im Allgäu sind es 700 km. Auf der Autobahn A7. Die einzige Wohnung, die ich im Allgäu fand und mietete, lag im Haus Nummer 7. Das erfuhr ich erst, als ich den Mietvertrag unterzeichnet hatte, und zwar zu dem Mietpreis von 700 Euro. Mein Geburtstag ist im 7. Monat.

Abgesehen davon gab es eine Überraschung. Meine neue Wohnung befand sich über einem Dessous-Geschäft! Auch das noch. Sehr pikant.

Diese Ereignisse sind keine Erfindungen, sondern reine Tatsachen. Nur, was hat das zu bedeuten? Eine Erklärung dafür fand ich bis heute nicht.

DER TURM

Und noch ein Gedicht.

Bei meiner ersten Fahrt 2009 von der Klinik im Allgäu zur meiner nahe gelegenen Einkaufsstadt führte der Weg durch ein romantisches Tal, rechts und links hohe Berge, und schließlich in einen geografischen Zipfel von Österreich. Am Rande des Dorfes Fils entdeckte ich links am Berg einen etwas verfallenen, aber markanten Turm einer alten Burg und rieb mir die Augen:

Die Form wie auch der Standplatz entsprachen dem Turm, den ich im Jahr 2006 in NRW in Öl auf Leinwand gemalt hatte. Noch nie zuvor hatte ich diesen Turm gesehen!

Auch dieses Phänomen kann ich nicht erklären.

ANFANG, ENDE, ANFANG

Wie schon immer: Die Tage, Wochen und Monate eilten mit Aufgaben und Arbeiten der Klinik und meiner Wohnung mit Atelier so dahin. Und Zeit zum Grübeln blieb auch nicht viel.

Mit ganzer Konzentration werkelte ich monatelang, bis dann mein Allgäuer Atelier eröffnet werden konnte. Die über 60 Gäste brachten eine gute Stimmung mit, die noch lange nachhallte.

Nur zwei Monate später erfuhr ich von dem Plan einer Schließung und Veräußerung der Klinik. Nun stand ich wieder bei null, denn die Galerie allein konnte sich noch lange nicht tragen. Was der Zweijahresmietvertrag mit sich brachte, kann man sich vorstellen: Ein Jahr zahlte ich eine hohe Miete für nichts! Es war wirklich zum Haareraufen. Ich zog wieder zurück in meine alte Stadt. Nach Entdeckung eines anderen Geschäftsraumes in meiner alten Gegend im Norden verließ ich das Allgäu.

Wie soll und kann ein Mensch das bewältigen? – Ach, Unsinn, nicht so viel grübeln! Planen, planen und handeln und machen. Es wird schon gehen, wenn auch schwer. Das war ich ja gewohnt? Unglaublich, was einem alles passieren kann. Dieses neue Geschäft im Osten Westfalens, von mir saniert und eingerichtet, war asbestverseucht! Das stellte sich heraus, als das Studio fertigstand. Alles war wieder in den Sand gesetzt. Nur die Miete in Bayern lief noch ein Jahr weiter! – Dann fand ich hier in der Nähe eine kleine Wohnung, als Zwischenlösung, ohne Bad, aber mit Krach: einfach super! Die Durchgangsstraße läuft in ca. 3 Metern Abstand am Haus entlang. Jedenfalls brauche ich nicht zu frieren und die pensionierte Vermieterin ist ganz, ganz nett. Und das zählt auch.

Die restlichen Sachen, Bilder, Rahmen, Staffeleien lagerte ich in einem trockenen Depot bei dem Landwirt a. D.

PLAN „E"

Parallel zu einem interessanten Angebot der Stadt für eine Gemäldeausstellung hier im Rathaus und in dem Museum der Stadt für Anfang 2014 erstellte ich ein Programm für einen längeren Aufenthalt in Spanien. Dort wollte ich mit Pinsel und Farbe neue Werke schaffen.

Das war die Folge meiner körperlichen Erschöpfung zuvor! Absurd?! – Gemach! Jedenfalls reichte es mir, absolut!

Die Einengung und die Hilflosigkeit einer körperlichen Präsenz, durch Krankheit bedingt, löst bei mir in der weiteren Phase der Genesung meistens wachsenden Unmut aus. Das heißt: Diese Unzufriedenheit begünstigt die Dynamik für Pläne und Aktivitäten. Das schicksalhafte Theater der letzten Jahre hatte eine ungute Überlänge … und Folgen. Ich erlitt eine ernstliche körperliche Erschöpfung und so war es auch hier. Nach der Erholung schmiedete ich recht bald Pläne und ordnete meine Gedanken. Zusage und Vorbereitung der Ausstellung im Rathaus und Spanien.

Mal-Reise, ja, das gefiel mir. Das waren Aspekte und das bereitete mir Freude und verhalf mir bestimmt dazu, dass ich schneller wieder auf die Beine kam.

Es ist auch kein Geheimnis, dass das Ölkännchen Geld die Geschmeidigkeit der Pläne und die Ausführung derselben beeinflusst. So hatte ich viel zu denken.

Das war aber noch lange nicht alles, was ich auszubrüten hatte. Grundsätzliche Daseinsgedanken schlossen sich an.

KONSEQUENZ

Das muss ich immer wieder unterstreichen: Die Zeit, die Monate laufen so schnell dahin und je nachdem, womit sie verwoben sind, schwingt das Pendel in die andere Richtung, scheint die Uhr auch mal stillzustehen.

Die verbliebenen Stunden der Besinnung und des Nachdenkens sind für mich auch ein Schatz des Lebens.

In Konsequenz: Um diese lästigen Dauerfragen komme ich einfach nicht herum und öffne mein Schatzkästchen. Welche wichtigen Dinge sind noch wichtig? Was hat Vorrang, was ist vorbei? Und dann folgt das Handeln: wie immer schwerer getan als gesagt. Wie, was, wo kann, muss ich ändern, verändern, bei mir und an mir? Das sind alles Fragen, die eigentlich jeder kennt.

Dazu spielt meine weibliche Seite hinein. Mit meinem Streben nach ganzer femininer Lebensweise ist mein Wille fest und ungebrochen und daran wird sich nichts ändern. Gewiss, Hürden sind noch reichlich zu nehmen. Zum Beispiel im jahrzehntelangen Bekanntenbereich. Mein Rezept habe ich mir ebenfalls an die Tür genagelt:

Sei tolerant, wenn du Toleranz erwartest! (Kein Zitat)

Und so kann ich mich erhobenen Hauptes freier bewegen und das macht Kaschieren überflüssig. Das ist meine Übung. Weiter geht's!

Ich will freier sein, frei sein, Frau sein. Ist das nicht ein ethisches Grundrecht?

Nun gut, mit diesen Gedanken bin ich schon lange unterwegs. Ich meine, der Unfall, die überlebte Krankheit und die Zeit haben mir die Augen besonders geöffnet, für das Wesentliche und die Vergänglichkeit des irdischen Daseins. Wieder einmal. Ergo: Nach etlichen Jahren des Versteckspielens und doch in einer kontinuierlichen langsamen Öffnung zur anderen äußeren Geschlechtlichkeit beschloss ich, aus der Deckung hervorzukommen und einen Punkt zu setzen, aber einen doppelten: „Piera" ist da!

Das ist die weibliche Form von Piero, italienisch zum deutschen Peter. Und jetzt geht es weiter: On verra! Wir werden sehen!

ANTRAG

Nun ging ich vor gut vier Jahren, 2012, zum Stadtamt mit der Bitte der Änderung meines Vornamens in Piera.

Ich wurde weiterverwiesen und so erreichte ich einen neuen Weg. Einen Weg, der es zunächst schon in sich hatte. Also so einfach, wie es anfangs schien, ging es nicht, denn für einen solchen Zweck ist ein auswärtiges Amtsgericht zuständig. Auf mein Schreiben dorthin erhielt ich im Oktober 2012 folgende Post:

… werden Sie gebeten, folgende Unterlagen einzureichen:

Beglaubigte Kopie Ihrer Geburtsurkunde; Kopie des Personalausweises; … sowie einen Kostenvorschuss in Höhe von 1 200,– € an die Gerichtskasse zu zahlen …

Als ich das erledigt hatte, erhielt ich daraufhin zwei Gutachter-Adressen mit Terminvorschlag.

ERSTER GUTACHTER

Im Dezember 2012 war also mein erster Termin beim Facharzt für Psychiatrie in Höxter.

An diesem Vormittag traf ich im Zentrum der Stadt ein und stellte den Wagen in einer entfernteren Seitenstraße ab, denn der große Zentralparkplatz war wegen Umbau gesperrt. Die Parkuhr ging maximal auf eineinhalb Stunden und so musste ich genauestens kalkulieren. Da ich nur im Groben wusste, wo die Praxis lag, war es von Vorteil, eilig, trotz windiger Frostluft, die Adresse zu finden.

Nach Ampeln und Straßenbahnen erreichte ich die Adresse und kehrte sofort wieder um, da die Parkuhrzeit ja nicht ausreichte. Bis zum Termin hatte ich sowieso Zeit für einen zweiten Anlauf geplant. Auf dem Rückweg zum Auto merkte ich schon, dass der längere forsche Fußmarsch Auswirkungen auf meine Blase hatte. Nirgends eine „Haltestelle" in Sicht und bis zum Wagen dauerte es auch noch. Dort hinten erspähte ich einen Park, da würde es gehen, mit Mauern und Hecken!

Endlich angelangt, sah ich das Riesengebäude: Volkshochschule. Ja, dort geht es auch. Bei mir war es schon Alarmstufe I; mein Gott, hilf!

Portalstufen rauf, durch Glastüren zum Portier: „Ich brauch dringend ein WC." – „Erster Stock!" Auch das noch! Stufen hinauf, um die Ecke, rein in Toilettenraum, rein in die Kabine, Deckel hoch, Hose runter, Jacke hoch, da lief es schon und das im Stand!

BEGEGNUNG

Eine Strahlrichtungskontrolle war wegen der Alarmstufe und der Kälte unmöglich und so ging manches Nass in die Hose.

Mich notdürftig versorgt, denn es gab auch kein WC-Papier, fütterte ich die Parkuhr aufs Neue und eilte zur Praxis.

Dort angekommen, als einziger Patient, fragte die Frau am Tresen: „Haben Sie Ihre Fragebögen mit, die Sie per Post erhielten?" – „Ja, ich habe sie, aber nicht ausgefüllt!", und gab ihr die leeren acht Seiten zurück. „Hier sind andere Fragebögen, die Sie bitte sofort ankreuzen!"

Nach einer halben Stunde Bearbeitung mit Kästchen für Ja, Nein, Vielleicht, wartete ich noch ca. eine Viertelstunde. Es tat sich nichts. Dann klopfte ich an die Tür und übergab die Blätter der Angestellten mit den Worten: „Ich bin ein wenig besorgt wegen der Zeit. Meine Parkuhr mit eineinhalb Stunden läuft." – Die Frau: „Üblicherweise geben wir den Patienten eine Stunde zum Ausfüllen." Schon öffnete der Chef, der vom Gericht die „Doktorwürde" erhalten hatte, dies auf seinem Praxisschild aber verschwieg, die Tür und ich trat ein. Seine mittelgroße Figur krönte schütteres Haupthaar. Sogleich wollte der ca. 40-Jährige wissen, weshalb ich die zugeschickte Liste nicht ausfüllt hatte!

PARCOURS

Ich sah ihm fest in die Augen: „Sie glauben doch wohl nicht, dass ich solche Fragen beantworte!!!" Urplötzlich verhärtete sich seine Wirbelsäule.

Diese Liste wollte unter anderem wissen: Was haben Sie während ihrer Geburt gedacht? Wie oft onanierten Sie am Tag/in der Woche, als Sie zehn Jahre alt waren? Wie stark erregt Sie das, wenn Sie einen Rock sehen/anfassen? Etc., etc. und das acht DIN-A4-Seiten lang.

„Nun", begann er bissig, als er sich gefangen hatte, „dann erzählen Sie Ihr Leben von Anfang an!" – „Ja, ich muss auf die Parkuhr achten, wie viel Zeit haben wir?" – „Das ist nicht mein Zuständigkeitsbereich." Und so startete ich. Kaum hatte ich etwas gesagt, unterbrach er mich und wollte etwas wissen, was gar nicht dazu passte. Das ging eine ganze Weile, bis es mir zu viel wurde: „Sie unterbrechen mich dauernd mitten im Satz und verstehen dann die Zusammenhänge nicht, obwohl ich Sie Ihnen erklären möchte, und Sie müssen deshalb dauernd nachfragen!" –

Nach einer Zeit sollte ich mich so hinstellen: Augen schließen und mit dem Finger auf die Nase tasten. Dann gab es noch andere Spielchen. Anschließend verschwand er in den Nebenraum und erschien mit einem Tablett, in ähnlicher Haltung wie ein Ober, der ein Bier balanciert. Darauf lag ein Hämmerchen! (Ich bekam innerlich einen Lachkrampf!) „Nein, ist nicht!", stoppte ich resolut seine Absicht. „Ich hatte an beiden Knien partiellen Trümmerbruch. Die Reflexe sind bei mir nicht zu prüfen."

ZWEITER GUTACHTER / ERSTER GUTACHTER

Endlich war der Spuk vorbei, ich erreichte mein Auto ca. dreißig Minuten zu spät und hatte Glück. Kein Knöllchen!

Einige Tage danach stand der Termin für den zweiten Gutachter an; diesmal in Unna.

Pünktlich erschien ich in der Praxis bei dem promovierten Psychologen. Hochgewachsen, schlank, schwarze Haare, Anfang 50, sympathisch.

Zur Ergänzung brachte ich zehn Seiten Biografisches, Schwerpunkt Alltagserfahrungen im Transbereich, zum Treffen mit. Zum Ende des Gesprächs versicherte er mir, dass das Gutachten positiv ausfallen würde. Prima. Die Sitzung war insgesamt harmonisch, sachlich, ohne alberne Fragen und Übungen verlaufen.

Ergebnis, erstes Gutachten:

Nach Wochen erhalte ich vom Gericht eine Kopie vom ersten Gutachten aus Höxter. Ergebnis: negativ! Mein Gott, was und wie steht alles im Text darin! Unglaublich! Meine Aussagen zerwürfelt und abwertend dargestellt und mit kühnen Formulierungen verbrämt, sah ich mich verunglimpft und konnte es nicht fassen! Auf welchem Weg befinde ich mich eigentlich? An was für Leute bin ich geraten?! Das sauste durch meinen Kopf und mein Blutdruck stieg.

Gut, ich lege keinen Wert auf Gefälligkeitsgutachten, aber so etwas ... das war zu viel! So viel Unverschämtheit muss doch zwingend bestraft werden. Wodurch, womit? Mit einer Watschen? Nein, aber nicht doch! Nach einigen Überlegungen, um Dampf abzulassen, kam ich zu dem beruhigenden Schluss: Ein edler Mensch formuliert ein Gutachten nicht in dieser Form. Punkt!

Das Gutachten über mich umfasst 23 DIN-A4-Seiten und beginnt (!) mit einer spezifizierten Rechnung:

Rechnung gem. JEVG (Stundensatz W3)
Vorbereitung, Studium Befundbericht: 1 Std.
ergänzende Untersuchung am 05.12.2012: 2 Std.
Durchführung und Auswertung: 1 Std.
Testuntersuchung zur Vorbereitung des Gutachtens /
Ausarbeitung des Gutachtens: 6 Std.
Abfassung und Korrektur: 2,5 Std.
Gesamtstunden: 12,5 Std.
€ 1.062,50

Schreibgebühr – 22 164 Anschläge: € 17,25
(0,75 € je angef. 1 000 Anschläge)
Porto: € 1,45
€ 1.060,70
19 % Umsatzsteuer: € 205,33
€ 1.286,03

MEINE GEDANKEN

Gedanken zu einer Personenstandsänderung: Laut Gesetz ist es vorgesehen, dass zu einer Antragstellung zwei positive Gutachten beigebracht werden müssen.

Die dafür bestellten Gutachter, vom Gericht benannt, können abgelehnt und vom Antragsteller neue vorgeschlagen werden, sofern diese zugelassen sind beim Amtsgericht, Gutachten zu erstellen.

Es ist durchaus bemerkenswert, dass die aufgesuchten Fachärzte zur Beurteilung eines Antragstellers ca. zwei Stunden (!) benötigen. Der daraus resultierende Bericht, mehr als zehn Schreibmaschinenseiten (!), beinhaltet unterschiedlichste Aspekte und persönliche Intimitäten.

Diese aufgelistete private Geschichte wird zur Einsicht bei der Behörde vorgelegt und abgeheftet!

Wie sieht es mit der Wahrung der Persönlichkeitsbereiche aus, mit der Würde eines Menschen? Laut BGB?

Weshalb müssen alle Details der Gutachtersitzung dem Gericht übereignet werden, wo es doch vom Gutachter „nur" gefordert wird, zwei Fragen des Gerichts zu beantworten?

Erstens: Empfindet sich die antragstellende Person dem anderen Geschlecht als zugehörig und steht sie seit mindestens drei Jahren unter dem Zwang, ihren Vorstellungen entsprechend zu leben?

Zweitens: Wird sich dieses Zugehörigkeitsempfinden zum anderen Geschlecht nach den Erkenntnissen der medizinischen Wissenschaft mit hoher Wahrscheinlichkeit nicht mehr ändern?

Traut man bei Gericht nicht dem ausgebildeten Facharzt? Weshalb müssen sich die Fachpsychologen zehn Seiten lang rechtfertigen zu ihrem Ergebnis?!!

IRRES

Das heißt auch, dass die Richter sich des Werkzeugs Facharzt bedienen, um zu einem „eigenen" Urteil nach Einsicht des einzelnen Gutachtens zu gelangen! Somit kann man logischerweise davon ausgehen, dass die Richter, und zwar alle (!), über eine höhere Fachkompetenz verfügen (wollen) als die promovierten Fachärzte. –

Wer klärt das, dass sie dazu qualifiziert sind? Ein Nachweis der Studiengänge, einschließlich der Examensnoten der Richter als allgemein publiziertes Papier, könnte bestimmt eine klaffende Lücke füllen. Oder sollte es mir entgangen sein, dass es so etwas schon gibt? Jedenfalls werde ich VOR meinem nächsten Antrag beim Gericht eine entsprechende Offenlegung der Richter-/Psychiater-Persönlichkeit fordern! So könnte ein psychiatrisches Gutachten über einen Gutachter bzw. eines Psychologen/Richter Aufschluss darüber geben, ob er/sie mit vierzehn Jahren noch Bettnässer war oder schon das Hausmädchen regelmäßig gef... hat oder sie sich mit acht Jahren täglich vögeln ließ. Vielleicht ist er gar heute ein ständiger Kunde im Rotlicht-Milieu, um sich winden zu lassen.

Diese und noch weitere Fragen an den Psychologen und Richter dürften nicht nur unterhaltsam, sondern auch legitim sein, denn gleiches Recht für alle! Laut BGB!

Nebenbei, laut Gericht: Gutachten, die länger als zwei Jahre zurückliegen, gelten nicht. Demnach müsste jeder Examensnachweis nach zwei Jahren ungültig werden!

EDLE

Aber auch eine Fußnote wegen der Gerechtigkeit muss her:

Es gibt sie noch, so zwischendrin: vernünftige, edle und integre Psychologen, Richter und Ärzte ...

FALSCHER ARZT

Dieses erste Gutachten verstimmte mich also doch erheblich. Als dann vom Gericht auch noch die Festsetzung einer Anhörung folgte, dachte ich: Ich soll mich bei Gericht rechtfertigen und Stellung beziehen gegen diesen unglückseligen Zeitgenossen? Nein, das ist meiner unwürdig! Ich werde den Antrag zurückziehen!

Bevor ich dies jedoch machte, wollte ich mir eine Anwältin suchen, um Kriegsrat zu halten. Guter Rat ist bekanntlich teuer, aber falscher Rat ist teurer!

Dann war es so weit: Die Anwältin in Soest gab mir den (falschen)

Rat, den Antrag zurückzuziehen und nur mit dem inzwischen erhaltenen DGTI-Zusatzausweis zu leben.

Dieser Zusatzausweis zum offiziellen Ausweis soll als Sicherheitsverstärkung fungieren, falls bei einer Polizeikontrolle Unstimmigkeiten entstehen durch das unterschiedliche Erscheinungsbild. Und der Wunschvorname steht auch darin. Das heißt, ich bin berechtigt, meinen Wunschvornamen überall zu nennen, auf der Basis der deutschen und europäischen Rechte.

Ich bezahlte die Anwältin und die Rücknahme des Antrags vom Gericht kostete auch noch mal was.

Was sollte ich dagegen tun?!

DGTI-SCHMERZMITTEL

Brief der Deutschen Gesellschaft für Transidentität und Intersexualität e.V., Wolframs-Eschenbach, 08.10.2013:

Sehr geehrte Frau Lorenz,

anbei erhalten Sie den bestellten Ergänzungsausweis. Rechtsgrundlage ist Punkt 9 der Entschließung des Europäischen Parlaments zur Diskriminierung von Transsexuellen vom 12.09.1989 in Verbindung mit den Absprachen zwischen der dgti und dem Bundesministerium des Inneren im Herbst 1998, in denen ausdrücklich festgelegt wurde, dass der Ausweis auf das amtliche Dokument bezogen ist und zum Schutz vor Diskriminierung durch staatliche Organe und deren Mitarbeiter dient. Er ergänzt im Sinne des Passrechtes und ist so lange gültig wie das bezogene Dokument.

Staatliche Organe und sich auf diese berufende nachgeordnete Stellen sind verpflichtet, den Ergänzungsausweis zu akzeptieren. Sie folgen damit lediglich der Grundsatzaussage des Verfassungsgerichtes, in der es wörtlich heißt: „Jedermann kann damit von den staatlichen Organen die Achtung dieses Bereiches verlangen. Das schließt die Pflicht ein, die individuelle Entscheidung eines Menschen über seine Geschlechtszugehörigkeit zu respektieren (2 BvR 1833/95). Die Behauptung, dies sei erst nach Vollzug von § 4 bzw. § 8 TSG erlaubt, ist falsch. Eine Entscheidung nach TSG verpflichtet zu rückwirkender Änderung „von Anfang an".

In Ergänzung hierzu möchte ich Sie auf die Möglichkeit hinweisen, dass Sie manche Sozialpapiere/Sozialausweise wie z. B. die Krankenversicherungskarte auch schon ändern können, bevor ein Verfahren nach TSG eingeleitet oder entschieden ist. Fragen Sie einfach nach. Diese Dokumente haben nicht den Zweck, krank zu machen oder für soziale Destabilisierung zu sorgen. Transgender – Transfrauen, Transmänner oder Intersexuelle – können von dieser Möglichkeit Gebrauch machen, sind aber nicht verpflichtet. Wer in der „neuen" Geschlechtsrolle einer Arbeit nachgeht oder eine Arbeit sucht, kann damit natürlich zeigen, dass er eben seiner Identität entsprechend auftreten und leben will. Berührungsängste eines Arbeitgebers können damit vermieden werden, vor allem im Hinblick darauf, ob er denn etwas Verbotenes tut, wenn er seinen Mitarbeiter/seine Mitarbeiterin so akzeptiert, wie sie sich fühlt.

Sollten Sie weitere Fragen haben, dann können Sie sich natürlich während der Geschäftszeiten an mich wenden.

Mit freundlichen Grüßen
Name, Unterschrift, dgti e.V.

PIERA WIRD FREI – ERSTE REISE SPANIEN

Nun wanderte ich quasi im Rösselsprung von meiner Krankenkasse zur Bank, dann zu meinem Hausarzt und weiter zur Versicherung und verkündete die Namensänderung; andere folgten.

Mein lieber Postmann erhielt die Neuigkeit als Erster; ohne zu murren und nett wie immer nahm er Kenntnis davon. So landet meine Post sicher im Briefkasten, trotz variationsreicher Anschriften wie zum Beispiel: Herrn Piera L., Frau Peira L. oder Herrn Piera Peter Franz L.

Nun war es so weit und die wochenlangen Vorbereitungen zu Ende. Hola, jetzt kommt España!

Nachdem mein Reisebüro informiert war, kamen unsere Flugtickets für Palma auch mit meinem neuen Vornamen Piera an. Mein Plan lief so: Erst fliege ich mit meinem Sohn, 40, eine Woche hin, es war Ende Januar 2012, um die Örtlichkeit zu erkunden, um dann ab November 2013 einen Monat allein im Hotel zu verbringen. In dieser Zeit suchte ich ein Appartement für mindestens sechs Monate. Der Plan für meine Malerei stand schon fest. Das hört sich ja alles ganz glatt an, wurde es aber nicht.

So, jetzt geht es los. An dem besagten Morgen trafen wir, mein Sohn René und ich, am Airport ein und ich ging mit meinem Gepäck, erlaubt bei Handgepäck waren maximal 6 kg, Koffer max. 20 kg, zum Check-in. In Schale geworfen und mit neuen Pumps fühlte ich mich angemessen und wohl. Nun ja, es war ja auch mein erster Flug. Bei der Eingangskontrolle musste man das Handgepäck auf das Förderband legen sowie alle Sachen, die man anhatte, bis auf Shirt und Hose, ausziehen und über einen Parcours der Kontrolle mit Schwingstab entgegengehen, barfuß, rechts Weiblein, links Männlein.

START ERSTER FLUG

Die ganze Zeit schon stand ich unter Hochspannung, aber jetzt bestimmt bei 100 000 Volt!

Als ich mich entkleidet hatte und der Weg geteilt wurde, wäre ich fast vor Nervosität in die Männerpassage gelaufen. Und so viele wartende Augen hinter mir spürte ich in meinem Rücken. Dann konnte ich meine Sachen wieder einsammeln und mich anziehen. Bei diesem Kontrollgewusel auf dem Förderband hatte sich mein Tascheninhalt verstreut und wollte wieder zusammengerafft werden.

Meine beiden Ausweise legte ich mit meiner Bordkarte vor und schon gelangten wir in den großen Wartebereich. Bald war es so weit. Es ging alles glatt bei der Endkontrolle und der große Laufrüssel nahm uns auf.

Im Flugzeug fand ich meinen Fensterplatz direkt hinter dem Flügel. Ganz toll, dann sehe ich es, wenn eine Tragfläche abbrechen sollte. Das war für mich ein Trost. Und wenn man erst einmal sitzt, dann können die anderen Passagiere gut beobachtet werden. Ja, das ganze Leben ist ein Theater.

Endlich saßen alle Passagiere in ihrem Anschnallsessel. Der Riesen-Rüssel schwenkte vom Flugzeug ab. Oh, wir rollten! Eine ganze Weile ging es nur rückwärts. Voller „Sorge" schaute ich aus dem Fenster und beobachtete das langsame Rückwärtsmanöver von dem Vogel. Dann ging es aber doch vorwärts. Gemächlich, gleichmäßig in eine Kurve und dann in noch eine und dann blieben wir stehen. –

Da hat bestimmt einer etwas vergessen oder der Kapitän überlegt, wo es langgeht?!

IN DIE LUFT

Gerade stellte ich mir vor, wie es wohl aussehen würde, wenn alle Fensterplatzpassagiere mit langen Bohnenstangen aus dem Fenster den Start erleichtern könnten, ähnlich wie bei den Galeeren ... Da rollte das Flugzeug mit den bestimmt hundert Leuten gemächlich an. Junge, lass gehen, murmelte ich leise. Das hätte ich nicht sagen sollen!

Plötzlich ein aufbrausender Höllenlärm und ein Vibrieren von allem, was fest war, und schon rollten wir im Schweinsgalopp und immer schneller sauste das Rollfeld vorbei, bis die Leute im Cockpit plötzlich mitsamt der Flugzeugnase hochgingen. Im Reitsport ist das gefährlich. Und vor allen Dingen: Der Kapitän soll es um Gottes willen nicht übertreiben mit dem Vollgas. Wir wollen doch noch über das Wasser nach Palma! Dann ist es schlecht, wenn der Sprit knapp wird.

Kann der Kapitän mitbekommen, was ich denke? Denn das Flugzeug wird just in diesem Moment wieder gerade und wirft uns nicht ab. Wunderbar, jetzt fliegen wir mal wieder eine Kurve. Das zeigt mir der Horizont. Hach, ist das alles aufregend!

Da wir kaum Wolken hatten, konnte jeder sehen, wie klein die Welt da unten geworden war. Sie zog nun ganz gemächlich an uns vorbei.

Oder sind wir doch wieder langsamer geworden?

IMPRESSIONEN

Die Anzeigetafeln über den Sitzen brachten neben Tom und Jerry auch technische Werte über Flugdauer, Wetter und Flugzeuggeschwindigkeit. Wir flogen also ganz schön schnell. Hier oben war doch vieles anders. Ich beobachtete die Dinge ganz genau, damit meine Enkel später alles mitbekommen.

Kann auch sein, dass sie schon längst mit Raketen reisen; ohne Tragflächen sind sie ja auch schneller.

Blick zum Fenster: Flügel ist noch dran. Allerdings, die eine Flügelklappe lag nicht ganz dicht an. Hat das etwas zu bedeuten? Wohl nicht, denn wir schwebten gleichmäßig dahin in dem Brummer – und das schon länger.

Mein Sohn neben mir, der mit der Flugangst kämpfte, wollte nicht aus dem Fenster schauen und schloss die Augen bis zu dem Moment, als die beiden Stewardessen mit ihrem Speisegehwagen rückwärts bei uns anhielten: Käse/Wurst? Bei dem Lärm der Motoren gab es nur Stichwortkürzel: Wurst! Das Sandwich, zugeschweißt, schmeckte wie eine liegengebliebene Tapetenrolle. Grausam! Angesichts der ganzen Lage aß ich es doch und lächelte ein „Danke" hinüber. Die Mädchen können ja nichts dafür. Zu trinken nahm ich nichts an, denn ich fürchtete den Gang zum WC. Ich kenn das ja von der Bundesbahn. Kaum dass man sich in das Örtchen hineingeklemmt und die Tür zugedrückt hat, gibt der Toilettendeckel beim Öffnen einen Schlund mit lauten Fahrgeräuschen frei, denn nur eine Klappe trennt einen von der Außenwelt. Das heftige Schlingern des Waggons macht das Niedersitzen in der Enge auch nicht leichter. Nein, das wollte ich im Flugzeug nicht. Aus dem Grunde fahre ich seit mehr als 40 Jahren nicht mehr Bahn. Punkt.

Ach, vielleicht ist es auch etwas übertrieben mit den 40 Jahren.

LANDUNG IN PALMA

Meinen Gedanken nachhängend, die Tragfläche und die Passagiere beobachtend, verging die Zeit doch recht schnell. Plötzlich wurden die Motordüsen leiser. Was ist los? Aha, wir gingen in den Sinkflug zur Landung! Ganz langsam! Ich merkte den Druck in den Ohren. Keiner von den Leuten sprach mehr. Schließlich sah man die Insel, die sich näher und näher heranschob, und friedlich schwebte die Maschine zum Landeplatz und flog immer tiefer. Draußen vergrößerte sich die Landschaft, bis sie vorbeiflitzte und ... „rums" machte es und die Bremsen hoben mich fast aus dem Sitz.

Wir waren da!

PIERA IN PALMA

Die zähe Leuteschlange führte uns zunächst an dem geöffneten Cockpit vorbei, wo die Crew aufmerksam Spalier stand. Herzlich bedankte ich mich für ihre Leistung, übermittelte ihr meine Hochachtung, ersehnte den himmlischen Beistand für das nächste Mal und stieg aus.

Kaum hatte ich das Flugzeug in Palma verlassen, gab es für mich einen neuen Adrenalinschub. Uns empfing eine Hallenräumlichkeit mit hochglanzpolierten Fußbodensteinplatten bis zum weit entfernt gelegenen Ausgang. Meine Ledersohlenpumps dachten, wir bewegten uns auf einer Profitanzfläche. Ich hatte Not, auf den Beinen zu bleiben. Auf dem endlosen Hallenmarsch im Palma-Airport gab es Förderlaufbänder zur Entlastung der Passagiere. Endlich eine sichere Stelle zum Stehen! Doch beim ersten Schritt reißt es meine Füße nach vorn. Denn das Band lief mit spanischem Temperament. Ungewöhnlich schnell! Ich hatte Glück, ich fing mich mit meinen zwei vollgepackten, schweren Taschen und ignorierte das nächste Laufband ganz einfach!

Bei dem Leihwagenbüro gab es Verzögerungen. Der Kautionsbetrag sollte bar hinterlegt werden. Da ich aber so viel nicht im Portemonnaie hatte, bat ich um Geduld, denn ich musste dringend auf das WC. Wo ist ein WC? Hier nicht, dort nicht, aha, in die Richtung. Auf dem WC machte ich mich etwas frei und versuchte hastig, die zugenähte Hosentasche vom Faden zu befreien. Dort schlummerte das Geld. So bekam ich den Autoschlüssel. „Das Auto steht da drüben im anderen Gebäude." – „Okay. Alles klar!" Nach ‚ein bisschen Suchen' fanden wir das Auto vollgetankt wie zugesagt, jedoch mit diversen Beulen. Vorn, hinten, an der Seite! Ein ganz neues Fahrzeug war es. Später zeigte es sich, dass in Spanien ein Auto ein Gebrauchsartikel ist und kein Schmuckstück. Nachher mehr dazu.

Mein Sohn, wegen der Flugangst immer noch etwas sprachlos, fuhr das Auto und ich machte den Kopiloten mit der Landkarte. Wir mussten ca. eine Stunde Autobahn fahren, Richtung Norden. Schon etwas gestresst kamen wir im Ort wohlbehalten an. In der Altstadt!

ERSTE EINDRÜCKE

Auf den Wiesen und Grünflächen standen überall unterschiedlichste Bäume und dazwischen Citruspflanzen mit leuchtenden Apfelsinen und Zitronen und Hecken und Teppiche von unbekannten gelben Blumen. Im Hintergrund säumte eine Bergkette pittoresk das Panorama. Die verstreuten Palmen an jedem Eck und die vielen Mandelbäume mit ihren rosa Blüten rundeten das exotische Bild unmissverständlich ab:

Wir bewegten uns in einer zauberhaften Landschaft. Da wir in der Vorsaison unterwegs waren, gab es wenig Verkehr und wenig Leute auf den Straßen. So lagen auch die meisten Geschäfte noch im Winterschlaf ...

Nun standen wir am späten Nachmittag vor dem gebuchten Hotel mitten in den schmalen Gassen der Altstadt und alles war dunkel im Hotel. Auf unser Klingeln erschien nach längerem Warten eine ältere Frau, ließ uns hinein, prüfte die Reservierung und zeigte uns das Zimmer im zweiten Stock.

Im Reisebüro in Deutschland hatte man uns gesagt: „Gewiss, überall kommen Sie mit Deutsch zurecht." Wie ich indes erfuhr, betrifft das nur ein paar Touristenschwerpunkte mit deutscher Ballung. Hier dominierte als zweite Sprache Englisch.

Jedenfalls zogen wir, mein Sohn und ich, erst einmal los, um die Umgebung bzw. eine Futterstelle zu erkunden. Voller Freude entdeckten wir ein kleines, zauberhaftes Café-Restaurant und probierten die spanische Küche. Die kleinen Happen (Tapas) schmeckten ausgezeichnet und auch der rote Wein flirtete mit unserer Seele. Zu der Rechnung addierte der Wirt bestimmt das Datum und den Stand vom Stromzähler! Nun, mit so etwas muss man rechnen!

Zurück im Hotel stellten wir fest, dass die elektrische Heizung nicht lief und die Betten nur mit einer Art doppeltem Laken als Zudecke ausgestattet waren – und das bei ca. 12 °C und feuchtem Seeklima.

Kein Wunder, dass Chopin sich eine schlimme Lungenschwindsucht in dem ungeheizten Kloster holte, obwohl seine Gefährtin George Sand, Schriftstellerin, ihn begleitete.

GEORGE SAND

Chopin auf Mallorca? Ja, er machte einen Winterurlaub im Jahre 1838/39, gut 100 Jahre vor meinem Geburtstag, auf Mallorca, genauer gesagt im Kloster von Valldemossa, mit seiner Geliebten George Sand, Schriftstellerin und weltgewandte, verheiratete Baronin Dudevant. Diese Madame Aurore Lucile Dupin lief liebend gern in Männerkleidung umher und rauchte Zigarren.

Ihr kränkelnder Liebhaber Frédéric Chopin, sechs Jahre jünger, saß oft hustend und frierend in den ungeheizten Klostermauern, während Madame ausgedehnte Wanderungen im regennassen Bergland unternahm.

In dieser mehr dramatisch als romantisch-idyllisch geprägten Urlaubszeit komponierte derweil Frédéric Chopin neben anderen Stücken das zauberhafte Regentropfen-Prélude.

IBIZA

Was den Gesundheitszustand von Chopin auf Mallorca betrifft: So weit wollten wir es nicht kommen lassen und so packten wir alles, was wir fassen konnten, auf das Bett: Badetücher, Kissen, Tagesjacken und Bekleidung. So hielten wir es nachts einigermaßen aus.

Vor unserer Abreise nach Spanien erreichte uns noch ein heißer Tipp: Ihr müsst unbedingt auch einen Abstecher nach Ibiza machen, empfahl der Spanienkenner.

Aber das Hotel war für eine Woche gebucht, mehr Zeit hatten wir also nicht und so wollte ich erst entscheiden, ob zwei Tage Ibiza oder nicht, wenn wir auf Mallorca waren.

So beratschlagten wir nach Indianersitte. Ich erstellte den möglichen Ablaufplan und es stand fest: Wir verzichten auf die restliche Buchung im Hotel und auf ging's nach Palma. Wagen zurückgeben, Taxi nehmen zur Fähre nach Ibiza. Dort erfuhren wir: Nächste geht morgen früh, 7.00 Uhr. Jetzt brauchten wir noch ein Hotel in der Nähe. Mit dem Taxi kein Problem. Das klappte. Nun hatten wir noch etwas Tageszeit, gingen essen und orderten im Hotel etwas Rotwein und gingen in den Billard-Raum – mal nichts tun, nur herumbaumeln. Nach einer Zeit, die Flasche war schon leichter, kamen drei junge Männer in den Saal und begannen mit uns Kontakt aufzunehmen. Sie alberten herum und machten Späße. René sagte noch zu mir: „Sei vorsichtig, pass auf deine Tasche auf." Da nähert sich nach einer Weile der eine Typ und fragt mich leise auf Englisch: „Willst du Kokain?" – „Nein, danke." Wie von Geisterhand waren alle drei Burschen weg!

FAHRT NACH IBIZA

Als wir das Hotel verließen, buchte ich noch für eine Nacht, bevor wir von Palma nach Deutschland zurückfliegen. Na klar, sofort bezahlen, dachte ich; nur die Quittung nicht verbummeln!

Wir gingen mit unserem Gepäck zu Fuß die Straße hinab, denn das

Hotel lag am Berg und das Wetter war prima. Schließlich blühten jetzt schon alle Mandelbäume! Beizeiten erreichten wir das riesige Fährschiff und wir stiegen ein, wie Ameisen so klein im Verhältnis. Die wunderbare Morgenröte auf dem weiten Meer verkürzte uns die Wartezeit bis zur Abfahrt.

Nur eine Woche Zeit für Mallorca, davon zwei Tage für Ibiza abgeknapst, dazu die notwendige minutiöse Planung des Ablaufes, wer macht das schon? Das können nur Verrückte tun! Ich glaube, das sind wir auch – und manchmal ganz gerne.

Das gleichmäßige Brummen der Motoren des Schiffes erfasste alle Räume und stärkte die Gewissheit, dass es weiterging. Ich schaute mal nicht auf die Menschen um mich herum, sondern auf das Meer:

Außer Wellen ist nichts zu sehen, kommen wir überhaupt voran und was passiert, wenn plötzlich ein großer Strudel auftaucht? Seltsame bange Empfindungen sind es, die dann aber von meinem Vertrauen und meiner Zuversicht in die nautischen Künste wieder beiseitegeschoben wurden.

Nach mehreren Stunden erreichten wir doch Ibiza und gingen an Land, voller Freude, auf festem Grund zu sein, und nun wiederholte sich das bekannte Programm: Mietwagen flottmachen, Hotel suchen, Essen erspähen und die gewünschten Orte ausmachen usw.

AUF IBIZA

Mein Sohn fuhr, wie die ganze Zeit, ich führte Regie und das reichte mir.

Zu allem Übel verstärkte sich seine Erkältung trotz stärkerer Medikation und er fuhr oft genervt, zumal die Straßen mit engen Kurven und Schlaglöchern, so groß und tief wie ein Nachttopf, reichlich garniert waren.

Auch besaßen die seitlichen Straßengräben eine kantige Tiefe, aus der kein Pkw-Reifen alleine herauskommen würde. Das alles war trotz aller Übermüdung doch recht lustig.

Schließlich erreichten wir den gesuchten Ort und trafen die versprochenen Leute aus der Malerei-Branche. Nach zwei Kaffeerunden verließen wir wieder den Ort und waren um eine Erfahrung reicher.

Auf der Rückreise zum Fährhafen nahmen wir eine andere Strecke und erhielten zauberhafte Eindrücke von der Insel, aber auch von der Unerschrockenheit spanischer Serpentinenfahrer. Als wir am nächsten Tag das Auto zurückgeben wollten in Eivissa (Hauptstadt und Hafen), wussten wir, wo das Viertel lag, bekamen aber keinen Zugang durch die vielen Einbahnsträßchen. Wir fuhren mehrmals im großen Kreis herum, bis es mir zu bunt wurde.

So kommen wir nicht zurück zum Autoverleih und tanken müssen wir auch noch! Also erst tanken.

ENDE IBIZA

Bei der Übernahme des Fahrzeugs bestand die Bedingung: Bei Rückgabe muss der Tank halbvoll sein, wie am Anfang! Jetzt merkte ich den Trick. Kein Mensch kann auf die Benzinuhr schauen und gleichzeitig den Tank füllen! Die Folge: Der Tank wird voller als bei Übernahme, wenn nicht sogar ganz voll! Und das ist der zusätzliche Profit der Verleiher.

Danach blieb René mit dem Auto stehen und ich ging zu Fuß in das Viertel und suchte den Verleiher. Mit ihm taperte ich zurück im Gänsemarsch, den schmalen „Bürgersteig" entlang, bis ich den Wagen wiedergefunden hatte. Der Mann stieg ein und lenkte das Auto zu sich in die Halle. Minuten später traf ich dann zu Fuß ein und nach dem Ausgleich wanderten wir beide mit unserem Gepäck zum nahen Hafen.

Wir hatten noch ein paar Stunden Zeit, aber unser Gepäck, Koffer etc., hinderte uns daran, weiter herumzulaufen. So betrachteten wir die vielen Jachten – kleine, große, schöne und noch schönere –, das gluckernde Hafenwasser mit den kleinen Fischen und Krabben und vor allem die Menschen, die vorbeizogen. Die Sonne schien recht angenehm und so verging die Zeit.

Endlich wieder auf der Fähre, erwarteten wir am Spätnachmittag die Ankunft in Palma. Gott sei Dank, das hat geklappt.

TAXI IN PALMA

Wir stehen am Kai in Palma und suchen eine Taxe für unser Hotel. Es dunkelt schon. Da haben wir Glück, eine Taxe öffnet die Türen, wir verstauen gemeinsam die Koffer und steigen ein. Der Taxifahrer fragt auf Spanisch: „Welche Straße? Welches Hotel?" – „Moment", sage ich auf Englisch, „ich habe einen Zettel vom Hotel", und fasse in die eine Tasche, dann in die andere der Jacke, sehe bei den Zentralpapieren nach, nichts. Außerdem ist es schon wahrlich duster mit dem Tageslicht. Ich krame meine Handtasche durch, nichts. Ich krame meine zweite Tasche durch – ah! Schon wieder nichts.

Der Taxifahrer, mehr 60 als 50 Jahre, pumpt sich auf und fängt an zu schimpfen.

Ich deute auf meine Koffer als letzte und sichere Chance. Wir steigen aus und zerren meine Koffer hervor! Ich öffne einen Teil des Reißverschlusses und suche das Hotel-Zettelchen, es muss ja da drinnen sein! Ich weiß nicht den Namen und nicht die Straße, da das ja alles auf dem Zettel steht. Nun wird der Taxifahrer aber richtig fuchtig! „Lieber Gott, hilf in größter Not!", konnte ich nicht zu Ende beten, denn mit einer beschwichtigenden Handbewegung bitte ich den Taxifahrer um ein Stück Papier und was zum Schreiben.

Ruck, zuck zeichne ich ihm einen Lageplan des Hotels mit Straßenführung und einem anderen Taxistand auf und zeige die Himmelsrichtung und dass es steil den Berg hinaufgeht. Alles einpacken und einsteigen und zügig geht die Fahrt voran.

Innerhalb einiger Minuten standen wir vor unserem Hotel! Welch eine Freude! Es ist gut ausgegangen. Ein reichliches Tinkgeld als Blumenstrauß für den Fahrer war Ehrensache.

LETZTE NACHT IN PALMA

Bei der Hotelrezeption meldete ich mich an mit der Bemerkung, dass der Buchungszettel weg sei und ich doch im Voraus bezahlt hätte. Die

Madame fragte nach dem Namen, schlug nach und bestätigte mir meine bezahlte Buchung.

Der verschwundene Zettel werde nicht benötigt, denn alles sei im PC vermerkt. „Hier ist Ihr Schlüssel!" Super! Das sind wahrlich himmlische Momente!

Am nächsten Tag verließen wir das Hotel vor 10.00 Uhr und wanderten den abschüssigen Weg hinunter in das „Flachland" mit breiten Straßen wie bei einer Autobahn üblich. Auf der anderen Straßenseite der Avenue begann auf Kilometerlänge der Jachthafen mit unterschiedlichsten Modellen von imposanten Größen und Ausführungen.

Bis zum späten Nachmittag hatten wir nun Zeit, aber keine Lust, eine Stadtbesichtigung zu veranstalten mit unserem Gepäck und wenig Schlaf. Durch die vielen nötigen und unnötigen abenteuerlichen Erfordernisse waren wir doch ziemlich geschlaucht und beschlossen deshalb, in einem schönen alten Straßencafé die Zeit zu überstehen. Das fanden wir ganz in der Nähe, direkt vor den Füßen. Wunderbar!

Genau an einer Kurve einer Ausfahrt zur Nebenstraße in den bergigen Stadtteil. Der angegliederte kleine Parkplatz für ca. zehn Autos belebte die Kulisse und bot zusätzliche Kurzweil. Von den drei riesigen Palmen lag eine, abgesäbelt und zerteilt, am Rande des Parkplatzes.

CAFÉ IN JACHTHAFEN-NÄHE

Das Café schaute direkt nach Süden, sodass die magere Frühlingssonne unsere Sitzplätze von dem überdachten Eingang doch ganz gut erreichte.

Es war Ende Januar und noch nicht einmal Vorsaison, aber dann kamen doch einige einheimische Gäste und so waren wir nicht mehr die einzigen. Beim genauen Hinsehen zeigte sich, dass dort am rechten Tisch die Gruppe Einheimischer fließend und locker Englisch, Deutsch und Spanisch sprach. Ich glaube, es waren Wahl-Einheimische: Deutsche Jachteigner.

Das Spanische fehlt mir noch, dachte ich und beobachtete verstohlen die flotte Konversation. Ich beneide euch. Aber sicher, ich behalte das im

Auge! Spanisch lernen, ich werde mich darum kümmern. Aber was nutzt mir die Sprachkenntnis, wenn es keine Möglichkeiten der Anwendung gibt?! Was könnte ich tun?

Schon kam der Ober. Eine Roten und für mich ein Wasser. Ich musste an die Kirche denken. Wasser und Wein. Nur, hier gab es keine Wunder; kein Wunder.

Gerade als der Ober beim nächsten Gast nachfragte, hielt ein Pkw gefolgt von einem Streifenwagen mit Blaulicht auf dem kleinen Parkplatz vor unseren Augen. Alle stiegen aus. Die spanischen Autofahrer mussten ihre Hände an das Auto legen, ein Guardia-Locale-Gendarm hielt die beiden in Schach, der andere entfernte den Autoschlüssel aus der Zündung und schob ihn weitab auf das Autodach. Nach Körperkontrolle und Papierausweissichtung fuhren alle wieder davon.

Es war wie im Kino, nur unsere Plätze standen an der frischen Luft.

CAFÉ DIE PALME

Die aufgezwungene Wartezeit bis zum Erreichen des Aeropuertos hatte wahrlich auch eine sehr gute Seite: Nach der Hast und Aufregung der letzten Tage gab es nun eine Zwangspause zum Verschnaufen! Im Moment nicht besonders angenehm, aber sinnvoll.

Die Palmen sind schon immer für mich bemerkenswerte Wesen, die ich wieder und immer wieder anschauen kann. Der relativ dünne Stamm und dann die Höhe mit der Palmwedel-Krone. Und alles hält dem Sturm stand. Das zeigen auch die TV-Berichte von Miami Beach, USA oder anderswo, wo mal wieder ein „kleiner" Orkan alles verwüstet. Die Palmen bleiben meist stehen, aber Häuser, Autos, Boote fliegen durch die Luft. Das muss an der Faserstruktur der Palme liegen. Da drüben hat die Kommune eine Palme abgesägt. Schade, denke ich. Was mag der Grund sein? Was machen sie mit den Stammstücken? Die Wedel sind schon abgeholt. Wenn dort gesägt worden ist, so gibt es auch Schnipsel. Ja, Schnipsel! Das interessiert mich. Also, die zwanzig Meter gehe ich hin zu der Sägestelle und finde Stückchen von dem Palmenstamm. Ein fingerlanges Holz nehme ich auf und gehe zurück auf meinen Platz im Café. Jetzt betrachte ich intensiv das Stückchen Palme und stelle fest: Das ganze Holz besteht aus einer lockeren Faserstruktur, das heißt: Hier kann Wasser gespeichert werden. So ist der ganze Palmenstamm ein riesiger Wasserturm, ausreichend für die Dürrezeit im Sommer.

AUF ZUM AEROPUERTO

Und noch etwas Neues für mich nach genauer Betrachtung. Alle Längsfasern werden in regelmäßigen Abständen mit Querfasern verstärkt und zwar nach dem Prinzip des „aussteifenden Dreiecks"! Gut zu sehen bei Strom- und Antennenmasten. Die im Winkel angebrachten Stäbe erhalten durch eine Diagonal-Verbindung mit den Endstücken eine enorme Stabilität. Die Natur ist doch der beste Bau- und Lehrmeister!

Jeder Blätterbaum würde erst gar nicht die halbe Länge einer Palme erreichen bei diesem Minimaldurchmesser eines Palmenstammes. Er würde beizeiten abbrechen. Eine Palme aber nicht.

So ging die Zeit dahin. Als ich den netten Ober fragte, von wo man eine Taxe zum Flughafen bekommen könne, erhielt ich den Tipp: Taxis von hier aus fahren nicht zum Flughafen. Hier kommt regelmäßig ein Bus mit der No. 77 vorbei. Dort auf der anderen Seite der Straße fährt er in einer halben Stunde ab. Oha! Wieder mal haben wir Glück gehabt. Der Ober ist wirklich obernett!

So brachen wir auf und überquerten die breite Avenue zur Bushaltestelle. Der Bus kam. „Aeropuerto?" – „Si." Alles klar. Nun standen wir im Bus und das Schicksal beförderte uns in die nächste Etappe. Es ging durch Palma; noch nie gesehen. Diese hohen Häuserzeilen! Und wieder um die Ecke. Mit interessiertem Blick und banger Erwartung pulsierten wir von einer Haltestelle zur nächsten. Kein Flughafen! Haben wir ihn verpasst? Gerade als der Nervenstandszeiger auf Reserve rutschte und ich wieder mal anfing zu beten, sah ich ganz hinten die Aufschrift „Aeropuerto".

Für mich stand jetzt Weihnachten vor der Tür. So groß war die Freude. Dann hielt der Bus und viele Leute stiegen mit uns aus. Ein herzliches

Danke an den Busfahrer, der uns so gut und sicher zu den Flugzeugen gefahren hatte, war gerechtfertigt. Jawohl!

Mit unseren Koffern (wer nimmt für eine Woche Spanien überhaupt einen großen Koffer mit?) schleppten wir uns in das Flughafengebäude und in Richtung Flugsteig. Das Gebäude ist so lang, dass mindestens zwanzig Minuten Gehstrecke normal sind. Aber immerhin, die nächste Etappe hatten wir glücklich, aber gestresst erreicht. Der genaue Flugsteig wird meist erst ca. 30 Minuten vor Boarding-Time an einer Lauftafel bekanntgegeben. Wir hatten genügend Zeit und warteten ungeduldig, geduldig.

Mein Sohn war wieder äußerst gesprächsarm, da ihm die Flugangst schon zu schaffen machte.

BOARDING-TIME

„In letzter Zeit sind so viele Menschen durch einen Flugzeugabsturz ums Leben gekommen", begann er. „Gewiss", zirpte ich überzeugt, „und was passiert täglich auf der Straße? Die vielen Unfälle. Hast du etwa deshalb Angst, Auto zu fahren? – Nein! Also. Ich gebe ja zu, dass es ein Unterschied ist, ob man bei einer Bodenhöhe von 10 000 Fuß oder bei 60 cm eine Panne hat. Aber die Flugmaschinen werden auch sehr gut gewartet. Davon kann man ausgehen. Immerhin ist das ein kleiner Trost, nicht wahr?"

Ob das ein tröstendes Wort war? Keine Ahnung! Aber ich hatte es ihm wenigstes gesagt und das war schon mal ein Trost für mich. Nun hatte das Warten ein Ende und alle Fluggäste standen dicht an dicht vor der Einlassschleuse wie eine Hammelherde zum Wolle-Scheren oder die Kühe zum Melken. Es war Boarding-Time!

Am Ende des Rüsselganges angekommen fasste ich erst einmal den Türrahmen des Rumpfes ganz kurz an wie eine heiße Bratpfanne, um mich physisch zu überzeugen, wie stabil die Außenhaut des Flugzeugs wohl sein möge. So erreichten wir Schritt für Schritt unsere Gattersitze. Weshalb brauchen die Leute so viel Zeit, um voranzuschreiten? Hätten sie noch angefangen, fromm zu singen, so wäre das eine respektable Prozession geworden!

Als wir saßen, dachte ich: wieder eine neue Etappe, ein neuer Abschnitt. Erst liefert man sich dem Schiff aus, dann dem Taxi, dann dem Hotel, dann dem Café, dem Bus und nun dem Flugzeug.

HEIMFLUG

Jetzt sitze ich also ganz passiv im Flugzeugrumpf und es gibt kein Entkommen. Ich bin der Crew und der Maschine ausgeliefert und das heißt auch: Ich brauche nichts zu machen. Es wird gemacht! Das kann auch sehr angenehm und erholsam sein, wenn man, Vertrauen vorausgesetzt, zwischendurch mal nichts tun muss, man lässt geschehen.

Während dieser Gedanken rollte unser Flugzeug auf die eigentliche Startbahn. Ein tolles Gefühl von Erwartung. Schon setzt das Höllengebrüll der Düsen ein. Es geht los, immer schneller, nun hebt sich die Maschine vorne hoch, es geht mit Gebraus in den Himmel. Aber bitte nur ein Stückchen, denn wir sind noch keine Engel!

Das alles sind für mich ungewohnte Manöver, die auf der Erde nicht zu erleben sind. Fantastisch, eine neue Art der Bewegung. Obwohl es schon mein zweiter Flug ist, empfinde ich die Vorgänge doch sensationell und außerirdisch. Wenn ich mir vorstelle, ich müsste im Lift einen Wolkenkratzer hochfahren, dann wird mir schon jetzt ganz elend. Das möchte ich nicht. Woran kann es liegen, dass ich diese Furcht im Flugzeug nicht bekomme, obwohl wir um ein Vielfaches höher reisen?

Später werde ich darüber nachdenken.

Die ersten zwei Flugstunden vergingen an Bord recht schnell, wogegen die letzten dreißig Minuten mir lang vorkamen. Wir flogen nun langsamer und immer niedriger. Die Turbinen schnurrten nicht mehr so laut und die TV-Tafel über unseren Köpfen gab die neuesten Werte durch: Entfernung, Geschwindigkeit, Flughöhe und Ankunft etc. Der Druck in meinen Ohren nahm unangenehm zu. Aha, die eustachische Röhre (ich glaube, das ist der Luftkanal zwischen Stirnhöhle und Ohren) ist zu. Ich probierte mit zugehaltener Nase Luftdruck zu entwickeln, bis es in den Ohren knackte. Nach einigen Versuchen gelang es und die Ohrenschmerzen verschwanden durch den Druckausgleich.

Schon kamen wir der Erde näher und landeten in eleganter Manier. Innerhalb von ein paar Stunden von einer Welt in die andere einzutauchen, das ist immer gewaltig!

An dem Gepäckkarussell stehen die Reisenden nun wie an einem Fischteich die Krokodile. Die Gepäckstücke, meist markant gekennzeichnet durch große farbige Bandagen in Form von Schärpen oder Gurten, fahren gemächlich ihre Runden, bis der Besitzer sie vom Band schnappt.

Unser Auto nimmt uns dann geduldig auf und es geht heimwärts. Diese Reise ist zu Ende und die Koffer werden ausgepackt.

AUSSTELLUNG UND ZWEITE REISE NACH SPANIEN

Neben anderen Arbeiten behielt ich die Vorbereitungen für meine Bilderausstellung im Rathaus der hiesigen Stadt und gleichzeitig für das benachbarte Museum im Auge.

Natürlich bereitet ein solches Vorhaben viel Arbeit, zumal ich errechnete, dass 94 Arbeiten zu zeigen wären. Aber es ging und vor allen Dingen: Die Zusammenarbeit mit der Stadt geschah reibungslos und harmonisch.

Gleichzeitig musste der kommende Spanien-Mal-Aufenthalt organisiert werden. Was nehme ich mit, wie verpacke ich es? Ich kam mir manchmal wie eine Spinne vor, die ihre Beute umwickelt, denn die vielen Pakete mit Bilderrahmen, Spannrahmen, Staffelei, Stuhl, Werkzeug usw. sollten alle strapazierfähig verpackt und nummeriert bereitet werden. Nur mein Auto brauchte ich nicht einzupacken und zu bandagieren, aber viele weiche und empfindliche Artikel sollten dort Platz finden. So war viel zu planen, zu kombinieren und zu werkeln. Doch jetzt stand erst einmal die zweite Kurzreise an. Die Vorbesichtigung in Spanien zur Appartement-Suche war gebucht. September 2014, einen Monat lang. Auch das wollte geregelt sein. So verging ein Monat nach dem anderen und nun war es so weit.

Meine Taschen, vollgestopft wie der Koffer auch, gingen gut in den Wagen von meinem Sohn, der mich zum Flughafen chauffierte. Mein Gepäck bereitete mir unterwegs doch Sorgen, ob es nicht zu schwer sein würde.

Das angegebene Limit von Koffer max. 20 kg, Tasche max. 6 kg war erreicht?

ICH KOMME – ZWEITE REISE

Das erste Mal ganz allein im Flughafengebäude und die Erwartung der dritten Passage, um in das Flugzeug zu steigen, empfand ich schon als etwas ungemütlich mit einem Schuss Erhabenheit zum Trost. So etwas zu wagen, ähnlich wie bei einem neuen Cocktail, den man riskiert, das war schon etwas für mich.

Als alle Passagiere endlich angeschnallt dasaßen und der Laufrüssel vom Flugkörper wegschwenkte, wurde es wieder ernst. Es gab wieder kein Entrinnen. Souverän zirkelte der Flugkörper auf die Startbahn, um nach einem Moment des Innehaltens mit Donnerhall zu beschleunigen.

Die Diskrepanz der enormen freigesetzten Kräfte von Mensch und Maschine beeindruckte mich wieder so sehr, dass ich still sitzend dachte: Ich brauche nichts zu tun als zu atmen und die Motoren arbeiten im Moment bis zur Grenze ihrer Möglichkeiten, dank der Meisterleistung der Ingenieure! Und alles funktioniert.

Wenn das Cockpit in Schrägstellung nach oben hebt, fliegen wir immer höher und weit weg von der irdischen Schwerkraft und müssten eigentlich leichter werden. Und schon wiegt sich der Rumpf durch die Wolken, um dann in die horizontale Flugposition zu schwenken. Manche Reisende lesen oder basteln an ihrem I-Pad oder Smartphone.

Merken Sie etwas? Der Flug verging so schnell und mit Spannung erwartete ich die nächsten Stationen.

ZWEITE ANKUNFT IN SPANIEN

Heil gelandet, strebte die Prozession der Gepäckausgabe entgegen, nach dem respektablen Hallenmarsch.

Meinen Mietwagen erhielt ich problemlos und so konnte der Start am Mittag bei schönem Wetter mit einem schönen Auto schön beginnen. Eine gute Stunde brauchte ich schon bis in den Norden der Insel, denn schließlich sind wir kein Flugzeug.

Nach der Ankunft und dem üblichen Ritus schaute ich mich zunächst im Zimmer und dann in der Nachbarschaft um.

„Mein" imposantes ehrwürdiges Hotel im Zentrum der Altstadt hatte so gut wie alles, bis auf ein warmes Bett. Die Zudecken bestanden aus etwas dickerem Laken. So legte ich alles Greifbare auf das Bett für die Nacht: Badetücher und meine Tagesgarderobe und ein Kopfkissen und meine beiden Taschen mit Fotoapparat und anderem Gedöns.

Die Heizung lief computergesteuert, aber meist nur eine Stunde am Nachmittag. So ist es sicher, dass man bei ca. 13 °C im Hotelzimmer ganz schön frisch bleibt. Die Belüftungsanlage von dem Bad aus funktionierte wunderbar geräuschvoll, automatisch, mit Kaltluft meistens abends, nachts, am Morgen und auch mal 24 Stunden. Gesteuert wurde sie nach unbekanntem Plan von Geisterhand. Einen Ein- und Ausschalter gab es, aber ohne Wirkung; warmes Wasser am Morgen von 8.00 bis 9.00 Uhr.

Wenn man sich an alles gewöhnen würde, könnte man ganz glücklich sein.

Jedes Mal, wenn ein Auto durch die Häuserschlucht fuhr, gab es zwei enorme Hammerschläge, die man noch im Sessel sitzend als Erschütterung wahrnahm. Der krumme Kanaldeckel mit seinem überlauten „Klick-klack" könnte auch als Wahrzeichen des Hotels fungieren.

HOTEL GAUDI

Der Chef des Hauses Gaudi, in der Reife der späten Jahre, agierte wie ein Seehund im Eismeer. Selten zu sehen, aber wenn, dann mit voller Wucht.

Alle wichtigen Ecken wurden im Speisesalon, auch mal am Abend mit uns Gästen, sehr geräuschvoll gerichtet.

Eine klemmende verglaste Holztür wollte beim ersten Mal nicht dahin, wo sie hinsollte. Mit strengem Schwung, zum zweiten Male, gab es einen rauen Knall. Die Tür war zu. Mir wäre fast der Löffel aus der Hand gefallen!

Aber sonst wurden wir bestens bedient. Beim Vorbeigehen wollte ich es wissen: Der Patron bestätigte meine Frage, ob er Englisch spreche, mit „Si". Ermuntert erkundigte ich mich anschließend nach einer anderen Angelegenheit. „Yes, I know", begann er und sprach hintereinander und fließend. Nun gut, dachte ich, ich warte einen Moment, bis sein Spanisch erst einmal gesagt ist. Dann hielt er inne und schaute mich an. Die Antwort war heraus. Aber ich hatte nichts verstanden! Sein spanischer Akzent durchtriefte das englisch Gesprochene im Klang und Rhythmus derart, dass ich fest glaubte, es sei Spanisch! Das war eine echte Überraschung.

An einem frühen Morgen auf dem Weg zum Speiseraum entdeckte ich einen dicken Käfer mit langen Fühlern, der hilflos auf dem Rücken lag und zappelte; es war eine Kakerlake. Mit einem Tempo bedeckte ich das Wesen und beendete das Manöver mit der Schuhspitze. Die herbeigerufene Bedienung erklärte mir, ach, das sei so schlimm und sie seien überall. Aber es gebe einen Trost. Regelmäßig erscheine ein Kammerjäger und puste Spezialstaub in alle Winkel der Küche (!) und dann sei eine Weile Ruhe. – Das sind doch prima Aussichten!

Muchas gracias!

HOTEL – ENDE

Der Ober, so gut fünfzig, besaß absolute Weltklasse. Elegant und gewandt wie bei einer Kür im Eispalast umkurvte er die vielleicht zehn Tische, um Bestellungen aufzunehmen oder die gewünschten Köstlichkeiten heranzubalancieren. Reichten zur Verständigung die spanischen, britischen oder französischen Worte nicht, so polsterte der Maître gekonnt die Lücken der Gäste mit charmanter Gestik und Geduld.

Gedeckt wurde in perfekter Manier. Gläser, Gabel, Messer, Löffel, das Menü, alles schwebte aus seiner Hand mit einer Leichtigkeit ein und landete punktgenau und ohne nötige Korrektur auf dem Tisch. Jeder musste einfach vom Maître Leonardo begeistert sein.

Jeden Freitagabend erschien im Salon ein sympathischer schwarzer Mann aus Kuba mit seinem Tenorsaxofon und spielte etwas Jazz. Toll, sage ich! Zum Ölen seiner Lippen nahm er zwischendurch einen Schluck Roten. War die Flasche leer, beendete er die Show und ging. Er sah wirklich gut aus. Sein weißer Monatsbart unterstrich seine Figur, seinen Typus und nährte den Wunsch, er möge nächsten Freitag wieder da sein.

An diesen Tagen der Orientierung sprach ich mit vielen Leuten, las Zeitungen und machte Besuche, bis ich ein interessantes Appartement gefunden hatte. Die vier Wochen gingen schnell zu Ende und ich flog zurück, um auch den Frühjahrsstart nach Spanien vorzubereiten.

Während der Wartezeit im Aeropuerto sah ich auf der Rollbahn zum ersten Mal ein langgestrecktes Flugzeug. Ist das etwa ein typisches Langstreckenmodell?

DRITTE ANKUNFT IN SPANIEN

Nun war es so weit. Die Wochen der Planung und des Packens waren zu Ende. Und mir reichte es auch. Die Spedition kam und ruck, zuck waren mehr als vierzig Kartons, Pakete und mein rotes Auto verladen.

Ein paar Tage später war ich das Frachtgut. Mein Sohn brachte mich zum Flughafen und Piera, fein gemacht, begab sich beizeiten zum Check-in. Meinen femininen Zusatzausweis legte ich bei den Kontrollen vor, alles klappte.

Diesmal war ich natürlich mit einer besonderen Mischung aus Freude, Lampenfieber, Erwartung und angespannter Aufmerksamkeit schon ein bisschen mehr aufgeregt. Durchhalten! dachte ich. Durchhalten!

So vertraute ich mich den hilfreichen Menschen an und wir flogen alle zusammen in das Land der Apfelsinen. Toller Flug, alles gut. Dank der Crew. „Adios!"

Dieses Mal kamen wir im Dunkeln an. Das Wetter benahm sich unauffällig mild und schon befand ich mich am Büroschalter für den Leihwagen am Aeropuerto in Palma. Als ich am Auto ankam, vermisste ich mein Mobiltelefon. Ich hatte selbiges bestimmt am Tresen von Car-Rent zu lange unbeaufsichtigt gelassen. Es war weg. Mittlerweile ging die Uhr auf 11.00 und ich musste noch eine gute Stunde, an Palma vorbei, auf die Autobahn in den Norden. Ich kam mir jetzt doch sehr alleine vor.

Dunkle Nacht, fremdes Auto, kein Telefon und weit weg von zu Haus, etwas kaputt.

DIE TASCHENLAMPE

Manch andere Gedanken und Sprüche pendelten in meinem Hirn. „Du Mensch, jetzt bist ‚a Freier', sprach der Bayer".

Es wird toll! Piera! Piera! Piera!

Und was sagte vorhin die spanische Kontroll-Lady? Genau: „Sie haben aber einen schönen Vornamen. Piera, der Name ist charmant!" Und das in gutem Englisch. Wo hat sie es gelernt?! – Klasse – ist das jetzt ein Trost? Nein, ist es nicht!

Ich fahre jetzt mit dem Auto über eine Stunde und bin bald da. Nun erreiche ich den Ort und finde auch die Straße, Ja, dort ist es. Nachdem ich die Haustür aufgeschlossen hatte, wollte ich das Licht einschalten. Nichts war da außer einer verschlossenen Metallklappe in der Wand. Mein Telefon, als Leuchtkäfer, war weg. Kein Feuerzeug oder eine Taschenlampe. Mitternacht ist gerade vorbei. Kein Passant, um Gottes willen, nicht. Es war auch niemand da ... ach, genau, ich fahre zur Polizei wegen einer Taschenlampe. Da komme ich in das hell erleuchtete Gebäude und der spanische Polizist stammelt: „Compañero Inglés!" Na super! Der Gerufene kommt hinzu und ich erkläre meine Situation. Eine Lampe hat er nicht für mich, aber einen Vorschlag. Wir fahren mit zwei Fahrzeugen zur Wohnung! Die Polícia fährt gemütlich voraus. Angekommen, schließe ich auf und schon hat er mit seiner Taschenlampe alles im Blick und betätigt den Lichtschalter. Die Wohnung ist beleuchtet. Muchas gracias!

Am zweiten Tag laufe ich zum Polizeidienstgebäude und bedanke mich mit einem Konfekt. Ja, das muss sein.

ERSTE TAGE

Hundemüde kroch ich in meinen Schlafsack, die Augen fielen von alleine zu.

Am nächsten Tag begab ich mich dick angezogen auf Erkundungstour zu Fuß in der kalten Frühlingsluft. Bald wurden die Tage länger und wärmer und so konnte ich leichtere Sachen tragen. Stets stellte ich mich mit meinem Vornamen vor, genauso wie die Einheimischen auch. Ich gab auch acht, keine gesellschaftlichen Fehler zu begehen. Möglichkeiten dazu gibt es genug.

Die Regentage schienen vorüber zu sein und wir hatten dann reinstes Blusenwetter. Nun war es wieder einmal Zeit zum Einkauf. Nur mit leichtem Oberteil, Jäckchen und langer Hose und Pumps zog ich los, zu Fuß. Unterwegs kam ich an einer älteren Britin vorbei. Sie putzte gerade ihre Haustür, sah mich und wünschte mir auf Englisch ganz freundlich „Guten Morgen". Das fand ich toll, angeregt „flötete" ich zurück. Sicherlich dachte sie, dass ich auch aus UK käme. Öfters werde ich auch gefragt: Aus England? Aus Niederlande? Aus Schweden? – So läuft das Leben weiter, die Tage verrinnen ...

Frei laufen, in absolut femininer Weise, das erfordert schon ein Umdenken und kostet Kraft, weil ich noch auf vieles achten muss, was im alten Sektor automatisch ablief.

Die jetzt erlebte Möglichkeit, mich als Frau pausenlos ganz ungezwungen bewegen zu können, vermittelte mir ein besonders wohliges Freiheitsempfinden.

DAS FLIEDERROTE

Das bewusste Freimachen von gewohnten Denkmustern gelang mir von Tag zu Tag besser. Auch der Umgang mit der Kleiderwahl normalisierte sich. Was passt zusammen, ist es zu kalt oder nicht? Die üblichen Fragen halt.

Das Wetter hielt sich, viel Sonne, ganz milde Luft und leichter Wind! So holte ich mein ärmelloses Hängerchen hervor und marschierte um den nächsten Häuserblock damit. Das war nach langer, langer Zeit der erste Probegang. Nur Mut, dachte ich; und kein Mensch drehte sich um! Fantastisch! Nach ein paar Tagen der Übung versuchte ich die Einkaufstour mit meinem fliederroten Chiffonkleid, ohne lange Hose, nur mit einem leichten Anstandsjäckchen in Grau darüber wippte ich zum Supermarkt.

Oha! Unterwegs: Der Wind spielte mit dem Kleidersaum. Es war wie im Film. Steht mir dieses Kleid überhaupt? Am Zebrastreifen blieben mehr Autos stehen als sonst. Natürlich dankte ich den Autofahrern artig und sie bestätigen meine Geste. Nach dem Einkauf auf dem langen Heimweg parallel zu einer Durchgangsstraße kam wieder einmal eine Radrenn- oder eine Rennrad-Armada mit über zwanzig Personen angefahren. Mehrere Männer rissen die Arme hoch und jubelten mir mit Ausgelassenheit etwas Nettes zu. Diese „Bagger"-Leute waren vielleicht in Stimmung!

Und ich war überrascht und erstaunt … in meinem neuen Sommerkleid. Bepackt mit Obst und Gemüse kam ich beglückt wieder zu Hause an. Gar nicht schlecht, fantastisch! Dieser Tag, mit „Sommerwind und Seidenbluse", avancierte zu Recht zu einem Festtag.

AROMA-TERRASSE

Zwischendurch, an den Sonnentagen, stellte ich regelmäßig meinen Stuhl mit einer Decke zum Sitzen (und für die Rücklehne) auf die Terrasse und sonnte mich, nur mit BH und Slip, ein Stündlein. Farbe muss her.

Ab und zu schaute dann die Nachbarin vom ersten Stock herüber und wir plauschten angeregt. Meine Terrasse lag ja neben den Nachbarterrassen, nur durch Mauern getrennt. Vor allem am Wochenende erhielt ich regelmäßig nasale Festlichkeiten aus der spanischen Küche! Es klingt vielleicht übertrieben, aber es war so. Fischgerichte, Kalmar- und Austern-Wölkchen, köstliche Düfte und Aromen von Hammelbraten, Hühnervögeln, Suppen und warmen Saucen waberten über die Mauern und spielten förmlich ein Orgelkonzert auf meinen Geschmacksknospen.

Doch einmal war von alldem nichts zu schnuppern. Ich vermute, der Koch hat gewiss gerade das junge Zimmermädchen vernascht. Der Braten war komplett angebrannt und der Geruch dominierte die ganzen Nachbarschaftsnasen über lange Zeit! So spielt das Leben!

Man könnte das Debakel auch so benennen: die Rache der Pfanne!

SERVICE DER KOMMUNE

Mitten in der Nacht kam die Müllabfuhr. Man konnte sie gut hören, weil alles andere recht ruhig war. Die großen ca. 40-Liter-Plastikeimer mit Küchenabfall und Essensresten stehen meist ab Mittag oder eher vor dem Haus in der Sonne. Wegen der eventuellen Geruchskumulierung lässt man wahrscheinlich die Deckel weg, vermute ich, und so kann der Dampf abziehen. Viele Eimer sind auch schon umgefallen, weil meist Katzen auf den Rand springen. Das herausquellende Gedärm, oft mit Sauce, verteilt sich. Manchmal gibt es Wind und dann liegt alles nicht so auf einem Haufen. Das alles macht nichts, da am Tage ein einziger Kehr- und Reinigungstrupp eifrig unterwegs ist in der Altstadt.

Manchmal sieht man Schüsselchen mit Hundefutter an der Hauswand oder anderen Stellen, wo ein ganzes Menü samt Knochen und Papier auf dem Bürgersteig in der Sonne aufgewärmt wird. Die halb verhungerten, verwilderten Katzen holen sich dann ihren Schmaus.

Wunderbar, dass es für die vielen Autos eine tolle Parkregelung gibt. Jeden Monat wird gewechselt. Das heißt: 30 Tage darf in den Einbahnstraßen nur rechts und nächsten Monat nur links geparkt werden. Das begünstigt den Straßenreinigungsablauf. Der Kehrwagen, groß wie ein kleiner Pkw, mit Ein-Mann-Besatzung bürstet sich mit lautem Getöse an der freien Fahrbahnseite nach vorn. Sein Adjutant geht zu Fuß voran auf der anderen Straßenseite, auf dem meist Ein-Mann-„Bürgersteig", sofern einer da ist. Er pustet mit dem Rüssel einer Gebläse-Maschinerie auf seinem Rücken die Häuserecken, Rinnsteine und Parkautobäuche frei und die auftanzenden Fundstücke dem Saugwagen entgegen. Dieser Mann erinnert mich an einen Kontrabassisten aus einer Blaskapelle, nur dass er mit unruhigem Gehabe eine riesige Staubwolke vor sich herwölbt, mit Höllengetöse. Das überlaute Sausen und Brausen ist wunderbar und nützlich, denn man kann schon von Weitem hören, dass etwas auf einen zukommt. So fällt die Wahl nicht schwer. Mit dem Auto flüchten oder umgehend alle Fenster und Türen schließen und im Haus abwarten, bis der Spuk vorbei ist.

Dadurch, dass ich endlich ein Appartement (mit Terrasse am nördlichen Rand der Altstadt) bezogen hatte, lernte ich auch den Plastik- und Glasservice zu schätzen. Einmal pro Woche kommt das Kleinwagen-Lkw-Modell für Kunststoff und dann das Spezialauto für Flaschen.

Die vielen leichten Tüten mit den leeren Plastikflaschen und Ballons für Wasser werden überall an den Fassaden der Häuser aufgehängt und das schmückt! Da weiß ich: Heute ist Plastiktag! Der Flaschenspezial-Lkw dagegen muss ein Bruder vom Kehrwagen sein, nur dass dieser mit ca. fünf bis sechs Männern unterwegs ist. Man hört ihn, obwohl er noch nicht zu sehen ist. In Spanien wird neben Wasser auch viel Wein getrunken und so stehen Kartons voll mit leeren Flaschen zur Abholung an fast jeder Tür. Der nach dem Ausschütten folgende Aufprall der Rundgläser erzeugt einen helltönenden Klangakkord, der zum wahren Hörerlebnis werden kann, nicht nur für einen Perkussionisten. „Antonio, hol die Flaschen auch von der Terrasse, date prisa, mach schnell, der Wagen kommt." Und dann ist der Zauber vorbei. Bevor der Papier- und Kartonstampfwagen am nächsten Tag die aufgestapelten Schachteln und Pappen hineinquetscht, ist manch ein Berg noch größer geworden. Wo kommt das ganze Zeug bloß her?

SPANISCHE KNÖDEL

Ach ja, ein Mann mit einer Spezialausgabe von einem „Eiswagen" sei noch genannt: Er läuft mit diesem Wägelchen und einer Stab-Kehrschaufel, die unten gewinkelt ist, die Bürgersteige ab. Ich nenn ihn mal den Knödelsammler.

Dieser bedauernswerte Mensch wandert einsam an den Häusern entlang. Einen anderen sah ich die ganzen sechs Monate nicht. Die Welt ist ungerecht. Einer gegen so viele!

Die meisten Hunde dort sind nicht groß, aber zahlreich. Am Stadtrand gibt es einen riesigen Parkplatz, Gott sei Dank ohne Parkuhr, ca. 50 × 150 Meter, mit Schotter und großen, tiefen Schlaglöchern. Das Kuriose ist, dass dieser Platz als öffentliche Hunde-Entladestation benutzt wird. Als Fußgänger in den Straßenvierteln ist es sowieso ratsam, mehr hinzuschauen, wohin man den Fuß setzt, als auf die Umgebung. Ich denke, der Knödel-Mann weiß, dass ihm vielfach das Leben erleichtert wird durch die Gegenwart des natürlichen Automatismus! Wird ein Knödel frisch gesetzt, kann es gut sein, dass er in kürzester Zeit von allein verschwunden ist: Ein Bürger oder Tourist tritt ahnungslos darauf, stempelt den Weg und trägt den Rest am Schuh ins Auto und dann weiter. Der nächste aufmerksame Passant erkennt sofort, in welche Richtung der Flüchtende entschwand.

Auf dem großen Parkplatz ist alles ganz anders. Die Knödel besitzen oft das Format der Schottersteine und somit gibt es eine gute Tarnung. In der glühenden Sonne backen sie zu Stein-Verwandten heran und werden beim Betreten gefahrlos gebröselt. Gibt es mal ein Gewitter oder ordentliche Regenwolken, so gießt es schon mal, aber nicht zu knapp, und alle Brösel sind aufgelöst und verschwunden.

Dafür überrascht der Platz mit vielen kleinen Seen mit frischem Sud. Wenn man Glück hat, fährt ein anderer Autofahrer mit Temperament über den Platz mit den gefluteten Schlaglöchern und dann noch eine Ehrenrunde und dicht an parkenden Autos vorbei und die Fontänen klatschen hernieder. Das ist echte Lebensfreude und schließlich bewege ich mich im Land der Toreros!

Auf meiner täglichen Einkauf-trimm-dich-Strecke zu Fuß zum Supermarkt muss ich ein Teilstück der Straße überwinden, wo viel Verkehr herrscht, aber es keinen Bürgersteig gibt. So ist es täglich eine Freude, wenn man heil ankommt. An diesem gefährlichen Abschnitt, dort wächst ja eine Platanenallee in der Kurve, hatte es eine Ratte erwischt! Ich musste dann täglich daran vorbei und lief einen Bogen.

Auf der anderen Partie der Straße, wenn die Kurve vorbei ist, sieht man die Containerreihe für jeden Abfall und Recycling. Dort brachte ich auch meinen täglichen Müll unter. Wie ich später feststellte, entpuppte er sich als ein reger Kommunikationsplatz. Auch Sachen wie Sessel, Stühle, Flohmarktsachen standen mal da und auf meinen Rückweg vom Einkauf war alles weg. Zwei Tage später, ich war zeitig für den Einkauf unterwegs, musste ich wieder an der toten Ratte vorbei und es saßen Fliegen statt Ameisen darauf. Igitt. Und mein Bogen darum vergrößerte sich.

Als ich an den Containern meine Mülltüten loswurde, sah ich an einem Behälter zwei Einkaufstaschen mit Büchern darin.

Ein 24-bändiges Lexikon in Spanisch aus den Achtzigerjahren; sauber, gut erhalten! O großer Gott! Danke!

IMMER AN DER RATTE LANG

Soll ich das mitnehmen? Na klar! Also in jede Hand eine Tasche und den Weg zurück in die Wohnung!

Unterwegs wechselte ich öfters die Taschen, denn eine war aus Plastik und striemte besonders meine Finger. Ich habe geschleppt und gelitten! Literatur kann sehr schwer sein. Nach einer kurzen Pause in meiner Wohnung begab ich mich zum zweiten Mal auf den Weg zum Einkaufen und wieder an der Ratte vorbei. Nun war sie geplättet von irgendeinem Auto. Ich rieb mir meine vom Bücherschleppen geschundenen Hände und dachte: Ich könnte mir jetzt auch die Hände reiben vor Freude und Erwartung über die himmlische Büchergabe.

Schnell kehrte ich vom Einkauf zurück, machte mich frisch nach dem Saunagang, zog mir ein anderes Kleid an und packte alle 24 Bände mit Goldrand auf den Tisch. Es war tatsächlich wieder einmal Weihnachten, und heute auch noch Ostern.

Nach stichprobenartigem Blättern räumte ich die meisten wieder in die Tüten, denn ich brauchte den Platz ja für meine Malerei und freute mich über diesen Fund. Die Bücher lagen da und Tag für Tag ging ich an ihnen vorbei und ich fing an zu grübeln: Soll ich sie mit nach Deutschland nehmen, habe ich genügend Zeit? Was mache ich? Schweren Herzens packte ich sie wieder ein und schleppte sie bis zum Auto und fuhr sie zu dem Containerplatz zurück und ließ sie wieder frei.

Auf dem Rückweg vom Supermarkt waren die Bücher verschwunden!

BAUMGESCHOSS

Die Terrassenbäume: Avocado. Mit drei großen Citrusbäumen und einem Avocadogewächs bis zum zweiten Stockwerk hoch war die Terrasse gut bestückt. Der Stamm besaß unten den Durchmesser eines mittleren Kochtopfes mit schräg nach unten zeigenden Ästen. Solch eine Baumkonstruktion hatte ich noch nie gesehen und so untersuchte ich diesen wundersamen Vertreter der Großgewächse im Detail. Die Äste mit den großen, gerundeten Blättern müssen so im Bogen herunterwachsen, da sie eine ganze Menge schwerer Früchte tragen, stellte ich fest.

Schon im Mai hingen ringsherum bündelweise die respektablen Früchte unter dem Blattwerk und nicht ohne Verlockung: Ein leichter Griff von unten in das Grün und schon hatte ich zwei prall gefüllte Früchte in der Hand und prüfte automatisch die Schwere dieser Pracht. Waren das etwa königliche Hoden? Ließ ich sie los, federten sie leicht nach unten und nach oben und schon fühlte ich mit offener Hand noch einmal, ob ich auch richtig gefühlt hatte. Von wem mochten diese prächtigen Dinger wohl sein? Unabhängig von dem pikanten Nebeneffekt war auf Anhieb jedenfalls die Avocado in meinen Freundeskreis aufgenommen. Doch Vorsicht! Das Bäumchen hat es in sich. Hält man sich in unpassendem Moment unter ihm auf oder zu lange, kann es passieren, dass eine

reife Frucht herniedersaust und körperlichen Schaden bringt. Gewicht ×
Höhe = Aufschlagkraft; meist gewaltig!

Nach ein paar Tagen erzählte meine Nachbarin, dass sie in der Zeit vor
mir mit einer langen Stange schon Avocados vom Balkon aus gepflückt
habe. So, so … dachte ich, wenn ich mal ein paar Stunden weg bin, wiederholt sich das. Also kaufte ich beim Chinesen unterschiedlich dicke
Bambusstäbe, einen Strandkescher für Touristenkinder, Schlauchschellen
und Kordel und baute das Ganze zusammen. Vor allem, klappte meine
erdachte Technik? Ja, es ging. So verfügte ich über einen Avocadopflücker
von ca. sechs Metern Länge.

Nun bemerkte ich, dass der andere Nachbar ebenfalls meine Früchte
an seiner Seite dezimiert hatte. Auch die Vögel wussten von der Quelle.
Es waren etwa taubengroße Schnellflieger, die lautlos und ohne einen
Piep um die Ecke kamen und auf dem Baum landeten. Das angehackte
Eierobst fiel dabei meistens mit Radau durch das Geäst auf den Boden
und es dauerte nicht lange, bis es vor Ameisen schwarz wimmelte. Trotz
der nachbarschaftlichen „Hilfe" erntete ich noch genug für mich. Einige
packte ich ins Kartönchen und schickte sie per Post nach Deutschland.
Da merkte ich, wie schwer sich ein paar Dinger machen können und wie
überhoch das spanische Porto ist.

Ungeachtet dessen pflückte ich von den Apfelsinen und Mandarinen
auch welche ab für die Päckchenreise in die Heimat. Es ist ja doch interessant, dass sowohl bei den Avocado- als auch bei den Citrusbäumen neue
Blüten gebildet werden, obwohl die Äste noch die vielen reifen Früchte
tragen.

CITRUS

Die drei Citrusbäume auf meiner Terrasse unterschieden sich voneinander erheblich, doch eines hatten sie hier gemeinsam: Bei der Begegnung
mit den Früchten in Deutschland war ich es gewohnt, dass sie dicht an
dicht in Supermarktkisten liegen. Hier hingen sie lustig in den Bäumen.
Orangefarbige Lampions zwischen dem tiefgrünen Blattwerk.

Die ersten beiden Bäumchen waren bestimmt Clementinen, das heißt, kleine Apfelsinenfrüchte baumelten an den filigranen Ästen im Gegensatz zu dem dritten Baum, der wie ein stabiler Wunderpilz aussah. Sein feines Geäst endete außen herum wie eine Matratze, in der unzählige reife Früchte eingebettet auf die Ernte warteten. Wenn niemand pflückte, fielen die überreifen Mandarinen auf den Boden inmitten der Futterreste der nächtlichen Attacken der Erntehelfer-Ratten. Die klugen Ratten können klettern wie die Weltmeister und wissen immer, wo es etwas zu tun gibt.

Bei dem Studium „meiner" Terrassenbäume entdeckte ich auch die unermüdlich marschierenden Ameisen. Es ging den Stamm herauf und den Stamm herunter, bei Tag und bei Nacht, außer es regnete oder es war kalt.

Sie transportieren Blattläuse jeder Art auf die neuen Blätter, bilden Kulturen mit ihnen und profitieren von dem süßen Saft der Tierchen: Schildläuse, Wollläuse und andere. Auch legen die Ameisen Pilzkulturen in den Achselhöhlen der Äste an. Bei meinen Betrachtungen fielen mir die vielen abgestorbenen, morschen Aststümpfe auf. Mit Pflegeabsicht zerbröselte ich sie vorsichtig und schon sah ich Gänge mit dicken, nackten Maden, die plump auf die Erde fielen.

MIT VIELEN BEINEN

Bei dieser Aktion grub ich auch eine Reihe verschlafener Tausendfüßler aus.

Ich sammelte sie in meiner Hand für den Gang zur Kompostecke. Dort ließ ich sie frei und stellte fest … dass meine Handfläche mit einer gelblichen Feuchtigkeit befleckt war und äußerst übel roch. Da hatten mir die Vielbeiner einfach einen strengen Denkzettel verpasst. Tausendfüßler kenne ich seit der Kinderzeit, aber das war für mich neu und hat mich arg erschreckt. Selbst nach häufigem Waschen mit Seife roch man noch die Spuren. Als ich mich einigermaßen gefangen hatte, fiel mir ein Reisebericht aus Thailand ein. In dieser tropischen Welt gibt es große Tausendfüßler bis zu einer Länge von ca. 50 cm, vor denen eindringlich gewarnt wird. Denn sie sind sehr giftig und gefährlich!

Überhaupt nicht gefährlich, aber auch unangenehm sind die allgegenwärtigen Kakerlaken. Am Nachmittag saß ich auf der Couch, und weil es so heiß war, trug ich nur das Allernötigste. Kaum war ein Moment vergangen, krabbelte ein solcher Käfer quer über meinen nackten Schoß. Geschockt sprang ich mit Geschrei auf und verfolgte das Getier. Ohne Erfolg. Nach dieser unvorbereiteten Begegnung schmerzte mir so mancher gezerrte Muskel. Ich sag Ihnen: Ich brauchte Zeit, um mich zu erholen!

Später ging ich in die Küche, um mir einen Kaffee zu machen, und wen sehe ich hinter einer Tasse sitzen? Das dicke Viech mit den langen Fühlern! Mit einem parat liegenden alten Messer schlich ich mich heran und konnte den Kameratzki erlegen.

DIE MAL-ZEIT

Apropos Malerei: Nun muss ich doch etwas über meine Malerei berichten, denn sie war ja Auslöser für die Spanienreise.

Es kribbelte schon lange in mir: Ich wollte doch endlich wieder mal zum Malen kommen. Meine Krankheiten sowie die Umzieherei vereitelten jeden Versuch, eine Mal-Ecke einzurichten. Selbst meine jetzige Übergangswohnung ist zu klein dafür. Kommt Zeit, kommt Rat; das ist für mich eine Hoffnung.

So also Spanien: Das anfänglich kalte Wetter verlor sich endlich und die angenehme Wärme begünstigte den Start für neue farbige Kreationen. Ich konnte es wirklich nicht mehr aushalten und so packte ich geschwind Materialien wie Leinengrund und Holzrahmen, Staffelei und anderes aus und brachte alles in Stellung. Ölfarben und Pinsel hatten die Speditionsreise auch gut überstanden und lungerten darauf, dass etwas passiert, dass es losgeht.

Und so ging es los: Bevor ich der Leinwand näher rücke, bremse ich all meine Bewegungen, denke nach und lausche auf meine Gedanken, ganz bewusst, die dann konditioniert das Werken freigeben. Das braucht meistens Zeit und die Uhren laufen in der Mal-Phase doch ihren eigenen

Gang. Während der Staffeleiaktivität drängeln sich diverse Fragen und viele Entscheidungen stehen an.

Abenteuerlich und spannend geht es immer zu beim Werden eines neuen Bildes. Aus Erwartung, Mühe und Bangen erwachen mit Schmerz und Freude schließlich neue Welten. In meiner Malerei zeigen sich auch surreale Elemente und Prägungen als Ausdruck von kreativen Freiheiten, die mir so wichtig sind.

So entstanden in Spanien 2014 eine Reihe Bilder, die in dem neuen Katalog 2015 eingefügt und im Original in der nächsten Präsentation zu sehen sein werden.

Schon jetzt einmal eine Kostprobe:

„Mit dem Wind"

WV 141015 · 60 × 80 cm · 2014 · Öl auf Leinwand

Aus dem High-Heel-Schuh erwächst krokusähnlich eine Mädchengestalt
mit offenen Haaren und langem, langem Schal. Mit dem Wind formt sich der Schal
und unterstreicht den Horizont.

Heute, ein Jahr nach Spanien, lese ich in einem Artikel, dass Paul Klee mit August Macke und einem Franzosen auf ihrer Mal-Reise durch Tunesien vor exakt einhundert Jahren nur mit Aquarell-Utensilien unterwegs waren. Das bedeutet ganz klar weniger Gepäck, aber Öl ist Öl und Aqua ist Aqua.

Mit meiner Öl-Mal-Bagage komme ich ganz gut zurecht, nach meiner Maxime: Was geht, das geht. Was nicht geht, wird gehend gemacht oder einfach anders gemacht.

FEUERWERK

Nun, nach Betrachtung all der abenteuerlichen Geschichten, die ich gesehen und erlebt hatte und nun versuche auf Papier zu bringen, könnte man in Verdruss geraten.

Aber keine Bange. Diese Not wird es nicht geben, denn die Natur, die Landschaft mit ihren vielen, nicht aufzuzählenden wunderbaren Facetten, lassen mich staunend die ungemütlichen Dinge des Landes vergessen. So bleibt mir nichts anderes übrig, als mich gern zu ergeben der schönen anderen Welt. – Und die Ereignisse liefen weiter an:

Unter südlicher Sonne, egal wo auf diesem Planeten, wächst und gedeiht die Natur intensiver als in nördlichen Breiten. Dort wächst und wuchert es das ganze Jahr mit nur geringen Schwankungen, wie allgemein bekannt. Das hat zur Folge, dass bei den Anwesen mit ihren Büschen, Hecken und Bäumen auch regelmäßig eine Menge Schnittgrün anfällt. Und wohin damit?! Diese Masse von Gestrüpp wandert dann eben auf den Scheithaufen.

Ein solches Flammenspiel ist nicht nur für den Macher ein Erlebnis. Da diese Feuer schlecht mit frischem Grün gestartet werden können, hilft ein wenig Benzin auf einen Autoreifen für Lebendigkeit. Ich habe es erlebt, dass eine heitere Glut mit feuchten Halmen abgedeckt wurde und wunderschöne starke Rauchwolken entwickelte. Die Feuer-, besser die Qualmstelle lag nur ca. 20 Meter entfernt von einer viel befahrenen Durchgangsstraße. Und so kam es: Die Schwaden quälten sich über den

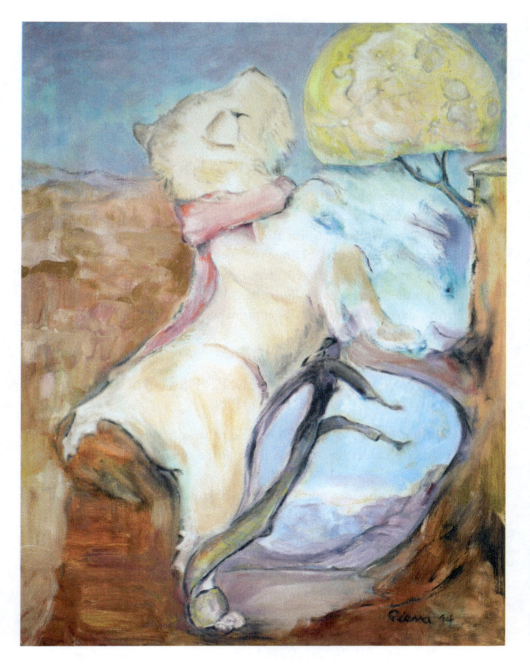

„La Amiga"
WV 141019 · 60 × 80 cm · 2014 · Öl auf Leinwand

Eine Freundin zu haben, ist etwas Großartiges. Das Hundemädchen wird von ihr angehalten aus der Vergangenheit auszusteigen und sich mit großen Schritten in die Zukunft führen zu lassen.

Boden entlang und ein schelmisches Windlein wedelte dieselbigen quer über die Straße in Richtung Altstadt.

Manche Autofahrer knipsten ihre Scheinwerfer an; und alles war in Ordnung.

MENSCHLICHES

Der eifrige Gärtner bediente das Feuer über mehrere Stunden, jedenfalls qualmte es so lange.

Der Weg nach Haus lag im Rauchnebel und der ganze nördliche Stadtbereich bestimmt in der Länge von mehr als einem Kilometer ebenfalls. Mit Sorge zu Haus eingetroffen, ließ ich alle Fenster geschlossen, denn durch die vorhandene Windstille gab es kaum Veränderung. Wie ich erfuhr, darf bis Anfang Mai gebrannt werden und alles ist legitim! Wunderbar!

MENSCHLICHES – IMPRESSIONEN / EPISODEN

Ein schlichter Mann, so Ende 50, stolzierte an mir vorbei wie ein siegreicher Torero. Leider hatte er die Hose vorne offen und nicht nur ein klein wenig ...

Da steigt ein Rentner mit Mühe und Not auf sein rostiges Fahrrad. Er war so dürr, so hager und bekam kaum die Balance. Obwohl an den Reifen eine Reihe Speichen fehlten, ging dann die Fahrt voran ...

Ein junges Mädchen brauste vorbei auf seinem bunten Motorroller: Ihr unispermaweißes Flatter-Blüschen gab dank opaler Qualität einen besonders interessanten Kontrast zu ihrem nachtschwarzen Büstenhalter ...

Überhaupt ist hier in Spanien der Motorroller in der Damenwelt sehr beliebt. So sah ich einmal eine Oma von ca. 85 Jahren mit Kittelschürze (!) und Sturzhelm auf einem Motorroller dahintuckern. Super ...

Ein älterer adipöser Opa stieg auf seinen angelassenen Motorroller, doch als es losgehen sollte, drohte der Motor auszugehen. Jetzt dachte

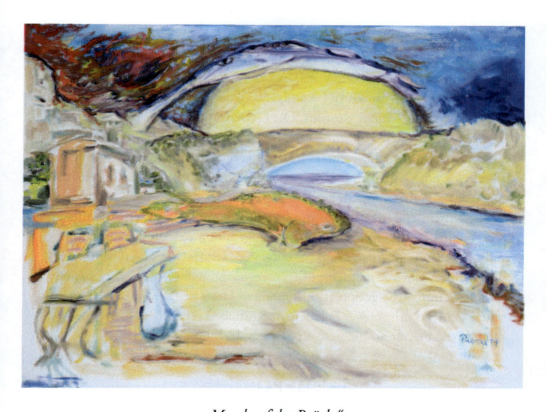

„*Mond auf der Brücke*"
WV 141012 · 60 × 80 cm · 2014 · Öl auf Leinwand

Der Mond gelagert auf der Brücke, fängt einen Wasserfisch, der, wie eine Feuerwehr brennende Häuser löscht. Am Fuß der Brücke wächst rechts eine Frau, links ein Hund.
Auf dem Vorplatz laden Tisch und Stühle zum Verweilen. Trotz Feuersbrunst herrsch Gelassenheit.

ich besorgt: Ist der Motor zu schwach oder der Mann zu stark? Nach einigen Versuchen klappte es dann doch und ächzend machte sich der Roller mit der Manneslast auf den Weg. Die losen, seitlich herunterhängenden Riemen des nur aufgestülpten Wehrmachtstahlhelms fingen bei der Fahrtaufnahme an zu flattern. Das Ganze sah recht verwegen aus und hätte bestimmt in einen Film gepasst …

Eine scharfe Braut, so um die 30, hochgewachsen, knapp, aber sehr nett gekleidet, High-Heels, mit Aktenpapieren in der Hand, steht neben ihrem im Halteverbot stehenden größeren Wagen und diskutiert mit einem Torero, auch hochgewachsen, auch gut aussehend, um 35, sehr engagiert. Derselbige war ordentlich ganz in Schwarz als Polícia verkleidet. Mit Handschellen am Gürtel, Funkgerät, Knüppel und Pistole. Es fehlte sicher nichts an seinem Kostüm. Die Gesten und der Gesichtsausdruck der beiden zeugten von großer Wichtigkeit des Moments und unaufschiebbarer Informationsflut. Nach ca. vierzig Minuten kam ich auf dem Rückweg dort vorbei und sah die beiden immer noch im Dialog. Also nach einer Verhaftung sah es nicht aus …

An einem anderen Tag komme ich aus dem Haus um einzukaufen, tapert mir ein alter, dürrer Mann, gebeugt, mit Stock und ohne Zähne, mit gezielt bösem Blick langsam entgegen. Ich dachte noch, wenn der Gute bloß nicht vor meinen Füßen tot zusammenbricht, aber da war er schon an mir vorbeigetippelt. Auf meinem Heimweg sehe ich auf einem alten Fahrrad mit schwer beladenem Körbchen einen Mann zügig vorbeifahren. Es war zu meinem Erstaunen der sterbende Opa …

DIE POST

Beim Postamt am Schalter sitzen da zwei Frauen, Anfang 40. Die eine schmal, ein wenig zurückhaltend, ohne Ring, spricht etwas Englisch. Brüste vermutlich nur als Ansatz, lichtes Haar. Die andere, auch so mittelgroß, aber leicht bis mäßig drall bis mollig, immer eine Ecke lustiger und freundlicher als ihre Kollegin. Sie spricht nur Spanisch, hat aber eine Menge Charme und einen üppigen Busen mit gewaltigen Brustwarzen! Diese konnte man ganz deutlich sehen. Jawohl. Mein Gott!

Die beiden ergänzten sich mit Sicherheit in idealer Weise und bei meinen Postgängen empfand ich stets eine Freude, die Frauen zu sehen und sie als wartende Kundin zu beobachten. Ab und zu machte ein netter älterer Kollege allein den Schalterdienst. Er sprach nicht Englisch, dafür akzentfrei Französisch. So übte ich mich ein wenig in Französisch. Alle drei zeigten sich sehr zuvorkommend und geduldig mit den Kunden!

Wie zum Beispiel mit einer sehr betagten älteren Dame. Hochge-

„Natali"

WV141009 · 60 × 80 cm · 2014 · Öl auf Leinwand

Voller Sehnen und Erwartung sitzt das junge Mädchen in dem Fenster der Zukunft.
Mehrere Ahnen und ein Hund mit der Herznase begleiten es.

wachsen, mit breitkrempigem Sommerhut (mit Obst drauf), der ihr Gesicht ganz verdeckte, und heller, luftiger Kleidung. In der Hand trug Madame ein Stück abgerissenen Pappkarton, in etwa DIN-A3-Größe, mit übergroßem mit Stift geschriebenem Text und zeigte diese Botschaft am Schalter vor. Konnte die Britin (?) nicht Spanisch oder war sie etwa gehörlos?

Jedenfalls lief der Besuch der sonderbaren Dame glatt und vollkommen wortlos ab. Sicher kannten sich die Frauen.

¡HOLA!

Temperament ist alles!

Bei einer Verkehrsbehinderung, weil die Altstadtstraße so eng ist und die Mutter mal schnell etwas ein- oder ausladen will, zwängen sich die Fahrer schon mal über Bordsteinkanten abenteuerlich mit drei Zentimeter Abstand zur Hauswand noch vorbei. Gehupt wird sowieso gern, oft und laut. „Denn Spanier haben keine Zeit."

Die Spanier haben aber sicher zusätzliche Gene, sodass sie um die Ecken sehen können. In der Enge der Innenstadt passen höchstens zwei Autos nebeneinander. Dort werden die Ecken und Kurven mit Eleganz gemeistert. Es ist fast wie in der Arena. Olé! Die Hauswände und deren Eckkanten zeigen diese Kratzspuren. Es gibt ganz selten Autos ohne Beulen und ohne Kratzer. Entweder hängt ein Spiegel daneben oder die Türklinke fehlt oder beides. Starke Schrammen längs am Wagen, vielleicht mit herunterhängendem Frontendstück, zeugen von der Unerschrockenheit eines Toreros. Sind denn wirklich nur Stierkämpfer unterwegs?

Die Nummernschilder an den Wagen sind in Spanien meist angenietet. Das bewährt sich beim Einparken und darin sind die Spanier Weltmeister. Rückwärts geht es in die kürzeste Parklücke, bis ein Rums eindeutig mitteilt: Weiter geht es nicht. Etwas vorfahren und schon ist es geschafft! Mein Kennzeichenschild bekam so jeden Tag eine andere Form und mein Wagen immer mehr Kratzer.

Zur besseren Völkerverständigung war es für mich von Vorteil und

„Atlanta"

WV 141020 · 60 × 80 cm · 2014 · Öl auf Leinwand

Atlanta, das Zauberland, öffnet seine Bühne und zeigt eine Vielfalt an Landschaftsformen und Architektur und lädt die Gäste herzlich ein. Pfirsichmonumente, Wahrzeichen des Ortes, zeigen sich umkränzt von der alten Stadt mit ihren Ahnen und deren Werken.

Glück, Folgendes von einer Spanierin zu erfahren: Wenn ein Spanier von C nach D will, nimmt er nie den direkten Weg! Nur Umwege sind interessant! Bei Verabredungen gibt es einen besonderen Maßstab und Begriffe. In manchen Dingen haben sie viel Zeit. Verabredungen gestaltet man am besten großzügig, z. B. „heute" bedeutet heute, aber vielleicht auch morgen oder danach. „Elf Uhr morgens" bedeutet, es kann auch Abend werden oder gar nicht.

Dem glücklichen Spanier schlägt keine Stunde.

DUMPFER KRATSCH

Die ersten Tage in Spanien bereiteten mir manche Schwierigkeiten. So ist das eben, wenn es darum geht, die Gegend kennenzulernen.

Ich wusste schon, dass es an der Ausfallstraße zwei Supermärkte gab. Der eine war von einer deutschen Handelskette und der fünfzig Meter danebenliegende Supermarkt von ganz typisch spanischem Charakter. Fisch-, Käse- und Fleischtheke waren dort hervorragend bestückt und geführt und für mich äußerst „gefährlich". Am liebsten hätte ich alle drei Theken eingepackt und mich damit in meine Küche zurückgezogen. Aber heute wurde mal nicht abgeräumt und so marschierte ich mit meinem Obst, Gemüse und sechs Mineralwasserflaschen zur Kasse. Draußen angekommen, musste ich über den Bürgersteig die kleine Straße überqueren, um auf den Parkplatz von dem „deutschen" Markt zu gelangen. Dort hatte ich ja zuerst gegrast und mein Auto stand auch dort.

Es sollte doch ganz anders kommen: Schon im ersten Supermarkt merkte ich, dass sich bei mir ein kleines Geschäft ankündigte, verkniff es mir bis zum spanischen Markt. Dort im Keller gab es eine Toilette. Doch nach der spanischen Kasse dachte ich: Erst packe ich noch die Sachen in meinen Pkw und gehe dann zurück, um mich zu erleichtern. Ich stand nun auf dem Bürgersteig, sortierte die sechs einzelnen Wasserflaschen in das vordere Fach vom Einkaufswagen und klimperte vorsichtig über die Straße.

Kaum bin ich auf der andren Seite kurz vor meinem Auto, da macht es einen dumpfen Kratsch und eine Wasserflasche liegt in tausend Scherben auf dem Boden und zwar in der Pkw-Einfahrt!

BESEN UND SCHAUFEL

Das vordere Fach hatte zwei Löcher als Kindersitz, die ich nicht wahrgenommen hatte. Dort war die eine Flasche herausgeschlüpft!

Nach der Schrecksekunde ließ ich den Einkaufswagen stehen und ging zur spanischen Kasse zurück, erklärte mein Unglück und bat um

Besen, Schaufel und Eimer. Die Kassiererin verstand kein Englisch und so versuchte ich es auf Pantomimisch. Ehe eine Reaktion in Gang kam, dauerte es etwas und meine Blase gab schon rotes Licht! Es nutzte alles nichts. Beine zusammenkneifen und loseilen! So kehrte ich unter Hochdruck die Scherben zusammen, packte meinen Kram ins Auto, brachte Besen und Anverwandte und Müll zurück, griff mir den WC-Schlüssel vom Kassenbalken, bedankte mich und fuhr mit dem (einzigen) (Lasten-)Aufzug in den Keller, denn die Stufen hätte ich nicht mehr geschafft.

Unten angekommen hatte ich schon Blaulicht im Schlüpfer. Oh Elend, alles war dunkel und ich wusste nur im Groben, wie weit es bis zur WC-Vorraumtür war. Gott half mir im dunklen Keller, die Tür war da. Das alte Türschloss besaß keine Führung und so musste mit dem Schlüssel gefummelt werden, ehe etwas losging.

Die Tür ist offen, Schalter an, hechte ich zu einer der beiden Kabinen, reiße die Jacke zur Seite, die Hose etwas hinunter, suche meinen Piephahn, lenke ihn im Stehen in das Toilettenbrillenloch und es fließt. Erst auf die Hose, dann auf den Brillenrand und viel daneben. Während dieser dramatischen Szene stehe ich vor der Keramik bei offener Kabinentür. Und wie auf Bestellung kommt eine Frau in den Raum. Ich rufe in meiner Panik: „Nein, nein!" Und sie verschwindet!

Durch Zufall hatte ich ein Paar Tempos, denn WC-Papier und ein Handtuch gab es nicht. So reinigte ich den Tatort so gut es ging und stakste mit nasser Hose zum Aufzug. Dann brauchte ich eine angemessene Pause im Auto! Eine lange, denn ich musste mich noch trockenlegen.

SPANISCHE CHINESEN

Um zu den beiden Supermärkten zu gelangen, führt der Weg an einem chinesischen Outlet-Großkrammarkt vorbei. Dort haltzumachen ist ein wahres Erlebnis!

Was man dort nicht findet, das braucht man nicht! Eng gestapelt in einfachen Regalen, überrascht die vielfältige Ware mit moderaten Preisen den Kunden. Schon am Eingang empfängt den Besucher ein exotisches, munteres Bild. Und alles auf ebenerdiger Ladenfläche. Am meisten beeindruckten mich das Angebot von Glaskeramik und Bambuswaren und die Ecke mit bunten BHs für einen Euro und Damenslips mit eingearbeiteten Täschchen. Was könnte da hineinkommen?

Das chinesische Chef-Ehepaar und die beiden chinesischen Helferinnen hantierten rege und ausdauernd wie die Ameisen. Die Señora, um die ein Meter fünfzig groß, spricht vorteilshafterweise neben Spanisch auch ganz gut Englisch.

Als ich zum ersten Mal in dem Basar den China-Mann zu Gesicht bekam, blieb er auf der Stelle stehen, ungerührt, und musterte mich mit seinem fernöstlichen starren Dauergrinsen. Oha, dachte ich, was ist denn jetzt los? Hat mir etwa ein Unhold ein Gummi oder eine Tarantel an mein Kleid geklebt? Bei meinem nächsten Besuch entschuldigte sich seine Frau mit der Erklärung, ihr Mann spreche nur Spanisch; jedenfalls habe er in seinem Leben noch nie eine so große Frau gesehen. Nun ja, mit seiner Länge von nur knapp ein Meter sechzig, dürr wie ein Bambus, brachte ihn meine Gestalt mit ca. 25 cm mehr an Höhe doch zum Grübeln!

Die nette, zuvorkommende Art der China-Leute mit ihren exotischen Artikeln gefiel mir immer wieder, sodass ich mit Freude Dauerkunde wurde.

VORLÄUFIGES FINALE

Inzwischen stand meine Staffelei unter Volldampf und meine Utensilien arbeiteten mit Hochdruck mit mir, denn wir hatten nach den kalten Wochen endlich länger wärmeres Wetter um 20–24 °C, ideal für die Hochsaison, nicht nur in puncto Malerei, und es lief gut.

Kaum fing ich an, mich in Spanien heimisch zu fühlen, hieß es: Retour nach Alemannia. Die sechs spanischen Abenteuermonate gingen nun zu Ende. Alles musste wieder eingepackt und mit der Spedition expediert werden. Mein Auto, vollgepackt bis unter das Dach mit fragilen Dingen, fuhr ich bis nach Palma zu einem Autopark-Unternehmen, gab den Schlüssel ab und führ mit dem Shuttlebus zum Aeropuerto.

Mit Abschiedstränen in den Augen schaute ich aus dem aufsteigenden

Flugzeug der immer kleiner werdenden, zauberhaften spanischen Insel nach.

Ich versprach: Ich komme wieder, um zu sehen, zu atmen, zu lachen, zu leben und vor allem – um zu malen!

ZURÜCK IN DEUTSCHLAND

In Deutschland heil gelandet, fuhr ich zwei Wochen Bus, ehe mein Auto aus Spanien nachkam.

Wie es so ist, ging es sofort schon los mit diversen neuen Aufgaben, die meine Konzentration beanspruchten. Im August 2015 erhielt ich das Ergebnis von dem einen und im November 2015 von dem anderen Gutachter. Beide waren neu, also der 3. und 4. Gutachter, und mit positivem Ergebnis. Hierzu gibt es von einem Untersuchungsbericht den folgenden Fragebogen:

FRAGEBOGEN GUTACHTEN

Fragebogen zur Lebensgeschichte (ggf. auf der Rückseite weiternotieren)

1. Allgemeine Daten
a) Angaben zur Person
Antwort nicht veröffentlicht.
b) Führen Sie bitte detailliert aus, welche Gründe/Befindlichkeiten Sie angeben, um die Berechtigung für Ihre Antragstellung zu begründen:
Seit meiner frühen Kindheit empfand ich es, im falschen Körper zu leben. Aufgrund gesellschaftlichen Gefüges war es nur möglich, latent meine Art (weiblich) zu leben. Doch mein inneres Streben kumulierte in meiner Lebenszeit bis zu einem Punkt der Öffnung. Das Versteckspielen wollte ich nicht mehr und das Leid. Jetzt endlich möchte ich wirklich als Frau leben, so wie ich es mein Leben lang empfunden habe, und es mit der Vornamens- und Personenstandsänderung offiziell machen.
c) Was waren Ihre früheren Berufsziele?
Konstruieren – Lehren – Malen

d) Mit welchen Personen leben Sie zusammen?
Antwort nicht veröffentlicht.
e) Wie zufrieden sind Sie mit Ihrer Wohnsituation?
75 %
f) Wie sieht Ihre finanzielle Lage aus?
Antwort nicht veröffentlicht.
g) Kommen Sie mit dem Ihnen zur Verfügung stehenden Geld aus?
Ja.

2. Angaben zur Problematik
a) Beschreiben Sie mit eigenen Worten Ihre wichtigsten Probleme und Anliegen.
Ich möchte in Zukunft offiziell als Frau leben.
b) Wie häufig treten diese Probleme auf?
Schon mein ganzes Leben!
c) Gibt es Zeiten/Situationen, in denen die Probleme nicht oder nur selten auftreten?
Niemals!
d) Bitte schätzen Sie durch ein Kreuz auf der folgenden Skala ein, für wie schwer Sie Ihre Probleme halten:

1									10
									X

nicht störend *total unerträglich*

e) Was haben Sie bisher unternommen, um Ihre Probleme zu bewältigen?
Begleittherapie (Transsexualität) erster Antrag auf VÄ + PÄ, aber durch psychische Überforderung der Bürokratie abgebrochen.
f) Wen haben Sie bis jetzt um Rat gefragt wegen Ihrer momentanen Probleme/Beschwerden?
Begleittherapeut (Transsexualität)

g) Nehmen Sie irgendwelche Medikamente? Falls ja, welche, wie viele, wie häufig und mit welchen Ergebnissen?
Antwort nicht veröffentlicht.

3. Entwicklungsgeschichte bis heute
a) Gesundheitszustand (Krankheiten, Operationen, Unfälle) während der Kindheit und Jugend:
Verkehrsunfall 1984
b) Ihre Größe: 1,85 m / Ihr Gewicht: 94 kg
e) Unterstreichen Sie bitte, was von den folgenden Dingen auf Ihre Kindheit zutrifft:
Albträume, Bettnässen, Schlafwandeln, Daumenlutschen, Nägelkauen, Stottern, Ängste, glückliche Kindheit, unglückliche Kindheit:
Trifft nicht zu
d) Spiele, Interessen, Hobbys und sportliche Neigungen während der Kindheit und Jugendzeit:
Handarbeiten mit Wolle und Stoff, Puppen-Basteln, Natur, Gesellschaftsspiele, Seilspringen, Steinchen-Hüpfen etc.

4. Ehe/Partnerschaft
Antwort nicht veröffentlicht.
Falls Sie in einer Partnerschaft leben, wie erleben Sie diese Situation?
Falls Sie in einer Ehe oder Partnerschaft leben:
a) Alter des Partners
b) Seine/Ihre Beschäftigung
c) Wie lange sind Sie verheiratet/befreundet?
d) Falls verheiratet, wie lange kannten Sie Ihren Ehepartner vor der Eheschließung?
e) Bitte beschreiben Sie kurz die Persönlichkeit Ihres Partners mit Ihren eigenen Worten:
f) In welchen Bereichen besteht Übereinstimmung mit Ihrem Partner?
g) In welchen Bereichen bestehen Gegensätze?
h) Wie viele Kinder haben Sie? Vorname, Alter, Geschlecht? Welche Kin-

der stammen aus früheren Partnerschaften? Hatten Sie auch Fehlgeburten?
i) Möchten Sie noch etwas über frühere Ehen/Partnerschaften sagen?

5. Familie
Antwort nicht veröffentlicht.
a) Vater – Alter, Beruf, Gesundheit; falls verstorben, Ursache, wann, wie alt waren Sie?
b) Mutter – Alter, Beruf, Gesundheit; falls verstorben, Ursache, wann, wie alt waren Sie?
c) Falls Sie nicht bei Ihren Eltern aufgewachsen sind, von wem wurden Sie stattdessen erzogen? In welchem Zeitraum?
d) Geschwister – Zahl der Brüder, Alter; Zahl der Schwestern, Alter
e) Die Beziehung zwischen Ihnen und Ihren Geschwistern früher und heute:
f) Beschreiben Sie die Persönlichkeit Ihres Vaters (bzw. der entsprechenden Erziehungsperson) und seine Einstellung zu Ihnen früher und heute:
g) Beschreiben Sie die Persönlichkeit Ihrer Mutter (bzw. der entsprechenden Erziehungsperson) und ihre Einstellung zu Ihnen früher und heute: …
h) Wie ist heute Ihr Verhältnis zu Ihrer Familie?
Sehr gut.
i) Gibt es irgendwelche Mitglieder in Ihrer Familie, die unter psychischen Störungen leiden oder von deren Krankheiten es wichtig ist zu wissen?
Nein.

6. Selbstbeschreibung:
a) Unterstreichen Sie bitte, wie Sie sich sehen:
wertlos, genussfähig, nutzlos, das Leben erscheint mir sinnlos (hinzugefügt: als Mann), dumm, ausgeglichen, naiv, unfähig, lebensfroh, schuldig, böse, fähig, beliebt, voller Hass, habe Ängste, schreckliche Gedanken, feindselig, wertvoll, sympathisch, getrieben, selbstunsicher, neige zu Panikgedanken, voller Hoffnung, aggressiv, deprimiert, intelligent, hässlich,

unattraktiv, optimistisch, einsam, ungeliebt, vernünftig, missverstanden, gelangweilt, attraktiv, im Konflikt, selbstsicher

b) Unterstreichen Sie bitte, was bei Ihnen vorkommt:
Kopfschmerzen, Herzklopfen, Verdauungsstörungen, Fremdheitsgefühle, Depressionen, Zwangsvorstellungen, Ärgerzustände, Albträume, starkes Schwitzen, Schwindel, Magenbeschwerden, Appetitlosigkeit, Schlaflosigkeit, Konflikte, Selbstmordgedanken, Drogeneinnahme, zwanghafte Handlungen, Gedächtnisschwäche, kann mich anderen gegenüber nicht mitteilen, Schwächeperioden, Minderwertigkeitskomplexe, Schüchternheit unter Leuten, Spannungsgefühle, Abneigung gegen Wochenenden und Ferien, Entscheidungsunfähigkeit, Konzentrationsschwierigkeiten, Überforderung (hinzugefügt: Gesellschaft/Bürokratie), Atembeschwerden

c) Würden Sie sagen, dass Sie von irgendetwas abhängig sind (z. B. Alkohol, Arbeit, Essen, Süßigkeiten, Schokolade, Tabletten, Beziehungen, Sexualität, Nikotin, Spiel, Fernsehen, Internet)?
Nein.

d) Schreiben Sie Ihre fünf größten Ängste auf:
1. Entzug von Freiheit, 2. Krieg, 3. Noch einmal einen Verkehrsunfall, 4. Als Mann sterben zu müssen, 5. –

e) Bitte ergänzen Sie folgende Sätze:
- Ich bin ein Mensch, der ... über vieles nachdenkt, aber auch über vieles lachen kann.
- Seit meiner Kindheit ... hat sich die Welt enorm verändert.
- Eine der Sachen, auf die ich stolz bin, ist ... dass ich viele Stürme überstanden habe.
- Es fällt mir schwer zuzugeben, dass ich ... manchmal neidisch bin, wenn ich tolle Frauen sehe.
- Eine Art, wie man mir wehtun kann, ist ... wenn man mich als Frau nicht ernst nimmt.
- Mutter war immer ... meine engste Vertraute.
- Was ich von meiner Mutter gebraucht hätte, aber nicht bekommen habe, ist ... dass sie länger gelebt hätte, um mich noch als Frau zu erleben.
- Vater war immer ... gut.

- Was ich von meinem Vater gebraucht hätte, aber nicht bekommen habe, ist ... mehr Zeit.
- Eines der Dinge, über die ich mich ärgere, ist ... dass ich große Füße habe, die nicht in schöne Damenschuhe passen.

7. Freizeit:
a) Welche Hobbys/Freizeitinteressen haben Sie? Wie verbringen Sie Ihre Freizeit?
Lesen, Schreiben, Malen, Natur, Tiere, Sprachen, Küche, Mode, Handarbeiten, Kontakte mit guten Bekannten etc. und vor allem Familie.
b) Mitgliedschaft oder Tätigkeit in Vereinen? Ehrenämter?
Tierschutzverein.
c) Sammeln Sie etwas?
Nein.
Hiermit versichere ich abschließend, dass ich die Angaben eigenständig und wahrheitsgemäß sowie vollständig gemacht habe.
Ort, Datum und Unterschrift

WEITER GEHT'S

Nun konnte mein Antrag beim Amtsgericht weitergehen.
 Und es dauerte nicht allzu lange und ich erhielt vom Gericht im November 2015 eine Ladung zur Anhörung Ende Januar 2016.

VORBEREITUNGEN

Anfang Dezember 2015 kam ein Brief vom Amtsgericht. Nur ein Brief? Nach der Passage von zwei Gutachtern erwartete ich ein entsprechendes Dokument. Nichts da! Der Brief enthielt „nur" eine Ladung zu einem Anhörungstermin und zwar Ende Januar 2016, 9.40 Uhr, in der ca. 80 km entfernten Großstadt.
 Wieder Wochen des Wartens. Aber immerhin. Der Tag rückte näher und ich bereitete mich schon vor für dieses nächste Abenteuer: Wie groß

wird der angekündigte Gerichtssaal sein? Wie viele Personen werden dann in der Reihe sitzen und mich befragen? Und überhaupt, was ziehe ich an? Auf keinen Fall einen Rock und Blütenpumps. Meine Fingernägel schön rosé lackiert und frisch gewaschene Haare und frisiert wie sonst mit Pferdeschwanz, aber selbigen zusammengekringelt zu einem Mini-Tennisbällchen – ja, das müsste gehen. Das milde Plus-Winterwetter war vor zwei Tagen zu Ende und wir hatten auch am Tag stärkeren Frost. Also kramte ich meine mattroten Winterstiefelchen hervor. Die ursprünglichen Dekorationsriemchen mit üppiger Schnalle entfernte ich schon letzten Winter und so gefiel mir mein Schuhwerk immer noch. Ja, die Dinger ziehe ich an.

Übermorgen ist also der Termin! Die Stunden vergingen doch schneller, als ich dachte.

KEINE MÜTZE

Zu meiner vielgeliebten schwarzen Hose, die eigentlich eine ist aus der Fitness- und Sportabteilung mit leichtem glatten Stoff, aber nicht flatterig, suchte ich mir aus dem Schrank ein weißes haariges Pullöverchen mit eine brombeerfarbigen Bouclé-Strickjacke heraus. So, das war geschafft. Und weil es so kalt geworden war, kam noch ein neuer knielanger Angora-Schlüpfer zu den anderen drei üppigen Wintermodellen. Mit diesem Frostschutz dürfte meine Blase zufrieden sein.

Bei minus zehn Grad und leichtem Wind wird es auch auf dem Kopf recht ungemütlich. Schon letzten Winter hatte ich gehäkelt und meine Mützenflotte ergänzt, aber heute gefiel mir keine. Die eine, die in der Farbe meiner Strickjacke glich, wollte nicht so recht sitzen und wenn sie sich dauernd verschöbe, würde es zum Problem und sähe blöd aus.

Also häkelte ich noch ein paar Runden mit der passenden Merino-Wolle nach. So, nun saß sie ganz stabil und ließ sich vor dem Spiegel in diverse Formen drücken. Schließlich geriet meine Frisur durcheinander und meine Geduld war zu Ende.

Keine Mütze. Punkt!

VORBEREITUNGEN

Mein Erscheinungsbild sollte doch so sein wie immer. Nicht aufbrezeln, praktisch und vernünftig. Nun gut.

Mein großer Laufzettel für den Termintag lag schon mehrere Tage auf dem Schreibtisch zur Verinnerlichung. Trotz der sicheren Vorbereitung verstärkte sich ein unangenehmes Stressempfinden, je dichter die Stunden des Starts heranrückten. Damit auch das in Ordnung war, nahm ich vor meiner Körperpflege am Vorabend die Ohrstecker heraus. Kurz danach vermisste ich den zweiten Perlstecker. Er war einfach nicht auffindbar. Weg ist weg, dachte ich nach vergeblichem Suchen. Ist das ein Zeichen, dass ich sie jetzt nicht tragen soll? Gut, Ende.

Meine Sorgen muss der verlorene Ohrstecker bemerkt haben; er war plötzlich wieder da. Oh, wie schön ist es, wenn ein Schreck vorbei ist.

Jetzt am Abend lag alles gut vorbereitet zurecht, nur mein Uraltwecker musste noch aktiviert werden. Diese wertvolle Zeitmaschine aus den Sechzigerjahren kommt jetzt nur zu Sondereinsätzen hervor. Nach dem Aufziehen geht es an die Zeiger zum Wecken. Doch der Stummelstecker ließ sich nur äußerst schwer drehen und ich musste doch einige Male die Stunden überwinden. Es ging einfach nicht, es war zum Verzweifeln! Sollte das eine zweite Prüfung sein? – Gemach. Weshalb sträubt sich die Achse? Ja, richtig, sie ist durch die Jahre verharzt und will deshalb nicht rund gehen. Fix holte ich einen Tropfen Fahrrad-Öl. Und siehe da! Schon ging es, wenn auch mühsam.

Also um 3.45 Uhr wollte ich aufstehen, nach meinem Plan, und um 19.00 Uhr am Vorabend in die Federn steigen. Dank meines guten Schlafsystems verbrachte ich die Nacht erholsam und wachte um zwei Uhr auf, um mich zu erleichtern. Jetzt noch mal hinlegen? Nein, ich bleib auf und beginne ganz gemütliche meinen Plan-Tag.

Also um 5.00 Uhr Start mit dem Auto, stand auf meiner Liste. Alles gut. Zwei Stunden für Weg, Landstraße, Autobahn, Großstadt und Adresse-Suchen. Ja. Das geht. Aber bei mehr als −10 °C könnte es glatt werden auf den Straßen mit Raureif. Nun ja, um 7.00 Uhr wollte ich am

Ziel sein, immerhin war der Termin um 9.40 Uhr der Punkt, um den sich alles drehte. Und Wartezeit und Kontrollzeit beim Einlass sollten auch noch berücksichtigt werden, hieß es. Auto parken, Eingang suchen, Eingangskontrolle wie am Airport-Check-in, Pipi-Gang und Zeitreserve.

Das muss in zweieinhalb Stunden klappen.

LAUFZETTEL

Dienstag, 19.01.16, 9.40 Uhr Termin

Mitnehmen: Decke, Handy (aufladen!), Paprika und geschnittenen Apfel

Montag Wecker stellen!

ca. 19.00 Uhr ins Bett

3.45 Uhr Aufstehen = 2.00 Uhr aufgestanden

1 Stunde Morgentoilette (Hände Olivenöl), anziehen, WC-Gang

4.45 Uhr Auto klarmachen, 15 Minuten

5.00 Uhr Start von zu Haus, Baustelle auf A40!

2 Stunden Weg – ca. 90 km, Schnee und Glätte möglich

7.00 Uhr Parken am Amtsgericht-Gebäude

2 Stunden Betreten des Amtsgerichts, Kontrolle am Eingang (wie Flughafen)

anschließend Warten auf dem Flur 1. Stock, Raum 124

9.40 Uhr Termin

halb zwölf zurück

Und: Kopf hoch, aufrecht gehen! Nicht überfreundlich! Ruhig und höflich bleiben, aber zurückhaltend, nicht zu ausführlich antworten, nicht die Hand drücken! Lippenstift/Zähne!

EN ROUTE

Um Viertel vor fünf war es so weit. Scheiben vom Eis befreien und ein paar Minuten Motor laufen lassen, dann „en route".

Die Straßen glänzten etwas, doch mein Wagen hielt sich gut, wir kamen gut voran. Von Bekannten mit PC – ich hab ja keinen und kenne mich auch damit nicht aus – erhielt ich eine Wegbeschreibung für die Adresse im Stadtinneren. So wusste ich, in welchen Stadtteil ich einbiegen musste. Auch die Straßennamen und Wege hatte ich auf dem PC-Ausdruck.

In dem Stadtviertel eingetroffen, nutzte mir die Wegeschreibung überhaupt nichts: Es war ja dunkel und im Strom des Verkehrs sind Straßenschilder nicht zu finden und die großen gelben Tafeln schlecht zu lesen durch die Salznebelverschmutzung. So hielt ich in einer Nebenstraße an, stieg aus und ging auf Passantenjagd. „Guten Morgen, sagen Sie, wie komme ich zum Amtsgericht?" – „Oh, das kann ich Ihnen im Groben sagen, ich bin aber kein Autofahrer …", begann die konziliante Madame, so um die 50. Sie war soo lieb und nett. Herzlich bedankte ich mich, wünschte ihr einen schönen Tag und alles Gute zum neuen Jahr.

Himmel, hast du sie mir geschickt um 6.30 Uhr in der winterlichen, noch fast schlafenden Großstadt? Danke.

ICH MUSS MAL

Gestärkt durch die neue Information lenkte ich zuversichtlich mein Auto zurück auf die Hauptstraße, noch ein bisschen weiter, Aldi-Schild sollte kommen, dort rechts ab, dann eine Weile geradeaus und dann links.

Oha! Aldi kam nicht, dafür vieles andere. Und andere Autos waren auch schon wach. Da, Aldi! Welch ein Glück, so, jetzt rechts ab. Nein, geht nicht: Pfeil zeigt geradeaus, noch mal ein Pfeil, nun rechts ab und siehe da: ein Riesengebäude, mit Rieseneingang. Das muss es sein. Das ist es! In dicken Buchstaben und mäßiger Beleuchtung lese ich „Landgericht". Gott sei Dank. Wir sind da. Ein enger Parkplatz in Eingangsnähe nahm mein Auto auf und frohgemut marschierte ich zum Eingang des Tempels. Dort standen eine jüngere Frau und ein junger Mann und verglühten ihre Zigaretten. Das passte!

Nach einem Gruß frage ich (um kurz nach sechs morgens), ob das auch die Straße und Hausnummer sei, ich müsse ja zum Amtsgericht.

„Nein, auf keinen Fall. Das Amtsgericht liegt da hinten." Na gut, dann fahre ich noch weiter. Am Wagen angekommen klingelte meine Blase. Dicke Bäume waren genug da. Nein, das wäre unehrenhaft. Also zurück zu den Leuten auf den Portalstufen:

„In der Eile vergaß ich: Kann ich bei Ihnen auf die Toilette?"

ETAPPE II

„Kommen Sie her! Ausnahmsweise. Da lang, dort lang, da hoch, dort um die Ecke immer geradeaus, letzte Tür links." Aha! Der umherpendelnde Wachmann mit schickem Bauch in Uniform war nun auch instruiert und ließ mich durch die Flure laufen. Nach der Erleichterung erreichte ich frohgemut mein Auto, zuckelte rückwärts Zentimeter um Zentimeter aus dem Parkloch und fuhr in die beschriebene Richtung.

Nach ca. drei Minuten hielt ich im richtigen Bereich, fand auch sogleich einen Parkplatz und begann mit der Ortserkundung. Die Straße stimmte. Ein Hausblock neben dem anderen, ein gewaltiger Anblick, überall Eingänge, Passagen, Fenster, Bäume, Buschwerk. Ich fühlte mich wie ein Pionier in der Tundra.

Ab und zu strebte ein Mensch seinem Eingang entgegen und verschwand. An dem beleuchteten nächsten Eingang mit mehreren Glastüren stand Besuchereinlass ab 8.00 Uhr. Es war vor sieben. Da eilte ein hochgewachsener, hagerer Mann mit einem Rittergutsgesicht, wenig Haaren und mit Aktentasche um die Ecke, schloss die Tür „Für Angestellte" auf und hörte meine Frage: „Gibt es noch andere Gebäude mit dieser Anfangs-Hausnummer?" – „Nein, nein. Das hier ist das einzige!"

Gott sei Dank. So war Etappe II erreicht und abgeschlossen.

SCHEINHALTIGES PARKEN

Mein Parkerlaubnisschein für den Schicksalsparkplatz:
19.01.2016, 11:04 (07:54), P78, Gerichtskasse, bezahlt

DER AUTOMAT

Erleichtert erreiche ich mein Auto, packte mir meine warme Schurwolldecke auf meine Knie wie bei einer Winterschlittenfahrt in St. Moritz, kurbelte fingerbreit die Scheibe herunter und verharrte regungslos in totaler Entspannung.

Als ich erwachte, hatte ich noch eine halbe Stunde vor acht. Also Augen zu und warten. Um zehn vor acht komme ich zu mir, steige aus und schreite zum Parkzettelautomat. Wo ist der Einwurf? Ah, da. Einen Euro und 50 Cent werfe ich ein und denke: Heute ist ein besonderer Tag, wer weiß, wie lange das Ganze dauert, hier, du Automat, hast noch 'nen Euro!

Kaum eingeworfen, spuckt der Automat im hohen Bogen (!) das letzte Eurostück heraus, das nun über das Pflaster trullert. Nun ja, dann eben nicht. So etwas Eigenwilliges! Auf dem kleinen Parkschein lese ich: bis elf Uhr Parkzeit. Bis dahin könnte alles erledigt sein. Kurz vor acht warte ich als zweite Person vor der Glastür. Sonst begehrt kein Besucher Einlass.

Als ich im Flur zur Kontrolle dastehe, spricht der Justizbeamte hinter Glas durch ein Mikrofon, was ich nicht verstehe, aber mir denken kann: alle festen Sachen in den Kasten zum Durchleuchten. Dann muss ich durch einen Mini-Triumphbogen gehen, noch mal zurück und noch einmal. Was soll das? Übt er noch? – So, geschafft!

SÜDAFRIKA

„Das ist ja wie auf dem Flughafen!" – „Ja, viel schlimmer!", hörte ich. „Die Adresse kann nicht stimmen. Hier steht: sieben Punkt 124, das heißt siebente Etage, dies Gebäude hat nur die Hälfte!", sage ich. „Doch, Sie sind richtig. Sie müssen in die erste Etage!"

In der ersten Etage angekommen, suche ich ein WC. Auf einem Schild: nur WC für Angestellte, Besucher-WC Parterre oder 4. Stock. Wo sind wir hier, in Südafrika? Also gehe ich wieder herunter ins Parterre, den schmalen Gang lang. Rechts und links verschlossene Türen. Da murmele ich laut vor mich hin: „Keine Toilette, keiner da in Kanada." Da höre ich von einer Seite mit offener Tür aus dem Dunklen: „Kann ich Ihnen helfen?" – „Ja, ich such eine Toilette." – „Da müssen Sie dort lang, links, ganz hinten!" – „Das ist ja nett von Ihnen, aber weshalb sitzen Sie im dunklen Raum?" – „Das helle Licht blendet stark am frühen Morgen, so ist es angenehmer." Die Bildschirme leuchteten etwas die freundliche Frau an und ich sah, dass sie ganz schön rund war, aber nett war sie.

An der bedeuteten Toilette stand ein Schild: Herren. Widerwillig schlüpfte ich hinein und sah mich in Gesellschaft von drei Pissoirs. Nein, das war zu streng! Das ist eine reine Zumutung.

Da meine Blase aber schon zwickte, gab ich nach und setzte mich unter Protest in die einzige Kabine ganz hinten.

DIE UHR

Eiligst verließ ich den gekachelten Ort, stieg eine Etage höher und setzte mich auf einen der drei Notsitze im Flur, direkt neben dem benannten Raum. Nun war es so um 8.15 Uhr und bis zum Termin waren es noch gut 25 Minuten. Das war die Endphase oder Zielgerade. Wunderbar.

Wie ich so sitze und denke, wie gut alles gelaufen ist, auch die WC-Möglichkeit im anderen Gericht, rückt der Zeiger immer näher auf die 20 vor, zu meinem Termin. Jetzt ist es schon Viertel vor, jetzt zehn vor. Na ja, beim Zahnarzt dauert das Warten meist noch länger! Ich schaue noch mal auf das Ladungsschreiben. Da steht 9.40 Uhr!!! Ja! Oh Gott, da habe ich mich um eine Stunde verguckt! So habe ich noch rund 60 Minuten Zeit! Ach, die vergehen auch.

Am Rand des Ganges (in NRW, nicht in Vorderindien) hielten Wandschrauben drei Notsitze, wobei das Sitz-Holz durch eine Feder hochschnellte, wenn jemand aufstand. Waren diese Patente eventuell eine Spende von der Bundesbahn, als sie die Holzklasse abschaffte?

IM WARTEGANG

Die Breite des langen Flurs maß bestimmt nicht mehr als 1,30 m, denn es konnten nur zwei Personen nebeneinander gehen. Auf meinem Wandnotsitz musste ich mich seitlich schwingen, damit eine Person noch vorbeikonnte.

Die kahlen beigefarbenen Wände und die polizeitannengrünen Laibungen und Türen vermittelten mir die Ernsthaftigkeit des Ortes. Halt, da gab es doch noch Auflockerungen in Form von einfachen Schildchen mit Raumnummer, Name und Dienstgrad an jedem Eingang. Außer einem Feuerlöscher (wie soll hier bei dieser unterkühlten Atmosphäre überhaupt ein Brand entstehen?) gab es noch DIN-A4-Hinweiszettel, mit Klebstreifen kreuzweise an die Wand geheftet und zum größten Teil schon wieder gelöst und mit letzter Kraft verharrend wie ein gelbes Blatt im Herbst.

Irgendwo ging eine Tür auf, Frau raus, Tür zu, Klack, klack, abgeschlossen. Sie näherte sich meiner Sitzstelle und da ich sah, dass sie arg adipös war und sich jeden Meter erkämpfte, mit Wackelgang, machte ich mich ganz dünn, auf dass sie vorbeikam. Nach einer Weile eilte sie zurück, da war ich schon geübt. Klack, klack, Tür auf, Frau rein, fletsch, Tür zu. Tack, tack, tack, tack, tack, kam etwas um die Ecke. Es war ein jüngeres Wesen und viel dünner auch und tackerte an mir vorbei. Die ganze Zeit des regen Betriebs schaute ich angestrengt auf den blöden Zettel.

Wo sollte ich auch hinsehen?!

AM PULS DER ZEIT

Dabei musterte ich ihre Erscheinung ab Hüfte abwärts, ohne den Kopf zu bewegen.

Ich kam mir vor wie beim Geheimdienst. Der unscheinbare auffällige Ermittler. Gut, gut! Da sieht man mal, wie schnell der Mensch sich anpassen kann. – Ach ja, da marschierte eine schlanke, ca. 1,75 m hohe Madame mit hellen längeren Haaren heran. Sie hatte ein blasses Gesicht mit übergroßen Augen, bemerkte meinen Blick und schon erwiderte ich ihr zartes Lächeln. Auf ihrem Rückweg verharrte sie einen Moment und fragte freundlich und besorgt: „Sie warten sicher wegen einer Nachlassangelegenheit?" – „Ja", erwiderte ich. Dann verschwand sie mit ihren Akten unterm Arm in irgendeinen Raum. Rums, Tür auf, Frau rein, klack, Türe zu! Alles hallt hier in unnachahmlicher Weise. Während meiner mehr als einstündigen Wartezeit gab es keine zwei Momente der Stille. Schritte in der Ferne kamen näher und vergingen wieder. Dann knallte eine Tür zu, dann die andere, hallende Stimmen, Kurzgespräche, Schlüsselrasseln, Tür auf, Tür zu. Das ganze Haus, mit seinen Adern in Form von schmalen langen Gängen, pulsierte in gnadenlosem Rhythmus der Geschäftigkeit.

Wie halten die vielen Menschen über Jahre diesen täglichen Metal-Sound hier aus? Es gibt bestimmt ein Geheimrezept.

DIE NETTE ÜBERRASCHUNG

Auf jeden Fall empfand ich die heil überstandene Anreise als ein Geschenk der Götter, denn das war meine größte Sorge gewesen: Sind die Straßen glatt? Finde ich beizeiten meinen Zielort? Muss ich vielleicht dringend und es gibt keine Möglichkeit?

Aber alles war super gelaufen! Dank dem Himmel! Was hatte ich jetzt noch zu fürchten? Während ich so vor mich hin denke, schaue ich auf meine Uhr. Ja, es ist 9.40 Uhr! Das ist die Terminzeit! Schon geht die nahe Tür auf und ein freundlich um die Ecke schauender Mensch ruft mich herein und bietet mir einen Stuhl an. Als ich ihm das Ladungsschreiben zeigen will, lehnt der ca. Fünfzigjährige freundlich ab: „Ich glaube Ihnen auch so, dass Sie es sind." – „Entschuldigen Sie", unterbrach ich seine ersten Worte, „ich habe Hörschwierigkeiten und verstehe nicht alles und vor allem, wenn ich weiter weg sitze."

Nachdem ich mit dem Stuhl dem sympathischen Richter näher gerückt war, stellte er nach einleitenden Übersichtsdarstellungen die Frage: „Sie möchten also Ihren Vornamen geändert haben in die feminine Form, das hießt in Piera!" – „Ja." – „Da habe ich nur noch zwei Fragen:"

DIALOG

„Erstens: Streben Sie geschlechtsangleichende Operationen an bzw. wollen Sie Hormone nehmen?" – „Nein, Operationen auf keinen Fall. Mit Hormongaben bin ich mir nicht so schlüssig, aber meine Bedenken in dieser Richtung versuchte mein Arzt auszuräumen mit dem Hinweis, dass wir mittlerweile dreißig Jahre in der medizinischen Wissenschaft weiter seien und heute über andere Erkenntnisse verfügten."

„Meine zweite Frage ist: Wie kommen Sie im Alltag und in Ihrer Umgebung zurecht?" – „Wissen Sie, seit Jahrzehnten lebe ich schon, wenn auch meist latent, meine Rolle und verfüge über eine Menge Alltagserfahrungen. Zum Beispiel 15 Jahre Frankreich. 2014 buchte ich meine Flüge unter Piera und lebte sechs Monate in Spanien als Frau. Natürlich bin ich mir bewusst, dass es nichts Perfektes gibt. Ich lege starken Wert darauf, mich angemessen und diplomatisch zu zeigen und mich so zu bewegen. Ich verzichte auf diverse Dinge, aufbrezeln finde ich schlimm und lange Faltenröcke werde ich wohl nicht tragen. Viele Menschen in meiner Stadt kennen mich mit dem Touch von Weiblichkeit seit Jahren. Wobei es immer Leute geben wird, die aufgrund von Unwissenheit, Unsicherheit, Unfähigkeit spröde reagieren. Ein Umzug in eine andere Stadt wird oft diskutiert, jedoch hat auch das Haken!"

PLÄDOYER / ERGEBNIS

„Auf jeden Fall, denke ich, erwarte ich Toleranz, so muss ICH zunächst tolerant sein mit meinem Vis-a-vis. Vielfach stellen die Leute ihre Stacheln auf im ersten Moment, wenn sie nach ein paar Worten Näheres erfahren, sind sie meist friedlich. Ich unterscheide schon bei dem Kontakt mit meinen Bekannten: Bei den einen bin ich Pierre, bei anderen eben Piera. Das lasse ich so. Und wenn es mir nötig scheint, weise ich darauf hin, dass sich bei mir was geändert hat, zum Beispiel bei einer Auswahl von Adressen: meine langjährige Freundin, DAK, alle meine Ärzte, bei meiner Bank, bei der Post/beim Postmann, Architektur-Kammer, Reisebüro, Parfümerie, Versicherung, Dessous-Geschäft und andere … Ich stelle es jedem frei, wie er mich nennt. Nur mit ‚Herrn', das möchte ich nicht mehr." – „Gut, von mir aus bestehen keine Bedenken und da gibt es noch eine Stelle, eine Art Ethik-Rat, die immer in einem solchen Falle informiert wird von uns. Sie hat sich lange nicht gemeldet, das heißt, sie ist einverstanden und somit gebe ich grünes Licht und in ca. 14 Tagen erhalten Sie die Bestätigung/Genehmigung Ihres Antrages."

DIE SONNE STRAHLT

„Ja wunderbar, vielen Dank für Ihre Mühe und wenn ich Sie so betrachte, sind Sie genau richtig in Ihrem Amt! Danke nochmals."

Die Sitzung dauerte nur eine gute halbe Stunde, dann stand ich wieder an meinem Wagen. Erleichtert! Kein Saal, keine zehn Leute, kein Kreuzverhör, Gott sei Dank! Die Nacht war längst vorbei und die Sonne überstrahlte alles mit ihrer aufsteigenden Helligkeit. Als ich mich nach Autobahnhinweisschildern umsah und keine fand, entdeckte ich auf dem Parkstreifen einen telefonierenden Motorradfahrer. Aha, das ist mein Mann! Der mittelalterliche Sportfan in gelber Montur erklärte mir nett und kundig den Weg und so konnte ich ohne Schwierigkeiten der Großstadt entkommen.

Beim Rückblick auf die Geschehnisse der letzten 48 Stunden muss ich sagen: Die Aktion war schwierig und voller Ungewissheiten und hat mich viel Kraft gekostet, doch alles ging gut. Besser noch, ich glaube, eine dritte Macht führte Regie!

Ein dickes Lob und danke für die Hilfe, denn besser konnte es nicht kommen! Schwebe ich nun im siebten Himmel? Nein, durchaus nicht.

DANACH

Die Anspannungen der letzten Monate und der Stress der vergangenen Stunden hängen noch zu sehr in den Kleidern, um laut zu jubeln. Wie jeden Tag, so sind die Ereignisse jedes Mal anders, einzig.

Auf der Heimfahrt auf der Autobahn dachte ich: So, das hast du geschafft und eine Leistung war es auch. Stimmt! So, und was passiert jetzt? Nichts, ich muss brav nach Hause fahren. Und dann? Dann rufe ich meine Cousine im hohen Norden an, denn sie fieberte mit, wie die Sitzung im Amtsgericht gelaufen sein würde.

Aber sehr befreit fühlte ich mich schon. Die Last von Einklemmung, banger Erwartung und Ungewissheit lag hinter mir und ein starkes Gefühl von Freisein erfüllte mich. Ich genoss es wie ein Durstiger den ersten Schluck. Was hatte der Richter gesagt? „Wie kommen Sie im Alltag zurecht?" Meine Darstellung war mit Sicherheit Information genug gewesen. Doch ich hätte gern noch weiter ausgeholt. Nein, nein, mach dir keine Sorgen, es war schon gut, wie es war, sprach ich zu mir. Und weiter ging es mit Sonnenschein und frohem Herzen nach Haus. Wenn dann nach zwei Wochen die offizielle Bestätigung eintrifft, gibt es die amtliche Umstellung vom Ausweis, meine Behörde, Pass, Führerschein etc. Neue Fotos brauche ich auch.

Und sollte alles unter Dach und Fach sein, dann, ja dann machen wir zu Recht ein Freudentänzchen! Nicht wahr?!

KEIN KNÖLLCHEN

14 Tage später, Anfang Februar 2016. Es klingelt an der Tür am frühen Vormittag. Ah, der Postbote! „Moin, ist Manni heut nicht da?" – „Nein, er ist krank, kommt morgen wieder. Wir haben etwas für Sie!" – „Prima, was ist es denn? Einschreiben?" – „Ja, so etwas, sieht aus wie ein dickes Knöllchen!" – „Oh! Böse, böse!", stöhnte ich ironisch. Sein Auszubildender kommt mit sortierten Briefen herbei: „Bitte sehr, ich brauche keine Unterschrift, nur einen Datumsvermerk muss ich auf den Umschlag schreiben!" Mit „Vielen Dank" zog ich mich zurück. Es war der erwartete Brief vom Amtsgericht, der Beschluss zu meinem Antrag auf Namensänderung: „Das Amtsgericht ... durch den Richter ... hat am ... beschlossen: Die antragstellende Person führt nunmehr den Vornamen Piera. Es wird festgestellt, dass die antragstellende Person dem weiblichen

Geschlecht angehört. Der Gegenstandswert wird auf … € festgesetzt … Gründe …" Usw., usw. Himmel!

Nun ist die lange Zeit der Prozeduren endlich vorbei. Doch was muss ich noch dem Gericht bezahlen? Abwarten! Keine Hast, kommt Zeit, kommt Rat, versuchte ich mich zu beruhigen. Jetzt ist das begehrte Dokument da und das ist doch ein befreiendes Gefühl, nicht wahr? Genieße es, du hast es verdient, dachte ich.

Ja, so verkehrt ist der Gedanke nicht.

NERVENSTATUS FEBRUAR 2016

So, und jetzt rufe ich erst einmal meine langjährige Intima auf Sylt an, die den zähen Antragsverlauf (gut drei Jahre) mit Interesse verfolgt hatte und nun ebenfalls auf das Ergebnis lauerte: „Herzlichen Glückwunsch, wie fühlst du dich?", begann sie freudig, „endlich angekommen oder möchtest du einen Rückzug machen?", klopfte sie auf dem Busch herum. „Nein, auf keinen Fall! Wie ich mich fühle? Befreit von dem Druck des Ungewissen, Schreiberei, Termine, Warten auf die Reaktionen. Ja, das alles nervt schon! Und das über so viele Monate! Das dürfte jetzt vorbei sein. Je ne regrette rien! Mir ist es so, als ob ich im Zentrum eines Taifuns bin: große Stille, nichts bewegt sich. Das ist trügerisch, denn weiter außen toben bestimmt die Turbulenzen. Ich fühle eine Neutralität in meinem Bewusstsein. Keine Freude und keinen Kummer. Nur das Erleben von einem Stückchen mehr an Freiheit."

Die Freude über meinen neuen Status, den ich schon latent Jahrzehnte lebe, wird sich bestimmt bald einstellen. Und der Ausweis mit dem neuen Namen erinnert mich an Geldscheine. Erst wenn man sie verwendet, erhalten sie ihren Wert. Vorher nicht. Ich glaube, anderen Menschen geht es genauso. Morgen gehe ich erst einmal zum Einwohnermeldeamt, um einen neuen Personalausweis und einen Führerschein zu beantragen.

Nur punktuell werde ich meinen Bekanntenkreis vom neuesten Stand berichten, das ist für mich klar. Hach, es ist schon ein tolles Kribbeln, wenn etwas gelingt und ein Fortschritt sich abzeichnet.

Gibt es neue Rechte, so gibt es auch neue Aufgaben. Doch zuvor eine Zusammenfassung von Äußerungen in meiner Umgebung:

REAKTIONEN

Auf den Hinweis meines neuen Vornamens reagierte in meinem näheren Umfeld die Gesellschaft recht unterschiedlich:

Mein Postbote ganz nett; an der langjährigen Poststelle mit Zeitschriften und Lotto kam keine Reaktion, kein Wort, keine Bemerkung, nichts. Bei meinem Optiker zeigten sich die Mitarbeiter teils schweigsam, teils verhalten, aber auch aufgeschlossene und freundliche Begegnungen erfuhr ich. Bei meinen Ärzten war die Reaktion teils distanziert, teils freundlich. Auch bei meiner Bank gab es eine bunte Palette: von stumm bis Glückwunsch-Übermittlungen. So lief es auch bei meiner Versicherung.

Aufgrund meiner Erfahrung kann ich sagen, mein neuer Status wird wohl vielfach der folgenden Überlegung zugeordnet: Der Wechsel in den anderen Lebensbereich ist anmaßend, unpassend, peinlich, unmöglich! Deshalb Attacke, in welcher Form es auch sein mag, statt nachzudenken, was ja auch sehr anstrengend ist. Viele Menschen, denen ich begegne, wissen kaum oder nichts von der Thematik und urteilen trotzdem und verhalten sich dementsprechend. Wer verdient hier ein berechtigtes Mitleid?! Die lieben Mitmenschen natürlich. Aber darum geht es nicht. Das Leben in der anderen Rolle verlangt ein doppeltes Bewusstsein und läuft „nur" mit hohem Einsatz!

Letztendlich betrachte ich ebenso diese Herausforderung an mich selbst als einen Akt von lohnender Erkenntnis in Sachen Weiblichkeit, um die ich sehr froh bin. Auch davon haben die anderen meist keine Ahnung. Mit (Vor-)Urteilen ist man schnell dabei und überhaupt:

Wem habe ich Rechenschaft abzulegen? Wen geht es etwas an, wie ich mich kleide, wie ich lebe? Wen? Niemanden!

WAS ZÄHLT

Oh, da gibt es doch Leute, Menschen, Mitmenschen, die geht es schon etwas an, wie ich mich kleide, wie ich lebe, was ich so mit meinem neuen Dasein anfange und durchstehe! Ungeheuerlich! Ungeheuerlich? Ja, ungeheuerlich schön!

Denn es gibt einige Menschen um mich herum mit Interesse, die mich seit Jahren und noch länger kennen und mir freundschaftlich begegnen. Das sind die Leute, die zählen.

Ach, ich denke nein. Die, die mich wirklich schätzen, das heißt mir auch ganz nahestehen, sind vielleicht nur eineinhalb bis zwei. Und das reicht doch, oder nicht?!

Viele andere sind auch nett, aber es ist doch so: Jeder hat seine Aufgaben, seinen Kreis und das Interesse an dem anderen kann doch nur peripher sein. Der Unterhaltungswert agiert, aber ja, an erster Stelle; dem Genuss von Neuigkeiten gibt man sich gerne hin. Das ist so und auch normal. Punkt. Ich muss mich weiter stabilisieren. Das mach ich auch und kümmere mich nicht so sehr um das Gerede.

Wie ich von kompetenter Stelle erfuhr, gibt es besonders in Asien viele transsexuelle Menschen. Je nach Land und Sitte sind zum Teil aber auch erhebliche Schwierigkeiten zu überwinden. Hab ich das große Los gezogen? Ganz problemlos soll es bei den nordamerikanischen Indianern zugehen. Wenn jemand sich der anderen geschlechtlichen Rolle zugehörig fühlt, wird dies akzeptiert mit der Verpflichtung, nicht nur konsequent die gegengeschlechtliche Kleidung zu tragen, sondern auch die Aufgaben, Pflichten und Rechte dementsprechend zu übernehmen. Somit ist dieser Mensch in der Gesellschaft ebenbürtig aufgenommen.

TRANSSEXUELL

Und schließlich ist Transsexualität eine ernste Angelegenheit und keine Laune oder so etwas. Die Bezeichnung „transsexuell" sagt auch nichts über die geschlechtliche Orientierung aus. Es gibt somit heterosexuelle, schwule, lesbische oder bisexuelle Richtungen, wie sonst auch. (Näheres folgt gleich.)

Und noch ein interessanter Satz dazu: 80 % der Transsexuellen tendieren zur männlichen Domäne und nur 20 % zur femininen Welt. Nach meiner Einschätzung gestaltet sich das Leben der Minderzahl als wesentlich komplizierter, aufwendiger und teurer als bei den Transmännern. Das so nebenbei.

PIERA – ja, es ist also amtlich, mit richterlichem Beschluss. Mein Vorname ist jetzt Piera. Aber eine Frau zu sein bedeutet mehr, als einen femininen Vornamen zu tragen! Ein ganz fundamentaler Punkt kann nicht außer Acht gelassen werden: Rein biologisch/physisch ist es unmöglich, aufgrund von Begehrlichkeiten den Knochenbau eines erwachsenen Menschen in eine gegengeschlechtliche Proportion zu manipulieren.

Um diese Tatsache kommt keine betroffene Person herum. Alles andere ist im Allgemeinen mehr oder weniger erreichbar. Diese natürliche Begrenzung stellt für mich keinen Punkt des Bedauerns dar, vielmehr bin ich überzeugt, dass die Persönlichkeit eines Menschen zählt und gerade die oft anzutreffende Individualität mitunter sehr nützlich ist.

Gerade solcher angeblicher „Mangel" kann dem Personenbild zum Vorteil verhelfen. Ein „Mangel" avanciert zu einem Markenzeichen!

Was heißt hier Mangel? Anderssein, denke ich, passt besser.

KOPF HOCH!

Beispiele gibt es doch genug, unter anderem: ein Mensch hatte einen Sprachfehler und machte deshalb Karriere als Schauspieler (Hans Moser); weitere:

Hängendes Augenlid – Komiker

Magersüchtig und unattraktiv – Charakter-Schauspielerin

Kleinwüchsiger, Contergan – Welt-Tenor

Blind – Weltstar-Sänger

Nur ein Auge – Schauspieler, Kommissar

Faltengesicht – Komiker
Adipöse Figur – Schauspieler, Pater-Darsteller
… und viele mehr.

Und so bin ich der Ansicht, dass Transsexuelle wie auch andere mit weiteren Variationen der Geschlechtlichkeit durchaus innerhalb der Gesellschaft einen vertretbaren Platz einnehmen und auch Anerkennung erhalten können.

Außerdem betrachte ich den unüblichen sexuellen Status eines Menschen weder als Krankheit noch als Fehler oder Schmach, sondern einzig als eine Variante im menschlichen Miteinander. Ob die Besonderheit, das Anderssein die Leiter hinaufhilft, ist natürlich von vielen anderen Dingen auch noch abhängig. Ein gewisser Standard sowie ein angemessenes Selbstbewusstsein haben noch nie geschadet.

Also: Kopf hoch, aufrecht gehen und keine Schwätzer und Voyeure fürchten!

Meist versuchen sie, mit Penetranz die anderen zu verunsichern, um ihre eigenen Unsicherheiten zu überdecken und sich stark zu fühlen. Diese Mechanismen sind bekannt.

Ob man sich auf so etwas einlässt, ist die Frage.

Vor Wochen las ich diesen Spruch an einem Pkw: „Das Leben ist zu kurz, um sich darüber zu ärgern, was andere über dich denken oder sagen. Also habe Spaß und gib ihnen etwas, worüber sie reden können; scheinbar ist ihr eigenes Leben zu langweilig!" Prima! Stimmt!

DER WANDEL

Irgendwie bekam meine Umwelt immer mit, dass ich anders war. Manche glaubten, ich sei homosexuell und behandelten mich dementsprechend negativ. Und wie alle wussten, galt der Paragraph 175 als Hinweis für Bedenklichkeit; denn diese Leute waren laut Gesetz kriminell. Erst 1994 wurde bei uns der Paragraph gestrichen. In vielen Ländern der Erde ist Homosexualität bis heute verboten.

Ende der Siebziger beschäftigte mich schon die Frage, ob ich nicht doch einer Geschlechtsumwandlung und Hormontherapie zustimmen sollte. Ich suchte Kontakt zu einer Transfrau und beobachtete genau und diskutierte mit ihr ausführlich. Sie hatte die geschlechtsangleichende Operation hinter sich und nahm Hormone. Wir trafen uns mehrmals in Köln und ich kam zum Schluss: Weder das eine noch das andere kommt für mich infrage. Das blieb die Jahre über so.

Bis vor Kurzem war eine Personenstandsänderung nur möglich mit einer Operation! Erst Anfang 2011 wurde diese Bedingung vom Verfassungsgericht aufgehoben, wie ich hörte.

Was transsexuell bedeutet? Es sind Menschen, die ihr biologisches Geschlecht als falsch empfinden und sich dem anderen Geschlecht verbunden fühlen. Egal wie die richterliche Entscheidung ausgegangen wäre, hätte ich nie meinen femininen Weg, den ich zeitlebens lebte, verlassen, selbst mit weiteren Einschränkungen nicht. Insofern gibt es keinen Wandel meiner persönlichen Struktur durch die Vornamensänderung, sondern nur eine Erweiterung, eine Liberalisierung.

Ja, ich bin transsexuell und nur an Frauen interessiert. Ich liebe sie!

BETRACHTUNGEN

Bei den vielfältigen Beobachtungen meiner Mitmenschen, vor allem der Frauen, versuche ich die Zusammenhänge, Übereinstimmungen oder seltsame Kombinationen zu analysieren, inwieweit sie in dem Zusammenspiel von Verhalten und Kleidung zum Ausdruck kommen. Und so gibt es immer etwas zu sehen und zu beobachten und ich stecke ebenfalls in diesem Ablauf. Ich werde auch beobachtet und taxiert. Das ist auch legitim.

Wenn ich möchte, dass die Leute zu mir freundlich sind, muss ich zunächst freundlich sein. Sind die Leute mir gegenüber trotzdem verhalten oder ruppig, so haben sie Pech gehabt und nicht ich! Die abhängige Wechselhaftigkeit ist ein Naturgesetz und diese Worte kennt jeder, aber die Bedeutung oder gar die Anwendung? Eine Hand wäscht die andere. Wie es in den Wald schallt, schallt es heraus. Liebe die Welt und die Welt wird dich lieben! Und andere.

In diesem Zusammenhang fällt mir ein ähnliches Gesetz ein. Wer Rechte hat, hat auch Pflichten – und umgekehrt! Nun habe ich das Recht, mich laut richterlichem Beschluss und Gesetz Frau zu nennen, wenn dem so ist, und es ist so, dann empfinde ich automatisch auch die freudige Pflicht, mich dementsprechend und angemessen als Frau zu bewegen! Das ist doch eine ethische Angelegenheit, nicht wahr? Also weiter üben, denn eine Sozialisierung wird einem nicht geschenkt!

Da taucht doch bei Nicht-Fremden immer wieder die Frage auf: „Wie willst du nun angesprochen werden?" – „Die gewohnte Form natürlich nicht, aber Piera, das geht." Bei Fremden aber: Frau. – Ist das kompliziert?!

GLÜCKLICHSEIN

Da haben wir aber noch eine andere Frage von Ursprünglichkeit und Relevanz:

Wonach trachten alle Menschen? Kurz zusammengefasst: na klar, nach Glück. Sie wollen glücklich sein! Und woraus besteht selbiges? Da wird es schwierig. Ich denke, und ich schließe von mir persönlich auf die Antwort, ich fühle mich glücklich in vielfältiger Hinsicht. Zum Beispiel, wenn ich mit einer charmanten Person herzhaft lachen kann oder wenn mir ein Plan gelungen ist, etwas Gutes in der Pfanne oder auf dem Teller lockt oder wenn ich eine tolle Bluse oder einen schicken Pulli ergattert habe und vor allem: Ich bin überglücklich, dass ich viele meiner Gedanken kompakt auf Papier bringen konnte.

Treffe ich mal jemanden und frage ihn, wie es ihm geht, und höre dann: „Ich bin zufrieden!" Mein Gott, wie furchtbar, denke ich. Dann bin ich aber nicht glücklich, denn ich möchte nie zufrieden sein, sondern immer noch ein paar Wünsche anmelden.

Mein Glück setzt sich doch zusammen auch aus diversen kleinen und größeren Sternchen am Wunschhimmel des Alltags und sie lassen mich oft glücklich sein durch Wohlfühlen. Ja, wohlfühlen bedeutet für mich glücklich sein. Das Streben nach dem Urbedürfnis ist doch legitim, aber das Erreichen desselbigen bekanntermaßen nicht immer einfach.

So, nun lassen wir ein paar Seiten frei, quasi als Rollbahn und Parkplatz für die nächsten, noch unbekannten Episoden, die dann irgendwann zur Niederschrift als erste dort landen können.

Denn: Das Leben geht weiter! Gott sei Dank! La vie est belle! Wir fahren weiter!

249

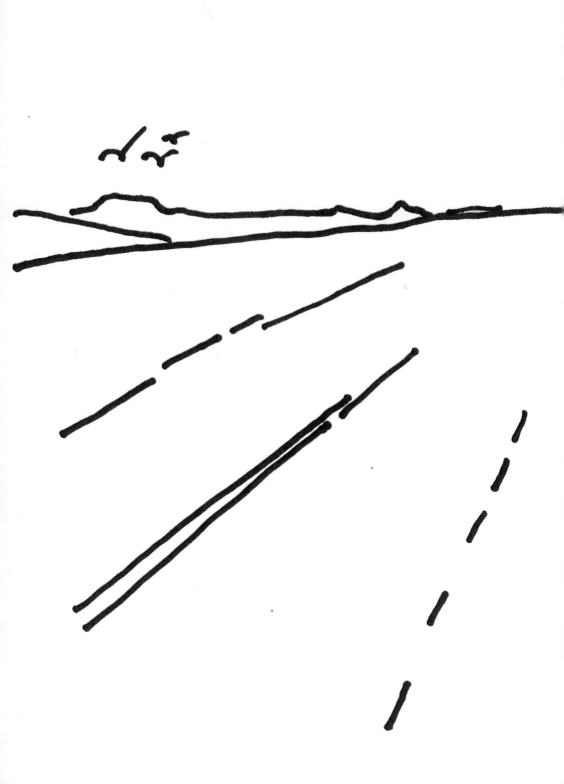

Teil 2

MOSAIK – GEDANKEN

Der Geist zeigt sich
erst durch Verbrauch
von Energie, sonst nie.

Wie wandernde Luft
Wind wird
durch Hindernisse,
so
erstrahlt ein Stein
zum Glanz
durch Schliff.
Piera, April 2015

Pläne machen
bedeutet für mich:
ein Ziel zu haben!

Die Arbeit geht flott voran,
wenn sie im Wechsel ist getan.
Piera, ca. 1995

Denken und Handel
sind stets im Wandel.
Piera, 1. Mai 2015

Das Wort und auch die Sätze
sind nicht immer gold'ne Schätze.
Piera, April 2015

Mit wenigen Mitteln
ungewöhnliche Leistungen
zu vollbringen,
ist der Ausdruck
von geistiger Beweglichkeit.
Uralte Weisheit, glaube ich

Ein Moment zum Glücklichsein
bedarf nicht unbedingt
den Luxus einer
Hochsee-Jacht.
Piera

MOSAIK – GEDANKEN – VOM DENKEN ZUM SATZ

Das Gefühl, die Absicht, die entsteht,
zum Prüf-Akt ins Labor dann geht.
Dort werden Wunsches-Noten, auch die runden,
herausgesucht und echt verbunden.
Als Träger und als kühner Bote
erhält das Wort 'ne eigne Note.
Ist die Zeile kontrolliert,
ruft man eiligst: „EX-PEDIERT!"
So reift das Denken dann zum Satz
und hilft den Dingen auf den Platz.
Piera, 1. Mai 2015

MOSAIK – GEDANKEN – NACHDENKLICHES

Die Frage des Hirten:

„Wer ist der Stärkste an Deinem Körper?"

Die Beine ergriffen das Wort und sagten: „Wir sind es. Wir tragen den Leib und lassen ihn laufen."

„Nein", sprach der Muskel, „ohne uns geht nichts. Wir sind es!"

„Ho, ho", tönte der Bauch, „wo käme das Blut her, wenn ich nicht wäre?! Und denkt an die vielen Organe und Bahnen, die ich in mir beherberge. Ich bin es!"

„Hört endlich auf zu streiten!", dachte der Kopf und ließ den Mund sprechen:

„Liebe Teilhaber, weshalb zankt Ihr Euch?! Gebt Ruhe. Ich sitze über der höchsten Stelle des Bauches und besitze einen Geist und damit das Leben. Ich bin somit der Stärkste und deshalb der Chef. Ich sage Euch, was Ihr zu tun habt!"

Das hörte das Herz im Bauch voller Verdruss und hielt vor Schreck inne. –

Nun hatte der Streit ein Ende
und es herrschte die lange Stille!
Piera, im April 2015

MOSAIK – GEDANKEN – UNBEGREIFLICHES

Mein Geist,
so wie er aus den Augen schaut,
ist mir gewohnt, doch nicht vertraut.
Erst durch Konsum
von Energie
zeigt sich der Geist, sonst nie,
wie wandernde Luft zu Wind geworden,

durch Hindernisse aus Orden.
Die Augen auch mal zu und
unterwegs in fernen Reichen,
Erinnerungen und Vergleichen,
abgefragt und neu verbunden,
einsortiert und aktiviert,
in der oberen Zentrale
der Hirnrindenschale.
Ja, er lenkt
alles in und an dem Bauch.
Es funktioniert in Wunderweise auch.
Doch das Blut, sobald es steht,
die Seele aus dem Leibe strebt.
Und wie ist's möglich, dass der Geist
im Bruchteil aus dem Körper reist
und ihn zurücklässt nur als Hülle,
entmachtet zum Vergang der Fülle?
Piera, April 2015

MOSAIK – GEDANKEN – DAS WORT

Das Wort,
gesprochen oder geschrieben,
ein Kürzel, eine Verdichtung, ein Transporter
in größter Vielfalt und Kombination.
Ein Werkzeug für Dialoge.
Piera, um 2000/16.04.2015

Doch das Risiko, dass ein Gegenüber den gewohnten Begriff anders deutet, als der Absender ihn besetzt hat, ist oft sehr hoch und bedarf Erklärungen, wie man selbst den Begriff bestückt hat. Banal gesagt: Für den einen ist Brot halt eine Summe von Vorgängen und dem anderen nur etwas zum Essen. Daraus resultieren oft Meinungsverschiedenheiten und Folgen.

MOSAIK – GEDANKEN – VERGANGENHEIT UND GEGENWART

Oft denke ich an das Vergangene aus meinem Leben und vieles bedrückt mich:

Manch Schönes, weil es vorbei ist.

Das Schlimme, welches gewesen ist.

Die Erkenntnis, dass Gewesenes nicht verändert/berichtigt werden kann!

Dann denke ich wieder an das Gegenwärtige und bin voller Pläne, um die mir verbleibende Zeit sinnvoll und maximal zu gestalten.

Genauso oft denke ich auch nach über die Theaterbühne der Gegenwart, des Wachzustands, des Augenblicks und erlebe den täglichen Lauf des Lichtes als Zählwerk der Endlichkeit auf Erden.

MOSAIK – GEDANKEN – SELBSTGESPRÄCH MANN/FRAU

Mann/Frau … is halt a Mensch.

Wenn man sich in Bereiche begibt, die man nicht kennt, und nicht weiß, wie sie sich entwickeln und ausgehen, ist es wahrscheinlich logischerweise so: Es ergeben sich Situationen/Probleme, die ganz neu sind, ohne Vorbereitungsmöglichkeit, weil sie umgehend gemeistert werden müssen, vielleicht nur mit gerade minder vorhandenen Mitteln, ohne Sicherheit und Garantie. Ja, das nennt man Abenteuer! Schärft aber die Sinne. Und der Eventualität einer Öffnung in ungeahnte Möglichkeiten und Gebiete, bezeichnet als Fortschritt und Erfolg, wird das Tor weit geöffnet. – Sollte ein Erfolg nicht erkennbar sein, so sind die gemachten Erfahrungen mit Sicherheit Stufen für das nächste Unternehmen. – Das nenne ich Leben! Ist das nicht wunderbar?! – Es ist ein einziges Abenteuer. – Manchmal sind die Ergebnisse prima, brauchbar oder gar nicht so, wie man sie so gerne hätte. Es geht doch nie schnurgerade zu: Einbahnstraßen, Kreisverkehr, Sackgassen, Umleitungen und Baustellen oder eine Ampel, „ewig" auf Rot, gibt es mehr als genug. Aber es gibt

auch Autobahnen. So ist das. Obwohl das alles bekannt ist, ist es oft so schwer, das zu akzeptieren. Man könnte aus Ungeduld, Verzweiflung und Verzückung oft in die Schürze weinen und auch lachen: „Mann/Frau is halt … a Mensch."
20.07.2014

MOSAIK – GEDANKEN

Was heute Gegenwart ist,
ist morgen Vergangenheit.
So sehe ich heute
die Vergangenheit von morgen.
11.07.2014

Große Avocados
haben auch große Kerne!
Sommer 2014

Ich habe nicht das gefunden,
was ich gesucht habe;
aber ich habe gefunden,
was ich nicht suchte.
18.03.2015

Im Leben ist es wie im Theater:
Die besten Plätze
haben die höchsten Preise.
Anders gesagt:
Hohe Ziele verlangen hohen Einsatz!
Doch hoher Einsatz garantiert
keinen hohen Gewinn!
16.03.2015

Nur wer die Sprache spricht,
kann die Worte deuten!
Viele Worte sind den Menschen bekannt,
aber nicht deren Inhalt!
16.04.2015

MOSAIK – GEDANKEN – REZIPROK

Keine Spitze – ohne Fläche.
Würden alle Spitzen multipliziert,
so entstünde wieder eine Fläche!
Jedes Volk hat einen Präsidenten.
Ohne Volk – kein Häuptling.
Ein König braucht Untertanen.
Ein König allein ist keiner.
Ein Redner ist nur einer,
wenn es Zuhörer gibt …
und umgekehrt.
Nicht alles kann Mittelpunkt sein!
Und so weiter, und so weiter …
(seit vielen Jahren im Bewusstsein) P.

MOSAIK – GEDANKEN – ZEITGEDANKEN

Alles, was wir sehen,
sehen wir nur reduziert,
wie unser Denken reduziert ist.
Das eine als auch das andere
wird uns nur hilfreich möglich
durch die Begrenzung.
März 2014

Beim Handel und Werken
erkennt man
die Qualität der Geister.

Nicht alles kann
Mittelpunkt sein!
Erst der Schatten
qualifiziert das Licht!
2013

Erst dann, wenn jemand meinen Namen nennt, besitze ich einen!
2015

MOSAIK – EPISODE – KLEIDER MACHEN LEUTE

Es muss so um 1990 gewesen sein: In meinem Kleiderschrank geisterte immer noch mein gut erhaltener Anzug aus den Siebzigerjahren herum. Die Zeit war vorbei und ich sortierte ihn endlich aus. Ich dachte: Doch bevor ich das gute Stück in die Kleiderspende bringe, ziehe ich ihn zum Abschied noch einmal an, auch mit Hemd und Krawatte, und gehe vor den großen Spiegel im Atelier. Auf einmal höre ich ein bedrohliches Knurren hinter mir! Meine Dogge dachte vielleicht, ich sei ein Fremder; auf jeden Fall gefiel auch ihr der Anzug nicht. Langsam, aber zügig verschwand ich im Nebenraum, denn eine hastige Bewegung reizt zum Angriff und ich wollte kein Opfer einer Verwechslung werden. Aber ganz, ganz schnell zog ich dann meinen BH, Pulli und Rock wieder an und der Hundefrieden war gesichert. Diese Episode veranlasste mich, mein Kleiderabteil noch einmal und gründlich zu durchkämmen. Einige Hemden, Binder, Hosen und anderes überflüssiges Gedärm kam so zusammen. Diese Spende von Kleidern hatte mich im doppelten Sinne erleichtert und mir war es um einiges wohler. So, dieser Punkt saß auch.

MOSAIK – GEDANKEN – MERKWÜRDIGES

Das I Ging:

In der Anfangszeit, als ich in Frankreich wohnte, ca. 30 km von der Landeshauptstadt La Roche-sur-Yon, besuchte ich im Zuge einer Einkaufstour dort eine renommierte Buchhandlung in der City. Unter anderem stöberte ich in den Regalen nach dem „Buch der Wandlungen", dem „I Ging", und zwar nach der Originalfassung aus dem Chinesischen vom Übersetzer und Herausgeber Richard Wilhelm. Als ich immer noch nichts gefunden hatte, wandte sich mich an einen Berater des Buchladens mit dem Wunsch, dass ich gerne die französische Ausgabe des Weisheits- und Orakelbuches ansehen und kaufen möchte. Der Angestellte, Geschäftsführer, kam in Bewegung und suchte und suchte im Regal hier und dann dort und schließlich im Katalog und wieder im Regal. Fast erschöpft teilte er mir mit, dass es keine französische Ausgabe hier gebe, auch keine Querliteratur. Die Geduldsprobe endete mit einem Bedauern des Buchmenschen. Ich bedauerte auch, bedankte mich höflich und strebte dem Ausgang zu. Dieses Buchgeschäft, so riesig und langgestreckt, sollte kein I-Ging-Buch haben? Nun ja, dann ist es so! Mit diesen Gedanken pendelte ich aus der Tiefe des Etablissements in der Nähe der Wandregale entlang in Richtung Straße. Ich schaue hoch, wieder mal einen Abschiedsblick auf die vielen, vielen Bücher, da! – Da lese ich „I Ging"! Genau auf meiner Augenhöhe! Ja, welch eine Überraschung! Ich nehme das Buch heraus und trage es zur Kasse. Mit einer Entschuldigung und freudigen Worten wurde mir das begehrte Werk ausgehändigt.

Zu Hause angelangt, nach Regelung/Verteilung meiner Einkaufsbeute, sah ich mir das neue Blätterwerk genauer an und musste feststellen, dass ich eine grundsätzliche Sache nicht bedacht hatte: Um ein umfassendes philosophisches Werk in einer anderen Sprache zu ergründen, zu verstehen, bedarf es einer perfekten Beherrschung derselbigen und davon war ich weit entfernt. Vieles der Deutungen steht doch zwischen den Zeilen. So kann man schnell in eine lehrreiche Sackgasse geraten. Der kühne Streiter in der Fremde kehrte freudig zurück zu seinem I Ging in deutscher

Ausgabe. Dieses zauberhafte Werk soll vor ca. 5 000 Jahren geschrieben worden sein und erhielt Ergänzungen im Laufe der Zeit durch Adlige, Philosophen, Könige und Kaiser. Als Ratgeber für Bereiche von Staat, Familie, Landwirtschaft, Fischerei und Jagd spielte immer das „I Ging"/ „Buch der Wandlungen" eine zentrale Rolle. In China und der ganzen Welt! Die hervorragendsten chinesischen Philosophen wurden von dem „I Ging" beeinflusst und ergänzten mit ihrem Wissen das Werk. Den bedeutendsten Beitrag lieferte der Philosoph Konfuzius (551–479 v. Chr.). Vor mehr als dreißig Jahren entdeckte ich in einer Schrift dieses unübertroffene chinesische Meisterwerk, das für mich nicht nur ein Lehrbuch darstellt, sondern auch noch einen weisen Gesprächspartner/Ratgeber und Orakel-Manager. Dies alles ist nur möglich durch den begnadeten China-Kenner Richard Wilhelm, der mit seiner perfekten Sprachkenntnis die Schrift ins Deutsche und vom Deutschen wieder ins Chinesische übersetzte, um so bei der endgültigen Fassung ins Deutsche eventuelle Fehler aussieben zu können. Meine Hochachtung und meinen Dank an Richard Wilhelm.

MOSAIK – GEDANKEN – NICHTS NEUES

Mittlerweile bin ich überzeugt, dass alle und wirklich alle philosophischen Gedanken und Erkenntnisse, die einem Menschen entwachsen konnten, können und werden, in der Natur nichts Neues darstellen.

Für ein Individuum mag es neu sein, genauso wie für jeden einzelnen Menschen nach der Geburt die Welt entsteht, obwohl sie so lange schon existiert.

Die Eigenheiten, Gesetze von Elementen und allen möglichen Dingen, die uns umgeben, einschließlich aller Lebewesen, zu erkennen und zu berücksichtigen, sich ihnen vernünftig – also auch ihrem Charakter entsprechend – und angemessen zu nähern, das halte ich für eine Weisheit des Daseins.

Nun stelle ich mir vor: Auf einem Tablett steht ein Glas Cherry. Gut. Was passiert, wenn das Glas nur dasteht? Es kann erkannt werden bei

Nähe, auf große Distanz aber nicht. Beim starken Berühren fällt es um. Es kann geleert, gefüllt werden, aber auch zerbrechen. Es gibt viele Möglichkeiten für das alles, aber nur begrenzte, denn das Glas kann nicht laufen und nicht fliegen, weil es keine Beine und keine Flügel besitzt.

So, jetzt kommt der Mensch, der noch nie ein Glas sah, untersucht es und stellt fest, dass das Glas nicht wegläuft, da es keine Beine hat. Aha, denkt er, das ist eine Erkenntnis, eine Logik und ganz neu! Dem höheren Wissen des Glases ist dieser Befund jedoch nicht neu, sondern immer bekannt.

Genauso bekannt wie alle fast unzähligen anderen Kombinationen auf dieser Erde und gewiss im Kosmos auch. Und hier sind wir wieder am Anfang: Bei den philosophischen Ergründungen über viele Generationen in mehreren Tausend Jahren sind die Grundprinzipien und die Wirkungen der Umstände und der Dinge unverändert von Anfang an. Sie werden aber immer wieder neu entdeckt, interpretiert und oft als neu „verkauft".

Ich glaube schon, dass es so ist.

MOSAIK – GEDANKEN – ZEIT

Wenn es im All keinerlei Sterne, keine Planeten gäbe und nur „das Nichts" vorhanden wäre, gäbe es für jegliches Reiseobjekt keinerlei messbare Geschwindigkeit! Eine Geschwindigkeit wäre keine, ob 100 000 km/s oder 100 km/h, die das Objekt hätte. Nur durch das Vorhandensein der anderen Sterne, Planeten gibt es eine nachweisbare Geschwindigkeit im All. So ähnlich geht es auch im menschlichen Bereich zu: Kommt mir ein Zeitraum zu lange vor, weil wenig oder nichts passiert (= vorbeikommt), so scheint die Zeit zu stehen, weil nichts geschieht. Passiert viel (= kommt viel vorbei), dann saust die Zeit. In meiner späteren Kinder- und Jugendzeit wollte ich so gern schon 21 Jahre und damit erwachsen sein, damit ich mehr durfte. Aber es dauerte und dauerte und ich sehnte mich so sehr danach. Bloß gut, dass ich durch viele andere Dinge und Aufgaben abgelenkt wurde. Und so empfand ich die Zeit doch nicht als so lang.

MOSAIK – GEDANKEN – WARTEZEIT

Nicht erst heute überbrücke ich die oft lange Wartezeit (Arzt, Auto-Stau, Flughafen) ganz einfach mit meist genauen Beobachtungen ... und es geschieht (passiert) so viel um einen herum, obwohl es oft aussieht, als würde nichts passieren. Nur ein Beispiel: Vor ein paar Wochen sitze ich allein im Wartezimmer beim Arzt. Es dauert und es dauert. Ich sehe mir den Warteraum jetzt mal genauer an: Da hängt ein großes Foto von der Altstadt in Paris an der Wand. Was ist dort zu sehen? Ach, sechs Brücken über der Seine. Also, sechs Brücken! Und wie viele Lampen befinden sich im Warteraum? Richtig, sechs. Und die Stühle? Auch sechs. Wie viele Bilder an der Wand? Auch sechs. Und Garderobenhaken? Auch sechs. Unglaublich! Wieso gibt es so etwas? Ich kann es nicht fassen. Als ich dann ins Sprechzimmer gerufen wurde, berichtete ich meine Beobachtungen. Der Arzt lächelte: „Ach ja, das habe ich die ganzen Jahre nicht gemerkt."

Aber glauben Sie ja nicht, dass ich alles so akribisch betrachte und zähle!

MOSAIK – GEDANKEN – RELATIVES

Eine menschliche Leistung wird erst dann eine Leistung, wenn sie von anderen wahrgenommen/beansprucht wird. Das heißt: Wird eine Leistung entwickelt, z. B. ein optisches Gerät, aber niemand erfährt davon, so ist die Leistung ohne Wert beziehungsweise nie vorhanden gewesen. Deshalb ist es notwendig, dass Leistungen bekannt werden, um da zu sein und zu wirken.

MOSAIK – IM TEXTILHAUS – DIE KLEINE KASSIERERIN

An einem Tage wanderte ich in ein großes Textilhaus, um nachzusehen, ob es dort eventuell etwas vor Ort gibt, was mir passt, mir gefällt und mir dienlich ist, zumal ich „überhaupt nichts zum Anziehen habe". So grase ich viele Ständer und Regale ab und komme mir manchmal vor wie ein Ziegentier, das gemächlich den Weg entlangknabbert und manch ein Kräutlein entdeckt. Auch die Abteilung mit Umstandsmoden wird inspiziert, wegen den üppigen XXL, das ist Pflicht. Denn bei meiner Körpergröße ist es nicht immer leicht, etwas Passendes zu finden! Jedenfalls an diesem Tage erntete ich mehrere Sachen und steuerte auf die Kasse zu. Ich musste warten und beobachtete die Szenerie: Die Kassiererin, nett und flink, war angenehm anzusehen, doch sie war nicht nur zierlich, sondern auch auffallend klein gewachsen. Bei meiner Körperlänge im Vergleich empfand ich ein klein wenig Scham, dass ich so übermäßig begünstigt und sie wirklich zu kurz gekommen war. Dann kam ich dran. Sie legte die Artikel zurecht, da sagte ich: „Wissen Sie, es ist ein Jammer: Ich habe immer Probleme mit den Größen und außerdem denken so viele aufgrund meiner Länge ich sei ein Mann! Es ist ja furchtbar!" Da entgegnete die nette Kleine: „Ich kann Sie trösten! Ich werde immer wieder als Kind angesprochen und behandelt. Damit habe ich zu kämpfen! Das ist gar nicht angenehm!" Mein Gott, war ich überrascht! Damit hatte ich nicht gerechnet. Frohgemut und „getröstet" zog ich mit meiner Einkaufstüte in Richtung Auto; worüber ich mich hauptsächlich freute, lässt sich denken.

MOSAIK – EIN PHILOSOPH – MENSCHEN

Ein Philosoph hat schon vor 2 500 Jahren gesagt: Kommst Du in eine gute Gesellschaft, so nimm sie Dir zum Vorbild. Kommst Du in eine ungute Gesellschaft, so präge Dir ein, was man nicht tut!

Eine Begegnung an der Kasse von Lidl: Mehrere Kunden stehen vor mir und warten, dass das Band weiterläuft. Vor mir eine Frau, blonde kurze Haare, vielleicht Mitte 40, hellgraues Jäckchen, Jeans, buntes Oberteil. Sie bewegt sich nervös, dreht auch mal mit scheuem Blick den Kopf zur Seite, schaut etwas nach hinten. Als ich dabei in ihr Gesicht sehe, stelle ich fest: Sie sieht unfroh, verlebt aus; Ringe unter den Augen, die Hände, die gerade ihre paar Sachen auf das Band legen, sind wurstig und stumpf am Ende wie manchmal bei einem Handwerker vom Bau. Ich denke mir immer noch nichts. Doch als diese Frau vor mir im Gegenlicht mit gespreizten Beinen beide Hände in die Jeans steckt und unruhig und unsicher Wartehaltung einnimmt, ist mir klar: Das war eine unglückliche Transfrau und in den Anfängen. Diese Haltung nimmt nie eine Frau ein! Dann war sie im Nu weg!

Das unterstreicht meinen Gedankengang: Sicheres Auftreten ist ganz wichtig. Wie sicher laufen die Bio-Frauen herum?! Beobachten und nachmachen, auch in Gedanken! Sichere Gedanken bewirken sicheren Gang. Also: Kopf hoch und gerade gehen! Und üben!

MOSAIK – MYSTERIÖSES – KARDANWELLE

April 2009, ca. 10 km von Cappeln/Osnabrück auf der Autobahn nach Münster mit meinem Chevy-Van: Beim Überholen eines Lkws haut das Lager der Kardanwelle auseinander und hämmert mit wuchtigen Schlägen gegen den Fahrzeugboden. – In diesem Moment befanden wir uns ein paar Meter vor dem überholten Lastwagen und ich steuerte sofort auf ganz rechts an die Standspur. Ich dachte schon: Jetzt überschlägt sich der Wagen und das wäre das Ende. Beim leichten Bremsen bemerke ich, dass die Standspur auf eine Einfahrt zu einem Parkplatz führte! So rollten wir wohlbehalten mitten auf die Parkfläche und standen da mit weichen Knien. Über Notruf konnte meine Werkstatt in Cappeln verständigt werden, die mir an Ort und Stelle eine neue Welle einbaute. Wir hatten fünfmal Glück: Das Malheur geschah in der Nähe der Werkstatt, keine Kollision mit dem Lkw, nicht überschlagen, Parkplatz vor der Nase und verkehrssicherer Stand- und Reparaturplatz. Das war glanzvoll!

Chevy auf Sylt: Nach Ankunft halte ich auf dem Parkplatz von Kaamp-Hüs in Kampen/Sylt, um meine Bilder für meine Ausstellung auszuladen. Da blockiert der Wagen und es geht weder vor noch zurück. Er wird Huckepack vom ADAC nach Osnabrück zum Chevy-Service gebracht: Ein Bolzen im Differenzial hat sich gelöst und steckt in den Zahnrädern. Hätte es sich kurz vorher bei voller Fahrt ereignet: Oha, das will ich nicht ausmalen! Bei einer plötzlichen Achsblockade ist alles zu spät! – Auch hier zogen wir eine Glücksnummer! Eine große! Danke dafür!

MOSAIK – MYSTERIÖSES – STUHLSCHARREN

Ende der Siebziger arbeitete ich in einem Architekturbüro in einem Einfamilienhaus in der Nähe von Gummersbach. Unten wohnte der Büroleiter und im ersten Stock befand sich das Büro. In der Sommerzeit verreiste einmal die ganze Familie in den Urlaub ans Mittelmeer. In dieser Zeit arbeitete ich tagsüber allein in diesem Haus und war somit in aller Stille tätig. An einem Sonnentag, mittags, höre ich plötzlich ein Schieben und Scharren, als wenn jemand einen gekippten Holzstuhl auf Holzdielen hin- und herschiebt. – Meine Haare stellten sich auf und ich war sehr erschrocken, dass da unten vielleicht in den Räumen Einbrecher seien könnten. Nach ein paar Sekunden war wieder Ruhe. Ich schaue auf die Uhr, es war zwischen zwölf und eins. Das Haus verfügte über einen freien Treppenaufgang, sodass man von oben auf den Flur nach unten schauen konnte. Leise schlich ich aus dem Büroraum. Die Tür stand immer noch offen und ich lugte über die Brüstung nach unten. Alles war still. Langsam und leise bewegte ich mich über die Stufen nach unten. Die Sonne erhellte das ganze Innere des Hauses, Hochspannung, die Zimmertüren standen offen: Stille. Nichts rührte sich. Langsam, mit klopfendem Herzen sah ich mir jedes Zimmer an: Alles stand aufgeräumt an seinem Platz; die Fenster geschlossen; und alles ohne eine Spur. Auch die Stühle standen geordnet.

MOSAIK – MYSTERIÖSES – BODEN-PLUMPS

Château Guibert, Frankreich.

Am frühen Morgen räkeln wir uns im Bett, meine Dogge Luna und ich, in den Tag, um aufzustehen. Da höre ich ein dumpfes Herunterfallen auf den Deckenboden über uns. Das Geräusch vermittelte den Eindruck, als ob ein Huhn mit lautem Plumps auf den Holzfußboden (= Zimmerdecke) fällt. Anschließend gab es mehrere Flügelaufschläge, die immer schwächer wurden und schließlich verstummten. Voller Schreck nahm ich Luna in den Arm und blieb im Bett und lauschte. Nach einer Weile zog ich mich an und stieg mit einer Taschenlampe die alte, wurmzerfressene Holztreppe hinauf zum Kriechboden. Mit dem Lichtkegel leuchtete ich den verstaubten Boden ab und siehe da: nichts! Keine Spur oder irgendetwas! Nichts! Auch hier muss ich es beteuern: Mit wachen Sinnen hörte ich die Geräusche!

MOSAIK – MYSTERIÖSES – SCHRITTE

Ich erinnere mich gut an seltsame Geräusche im Treppenhaus im elterlichen Haus (1980): Mutter und ich arbeiteten in der Küche, Vater war mit dem Rad weg, meine Schwester verreist, also waren wir allein im Haus. Doch plötzlich hielt Mutter Lucie inne: „Da, hörst du das? Da geht ein Mann mit schweren Schritten die Holzstufen hoch!" – „Ja, ich höre es auch!" Nach ein paar Minuten: Stille. Und eine ganze Weile trauten wir uns nicht aus der Küche. Diese Schritte im Treppenhaus hörten wir noch mehrmals in den folgenden Wochen. Dann war der Spuk vorbei!

MOSAIK – MYSTERIÖSES – LUÇON

Im Spätsommer 2000, bei mir zu Haus in Frankreich: Meine beiden Betten standen im rechten Winkel zueinander, sodass sich die Kopfenden berührten. In dem einen Bett schlief mein Hunde-Doggen-Mann Luçon und ich war im anderen, also Kopf an Kopf. Am nächsten Morgen wache ich auf und wie immer schaue ich zuerst hinüber zu Lucon: Mit halboffenen Augen, Zunge heraus, lag mein Luçon tot im Bett. Mein Gott, welch Schreck am frühen Morgen! Mit Tränen in den Augen tastete ich seinen Körper ab: Der Bauch war noch warm. Also hatte er noch vor ein paar Stunden gelebt. Mein Blick auf die Küchenuhr (von Mutter Lucie) wunderte mich: Die Uhr stand und ein Vergleich mit Luçons Ende gab mir die Gewissheit, dass die Uhr die letzte Lebensstunde anzeigte. Heute, fünfzehn Jahre danach, läuft die Uhr immer noch – und blieb nicht einmal stehen!

MOSAIK – MYSTERIÖSES – SPINNE AN TANKSÄULE

Anfang März 2015 fahre ich mit meinem Auto zum Tanken. Ich stehe an der Tanksäule und will gerade den Tankgriff herausnehmen und tanken, da sehe ich eine große, platte schwarze Spinne, so groß wie eine ausgewachsene Kreuzspinne, die sich ganz langsam am Griff nach oben bewegt. Ich schrecke zurück und bemerke, dass ich um ein Haar das falsche Benzin getankt hätte! Flugs wechselte ich zur richtigen Tanksäule: Dort saß keine Spinne! So wurde ich bewahrt vor einem Missgeschick; durch die Anwesenheit einer Spinne!

MOSAIK – HAARIGES – GESAMMELTE GEDANKEN

Im menschlichen Miteinander beobachte ich immer wieder gern mein Umfeld: beim Einkauf in den unterschiedlichsten Geschäften, im Wartezimmer beim Arzt, beim Spaziergang im Park, bei einer Reise mit der Bahn, mit dem Schiff oder über den Wolken oder sonst wo. Obwohl der Mensch in seinen Grundbedürfnissen auf der ganzen Welt gleich bestrebt ist, gibt es doch bekanntlich eine Vielzahl von Differenzierungen. Dazu kommen Modeerscheinungen und Trends speziell in unserer Umgebung, z. B. Körperpflege und Hygiene wie heute: Massen von Wasch- und Pflegemitteln und Sprays für und gegen alles. Aber auch spezielles Modeverhalten: Make-up, Ganzkörperrasur, Tätowierungen – es gäbe noch vieles zu berichten und aufzuzählen. Zum Thema Haare: Außer Hände und Gesicht wird bei mir nichts rasiert. Überzeugt bin ich davon, dass alle Körperhaare, ob kurz oder lang, von der Schöpfung wohldurchdacht verteilt und platziert wurden. In Hautwinkeln und -falten bilden sie Luftpolster, um die Hautatmung zu begünstigen und dem Pilzbefall entgegenzuwirken. Nach einer Rasur ist die Haut gestresst, die Atmung beeinträchtigt, die Porenfeuchtigkeit kann nicht verdunsten und die Pilzsporen freuen sich. Die nachfolgenden Stoppeln stressen auch wieder und ramponieren die Wäsche, Blusen und Pullis. Aber es ist Mode! Ich habe es ausprobiert und bin schnell zurückgekehrt. Epilieren mag ich auch nicht.

MOSAIK – HAARIGES – CHARME-HAARE

Schon in früheren Zeiten sprachen wir, Mutter und ich, oft über Modeerscheinungen. Dann krönte sie das Thema mit dem Zitat: „Wenn es Mode ist, singen die Leute Pumpernickel in der Kirche." Außerdem kann ich es mir nicht verkneifen, ein Hohes Lied auf die Härchen zu singen (ich meine nicht die oft verbliebenden, schütteren Haupthärchen! – Schmunzel!). Also, es gibt wie allgemein bekannt, sehr unterschiedliche Haarkulturen am menschlichen Körper: Die Charme-Haare und die Scham-Haare. Auf letzteres komme ich später zurück. Zunächst der Charme: Beginnen wir ganz oben und zwar mit dem Kopf. Schon die Art und Weise, wie die oder der Betreffende seine Haarpracht trägt, gibt meist schon Auskunft über sein Befinden und seinen Stand. Nicht nur in Frankreich sah ich so manch eine Frau (obwohl ich ja als Transfrau ein Interesse an Männern haben könnte, ich bin aber auf Frau fixiert), die ihre Frisur so traumhaft sexy hergerichtet hatte, dass es mir den Atem nahm.

Dann gibt es als Detail den zauberhaften kleinen Haarputz im Gebiet zwischen Auge und Ohr als Prélude zum Haarwald. So ist es auch beim Haaransatz im Nacken. Diese kleinen Flaum-Federchen empfinde ich als so reizvoll, so ansprechend: direkt zum zarten Reinbeißen. Und wie ist es bei den Armhaaren? Ganz ähnlich. Auch diese Härchen, den ganzen Arm lang, sind Tasthaare der Sinne! Wenn die Spitzen der Achselhaare, als kleine Büschel naturbelassen, vorwitzig und keck hervorlugen, ist das schon ein Wink der Erotik.

MOSAIK – HAARIGES – ACHSELHAARIGES

Parallel dazu beherbergt diese Zauberhöhle der Achsel auch unendlich viele Poren, die bei Transpiration nicht nur die Klimafrage regeln, sondern auch sexuell anregende, interessante Botenstoffe freigeben. Welch ein Aroma! Auch das: geschaffen von der Natur mit höherer Absicht! Schreit die Mode: „Das Haar muss weg! Wie sieht das aus?! Unästhetisch! Ungepflegt! Bah! Und der Geruch! Das ist doch unmöglich in der Gesellschaft und Iltis ist ganz unfein!" – „Sicher, ungepflegt ist unfein. Aber schließlich sind wir nicht in der Sahara, wo Wasser rar ist. Und Seife und Duftwässerchen gibt es bei uns doch reichlich." – „Papperlapapp", erkühnt sich die Mode, „ihr werdet sehen, was richtig ist, und richtig ist, was alle machen! Außerdem ist die Werbung auf unserer Seite! Ohne Werbung keine Vererbung. Außerdem haben wir Sprays, die halten den ganzen Tag!" Was soll man dazu noch sagen? Wird erst einmal mit einer Rasur begonnen, wird man/frau schnell zum Sklaven der täglichen Nötigung. Gegen eventuelle Transpiration wird mit „Waldbach"-Aroma-Spray nachgeholfen. Absolut keimtötend und sicher. Und was passiert? Die ganzen Toxine gelangen in den Kreislauf des menschlichen Körpers! Was kümmert es die Mode und ihre Werbung?! Denn sie weiß: Glauben ist bequemer als Denken.

MOSAIK – HAARIGES – BUSCHLANDSCHAFT

Jetzt kommen wir zur Buschlandschaft in den tiefen Süden. Dort wurde auch fleißig gerodet, aber nicht immer. Das ist bekannt aus ein paar Fallstudien. (Soso!) Eine explizite Umfrage in der ganzen Republik könnte bestimmt überraschende und tiefgreifende Beiträge zum Thema „Der Mensch und sein Regenwald" liefern. Von den diversen Mustern der Biotope, alle mit diskretem Grottenzugang, will ich nur zwei bemerkenswerte Grundmodelle benennen: Aus der Vogelperspektive heraus betrachtet, erkennt man, schön farblich abgesetzt, zum einen das malerische Dreieck in geschlossener Decke; zum zweiten die zwischen Bergen, ähnlich einer

Fjordlandschaft, auf einem gestreckten Hügel lagernde, verheißungsvolle Matte, wie ein Spiegel beim Reh. Man kann sagen: eine wirklich zauberhafte Gegend. Die verborgene Fels-Klamm brachte auch schon mal gewaltige Extremabenteuer. Entweder gestaltete sie sich so eng, dass nach dem Abendessen kaum ein Durchkommen war und beim Rückzug blutende Schürfwunden zum Merkmal avancierten. Oder bei einem anderen Projekt schlug das Pendel, wie zum Ausgleich, entgegengesetzt bis zum Anschlag aus. Weil hallenartig und weit dimensioniert, musste mithilfe der Hand die Spur gehalten werden. Das daraufhin folgende Echo irritierte immer wieder. Das Leben ist halt nicht immer einfach und manchmal ganz schön haarig.

MOSAIK – MAILAND

Da sprach der Eber zu der Feder:
Morgen gehen wir nach Mailand, über's Eiland,
wo die Blüten der Zitronen
und bunte Vögel in den Bäumen wohnen.
Und zur Bache: „Kommen wir zur Sache!"
„Ach, ich schwitze bei der Hitze", sprach das Borstentier, „lange bleib ich nicht noch hier!"
„Adios", war der letzte Gruß,
so entschwand sie dann zu Fuß.
Der Eber, seinerseits ein Streber,
blies ins Horn und stürmte dann nach vorn.
Er schnaufte nach paar Meilen und hörte auf zu eilen.
Zitronen hin, Zitronen her; hier lief doch gar nichts mehr.
Unvermutet aus der Hecke
kommt sie um die Ecke:
„Nun gib doch Ruh, ich bin doch da
und schließ die Türe zu!"
Piera, 08.04.2013

MOSAIK – ERINNERUNGEN – AUS MEINEM BRIEF

Leben heißt auch Abschiednehmen und ich werde nicht gefragt, ob es mir gefällt oder nicht; und so geht es mir genauso wie den anderen auch. Oft denke ich an vergangene Zeiten und eben auch an die Bayernzeit mit der Klinik, den Menschen und den vielen guten Geistern aus den Malstunden. Zwischendurch gibt es auch wunderschöne Blumen im Lebensteppich. „Und eine Blume gibt es: Die bist Du! Deine kluge Lebendigkeit und deinen Charme möge Dir Gott erhalten", so hieß es einmal in einem Brief an Rita. –

Ich habe enorm viel zu tun und für Pinsel und Farbe kommt die Zeit danach. –

Damals in der Zeit nach dem Krieg hörte ich oft erzählen: „Ach Gott, sie war so mager. Vorn gehobelt und hinten gebrettelt. Man konnte sich an ihr schiefern" (von Schiefersplittern). Heute: Figur vieler Menschen: fett bis leibig. So ändern sich die Zeiten. –

MOSAIK – GEDANKEN – KEIN BAHNHOF

Der BH, ist er für alle da? Na klar! Hier will ich nicht vom Bahn-Hof berichten, sondern von den Gedanken zum wichtigsten weiblichen Kleidungsstück. Der BH, ursprünglich am oberen Teil eines Korsetts angewachsen, das Anfang des vorigen Jahrhunderts nicht nur Gedärm, Herz und Lunge der Damen einschnürte, sondern auch trotz und wegen der Einengungen überaus gern getragen wurde, erlebt seit fast einhundert Jahren einen weltweiten ungebrochenen Aufstieg: Als damals einer Hofdame die Prozedur des Ankleidens zu viel wurde, trennte sie einfach das Unterteil des Korsetts ab und der Büstenhalter ward geboren! Und die Beliebtheit des Artikels ging steil nach oben. Der begehrte erotische Trageeffekt des Korsetts ist beim Büstenhalter erhalten geblieben: Das einengende, umfassende Umarmungsgefühl wird auch heute noch geschätzt, aber selten zugegeben. Ich weiß aus eigener Erfahrung, ein ausgewogener

BH muss stramm sitzen für ein angenehmes Tragegefühl und für eine gute Figur. Amen. Sollte der Moment nach einer Abwechslung bimmeln, so kann man/frau auch mal einen BH zusätzlich tragen. Ganz einfach. Statt mit den Armen, ganz simpel mit den Beinen einsteigen und am Bauch schließen. Mit einem Slip darüber oder ohne, je nach Stimmung und Wetterlage, ergibt sich so mal wieder etwas anderes.

MOSAIK – GEDANKEN – HUNDEHALTER, FEDERHALTER; STATTHALTER

Nein, der Büstenhalter! Also: Eigentlich könnte die volle Bezeichnung der Hinweis auf ein erbauliches Gewerbe sein. Da denke ich sofort an jemanden, der sich dem weiblichen Rücken nähert, mit beiden Armen sich anklemmt und mit den Händen die Brüste erfasst und hält. Trotz eventueller Ablenkung sollte auf Gleichmarsch geachtet werden. Ich vermute, dass ein gegenseitiger Vorteilseffekt nicht auszuschließen ist: Erstens stolpert man nicht so fix und zweitens könnte er gewiss eine Stimmungserhebung begünstigen. Das Problem mit dem Fahrradfahren wie auch die Tauglichkeit zum Schließen einer eventuellen Marktlücke werden schon lebhaft diskutiert. Auch im Mittelalter, so sprach der Walter, gab es schon den Büstenhalter! Aha!

MOSAIK – GEDANKEN – BESONDERE BEOBACHTUNG

Es ist ein sehr warmer Sommertag, Anfang August, und wie gesagt schön warm, nicht heiß. Kurz vor der Mittagszeit fahre ich mit meinem Auto heimwärts und erreiche an der Kurve den Ortseingang. Etwas buschgeschützt, mit fließendem Brunnen, steht eine Parkbank in diesem Refugium. Im Vorbeifahren sehe ich dort eine recht adipöse Person mit freiem Oberkörper, die Arme auf der Banklehne, weit gestreckt. Es war ja sehr warm. Ein zweiter Blick dorthin musste sein, denn ich konnte es nicht glauben, dieser Mann hatte eine relativ helle Haut und einen ausgewachsenen Frauenbusen!! Ich wäre fast in Ohnmacht gefallen! Ich glaube, Körbchengröße F war es mindestens. Super, toll! Es war mir, als ob ich einer Schlange in die Augen gesehen hätte. In diesem Begeisterungsschock fuhr ich die 500 Meter weiter zu meiner Wohnung, packte aus, bereitete das Mittagessen und grübelte: Wie ist das möglich!

MOSAIK – GEDANKEN – EINLAGEN

Vor mehreren Jahren machte ich die Bekanntschaft eines Erotikfachgeschäfts mit Modeabteilung, in einer weiteren Umgebung. Ich weiß es noch genau: Ich kam zu einem Zeitpunkt, an dem kein anderer Kunde im Laden war, somit hatte die gerade anwesende Chefin gut Zeit für mich. „Ja", begann ich, „ich suche ein Einlegepolster für meinen BH. Gibt es so etwas bei Ihnen?" – „Gewiss, einen Moment." Schon bog sie um die Ständer und lief in die hintere Partie des Raumes. Oje, was gab es hier vieles zu sehen und alles auf dichtem Gelände. Meine Augen kurvten von einem Artikel zum anderen, als die Madame mit zwei weißen Kartons zurückkehrte, sie auf die Theke stellte und bekannt gab: „Das sind Silikoneinlagen, die gern getragen werden. Welche BH-Körbchengröße haben Sie?" – „Ich glaube, 84B", erwiderte ich etwas unsicher. „Also Körbchen B, nein, das geht nicht. Sie brauchen mindestens die Größe D. Ich geh noch mal ins Lager", sprach sie mütterlich und war auch schon wieder da. „Wollen Sie mal?", klimperte sie mit schmunzelndem Gesicht, zupfte couragiert und mit geübter Hand an meinem Büstenhalter und ließ die Silikoneinlagen hineinschlüpfen. Donnerwetter! So etwas hatte ich nicht erwartet oder vermutet. Das war der Moment des Durchbruchs! Ab sofort trug ich diese neuen Einlagen, obwohl ich sie noch nicht einmal in Ruhe gesehen hatte – und mein BH passte auch nicht mehr. „Dort ist ein Spiegel. Diese Größe passt zu Ihnen ausgezeichnet. Offiziell ist dies eine medizinische Brustprothese in Silikon." – „Aha. Ich bin auf Anhieb begeistert. Aber sind die Dinger nicht etwas zu groß? Meine Figur finde ich damit schon super." – „Nein, nein. Sie brauchen aber einen größeren Büstenhalter, das ist klar. Dieser passt nicht mehr." Das war mir schon recht. Als ich den Preis erfuhr von diesen paradiesischen Melonenhälften, dachte ich zunächst, das geht nicht, nein. Aber sie passten wunderbar und übermittelten ein außergewöhnliches, angenehmes Empfinden. Es war der reine Wahnsinn. Und das blieb bis heute so. „Na, na, mal nicht so schnell! Und wie sieht das aus mit der Hautatmung an den Brüsten? Vor allem im Sommer, wenn es heiß ist und der Körper sowieso stärker transpiriert? Da ist doch wohl nichts mehr mit angenehmem Tragegefühl. Vielleicht siedeln sich dann noch ungeliebte Bakterien an und es gibt Hautentzündungen!" „Hören Sie mal, Frau Skepsis. Im Grunde haben Sie recht. Doch Ihre genannten Probleme habe ich nicht. Ich trage diese Wabbelchen seit über zehn Jahren und zwar täglich und meine Haut ist in Ordnung. Wie das kommt? Ganz, ganz einfach. Zunächst kommen sie nach jedem Tragen ins Wasserbad, nach dem Abtrocknen werden sie mit fettfreiem Puder bedacht, kommen nach Bedarf wieder ins Körbchen und erhalten eine ca. vierlagige unbedruckte Serviettenschicht als Filter, bevor es wieder an die Haut geht! Ja mei. Gefällt Ihnen das? Und wenn es nötig wird am Tag, dann bade ich meine Guten und lege neue, frische Filter hinein!"

MOSAIK – GEDANKEN – FREIHEIT

All meine Einbrüche, auch die gesundheitlichen, verändern mein Daseinsbewusstsein sehr intensiv, wie ein Hammer, der den Meißel vorantreibt, um einen Stein Stück für Stück zu formen. Ich hoffe, dass die nächsten Prüfungen nicht zu arg ausfallen. Der Lernprozess an sich möge mir aber erhalten bleiben. Vieles, was mir früher als Standard und Wissen vermittelt wurde, ist längst verblasst und abgetrennt zugunsten neuer Erkenntnisse. Eigentlich ist das nichts Besonderes. Dieser Prozess der Veränderung geht ja immer weiter. Meist still und heimlich, aber er läuft wie ein mit den Lüften windstill dahinziehender Ballon, der Kraft der Gesetze fast unmerklich doch Ortsveränderung erfährt.

Aus dieser Verschiebung resultiert eine andere Sicht und damit mein anderes Handeln; nicht nur, sondern auch. Oft erlebe ich bei meinen

Entscheidungen neben irritierten Stimmen ebenso positive Feedbacks. Ist das ein Anlass für mich zur Genügsamkeit? Nein! Ich werde immer munter weiterschaufeln und nach dem Rechten schauen. Mit dem Ziel: Freiheit. Freiheit durch Lernen. Und das klingt doch schon mal gut, nicht wahr? Dazu fällt mir der Titel ein „That's my way". –

Ach ja, noch etwas Reziprokes: Je mehr Freiheit ein Mensch erhält, umso mehr Gesetze muss er selbst beachten.

Da ist noch ein Zitat von Buddha (563–483 v. Chr.): Wenn Du ein Problem hast, versuche es zu lösen. Kannst Du es nicht lösen, dann mache kein Problem daraus.

MOSAIK – GEDANKEN – MEIN SCHATZ

Andere Frauen jagen nach einem „Stück Mann" (Zitat Lucie) oder auch Phallus genannt und frohlocken ob des Jagdglückes. Gut, gut. Es kann ja auch mal wie Hornberger Schießen ausgehen, voll daneben, so ist das. Diese Sorgen habe ich nicht (meinen habe ich immer mit), denn mein Penis mit seinem Klunkerbeutel gehört mir. Ich betrachte ihn als Geschenk Gottes, jeden Tag, auch vor dem Spiegel. Manchmal verhält er sich wie ein dicker roter spanischer Nacktschneck; mag zwar keinen grünen Salat, aber wenn er einen Busch sieht, ist er weg. Ist das nicht wunderbar? Manchmal, öfters rührt er sich nicht und hängt nur herum. „Wat willste machen", sagte so oft der Schmied. Ich bin nur froh, dass ich auf mein gutes Stück keine Penissteuer zahlen muss. Das wäre bitter. Hundesteuer, Sektsteuer, Autosteuer, Flugsteuer … bloß das nicht auch noch. Auf jeden Fall halte ich ihn schön bedeckt und hüte ihn, denn er ist mein Schatz! Und der Hose ist es sowieso egal, was darinnen steckt.

MOSAIK – GEDICHT – DER AKT

Mann, ist das ein Teufelsweib,
zu jedem Schabernack bereit.
Da erwacht die ganze Lust
und man hebt sie an die Brust.
Beim Gedanken, so mir deucht,
wird mir alles Gute furchtbar feucht
… im Sitzen oder Liegen,
bis sich dann die Beine biegen.
Ganz heiß tut sie nun locken,
das Thema heißt: jetzt fleißig bocken.
An den Felsen, in der Hüfte
überall die wilden Düfte.
Voller Eile, voller Kraft
rinnen muss der Saft.
Verschlungen wie ein Wurzelstock
sitzt sie nun auf ihrem Bock.
Die Augen groß, es stockt der Speichel,
„Mein Gott, wie spür ich diese Eichel!"
Frühlingstime ist Spargelzeit,
mein Herz, ich bin noch mal bereit.
Abgehechelt und ermattet
er zum siebten Mal begattet.
Heißa, gellt der laute Schrei,
der Augenblick, er ist vorbei.
Die Knie weich und satt im Herzen
entzündet sie die Sonntagskerzen.
Pierre 1979

MOSAIK – SPRÜCHE VON AUSSEN

„Ja, wenn du kleiner wärest, nicht so große Hände und Füße hättest, dazu dein markantes Gesicht, und wenn du den Mund aufmachst, deine tiefe Stimme (!) ... Ich helfe dir dabei, sei zuversichtlich, bald brauchst du keinen BH mehr!" Diese Sprüche sind nicht von mir konstruiert, es handelt sich um ein Zitat!

So etwas gibt es also auch. – In meinem Leben sah ich so oft lang gewachsene Frauen und auch mit großen Händen und Füßen. Am Telefon hatte ich vor ein paar Monaten eine klare Männerstimme, es war eine Frau! – BH: Um dieses hilfreiche Angebot habe ich nicht gebeten. Mir zeigt es aber deutlich, wie unwissend und naiv manche Menschen sein können. Gott sei Dank gibt es auch andere Bemerkungen: toll, gratuliere, das wusste ich von Anfang an, mutig, prima, weiter so!

MOSAIK – NOCH EIN GEDICHT – HIERONYMUS

Hieronymus, Hieronymus,
wie weit ich erst noch reisen muss,
um zu begreifen diese Pfeifen.
Ist das Übel erst geschehen,
kann man durch die Nebel sehen:
Gewalt, gepaart mit Unvermögen,
zieht manche Kurven und auch Bögen.
Doch „Halt!" ruft da nicht jedermann,
es ist ein Übel dort getan?
Wie ist es möglich, in der Stille
hockt ein Mensch fürwahr.
Es hilft kein Tee noch Pille,
er bringt sogleich ein Opfer dar.
Gestärkt durch diese Prozedur
erhebt er seine Stimme nur:

Wohlan, ihr dunklen Typen,
macht weiter so und treibt auch Blüten,
doch lasst mich nur zufrieden
und allein.
Ich werd' euch nicht zu Willen
und nicht in eurer Freundschaft sein.
Piera 2012

MOSAIK – GEDANKEN – ALLES IST RELATIV

Schon manches Mal, wenn ich zu Fuß oder mit dem Auto einmal auf einer längeren Strecke unterwegs bin, denke ich: Wie wunderbar ist es, so etwas zu erleben. Obwohl ich verharre, kann ich mit meinen Beinen oder mit meinen Zweitbeinen (Autorädern) ohne große Mühe den ganzen Globus unter mir bewegen. Rechts-, linksherum, geradeaus oder nicht, losgelöst von irdischen Reglementarien: Das ist grandios und erhebend.

MOSAIK – GEDANKEN – ZUR GEGENWART

Wenn junge Leute sagen:
Mathe brauch ich nicht zu beherrschen, das macht mein PC!
Grammatik brauch ich nicht zu beherrschen, das macht mein PC!
Lexika brauch ich nicht zu beherbergen, das macht mein PC!
Wege brauch ich nicht zu kennen, das macht mein Navi!
Einparken brauch ich nicht, das macht mein Auto-PC!
Live reden, sprechen, unterhalten brauch ich nicht, nur über SMS, Handy, Smartphone! Etc.
… Denke ich: Was brauchen sie, wenn sie nichts brauchen?

MOSAIK – ERINNERUNGEN – BRIEF AN SIE

Liebe Sie!

Heute ist also Dienstag, der 23. Juni 92, und jetzt werden die Tage wieder kürzer. Mon Dieu, die Zeit eilt dahin, obwohl es manchmal scheint, als ob der Zeiger auf dem Zifferblatt nur dahinschleicht. Gut, dass wir gestern noch ein paar Takte am Telefon wechseln konnten. Also: Der Flug ist gestrichen, denn der nächste Aeropuerto ist ca. 400 km entfernt. Macht nichts. Ich hatte sowieso heute Nacht darüber nachgedacht, selbst wenn der Flughafen vor der Tür wäre, es ist allemal besser, mit der Bahn zu kommen. Der Höhenstress entfällt, die Anlaufzeit von Landschaft- und Klimawechsel ist nicht sooo rapide und … es ist sicher preiswerter. Ja, Du scharfer Vogel, das war leider nur eine flotte Idee. Macht nichts. Weitermachen. Also ja, wie soll ich es beschreiben, mit den Textilien? Der große Rahmen ist ja klar. Wenn ich mir was Transparentes, Synthetik oder nicht, vorstelle, wird mir ganz warm. Und da habe ich noch einen Wunsch: Könntest Du mir vielleicht ein paar megascharfe, wie gewohnt, weiche, schöne Haarbändchen besorgen? – Zur Abkühlung will ich jetzt schnell von den Hühnerbeinern etwas berichten. Da gehe ich doch gestern nach unserem Gespräch in den Garten und was sehe ich da? Zwei Tucka-Weiber arbeiten wie wild und voller Lust mitten zwischen dem Salat und der Rest der Familie wandert am Zaun entlang und will mithelfen. Was ist da zu machen? Ich hab den Zaun geöffnet und alle waren sehr erfreut. Großen Schaden machen sie zu dieser Zeit und für ein, zwei Stunden sowieso nicht. Gestern Mittag bin ich in der äußersten Ecke, dicht an dem großen Kirschbaum, der keiner ist, und überlege, was wohl besser ist. Das starke Unkraut um die Porree-Pflanzen penibel und mit Mühe herauszugreifen oder den ganzen Schwindel umzugraben. Ich machte einen Testlauf und riss aus Versehen einige Pflanzen mit heraus und betrachtete diese genau. Schon beim Einpflanzen im März/April waren mir die Stängel so komisch vorgekommen, jetzt bin ich sicher: Es sind Hybride aus Porree und Zwiebeln!!! Im Oktober 91 hatte ich am Tage der Abreise noch schnell eine Handvoll Porree-Samen auf den Acker gestreut.

Dieser war also durch Fremdgehen mit einer superscharfen Zwiebel entstanden. So, die Story ist noch nicht zu Ende. Ich hackte und riss also zunächst ca. ein Drittel der verunkrauteten Fläche frei und verfranzte mich dabei einige Meter weiter beim Unkrautzupfen. Ich dreh mich um und siehe da, Lunalein kam herbei und legte sich voll Genuss auf die frisch gereinigte Fläche! Die weichen Porree-Halme und weiche, warme Erde schmeicheln sicher dem zarten Rabenleib. Somit war für mich die Sache klar: Ich hab den Kram gelassen, wie er war, und bei Gelegenheit grabe ich alles um, fidebum! Als René hier war, realisierten wir meinen Gedanken, einen Räucherkasten, simpel, aber voll funktionsfähig, zu bauen. Sardinen, frische, hatten wir auch und so wurde das eine lustige Kokelei im Backhaus. Im selbigen kann ich leider in diesem Sommer nicht die Türe schließen, denn zwei Schwalbennester sind hergerichtet und die „Kurzen" piepen deutlich hörbar, wenn der Schwalbenschwanz kommt. Eigentlich müsste das Backhaus umgetauft werden in Bruthaus, denn wie Du weißt, sitzt ein Muttervogel auf zwei Eiern im kleinen Raum dort. Der Schafe-Joseph sagte, ich sollte doch noch andere Eier ins Nest legen. Zwei, das lohnt das lange Sitzen nicht! Er hat Recht. Und so nahm ich von den zwölf vorhandenen Hühnereiern zehn Stück und überlegte, wie ich es am besten anstellen könnte, das Nest-Tier zu beschummeln. Da ich nicht noch einen Tag warten wollte, begann ich den Test mit einem Ei. Ich näherte mich ruhig sprechend dem Brut-Tier, zeigte ihm das Ei und sagte, es möge dieses doch mitverwalten. Sachte lud ich das Ei zwischen Nestkante und Federleib ab und verschwand wie ein Dieb. Nach einer Weile kam der Anti-Dieb wieder und das Ei war weg! Au fein! Ermutigt griff ich nach vier Eiern und steckte sie mir in die Unterhose, um sie anzuwärmen. Ogottogott, waren die Dinger frisch. Ergo: Keine kalten Eier auf einen warmen Leib (sprach das Weib)! So saß ich an dem Lunahaus und drehte die Eier und wartete, denn mit vier Eiern in der Unterhose ist schlecht laufen! Als es mir reichte, schlich ich wieder zum Nest und wiederholte das Spiel. Alles klappte. Zwar gingen dem Huhn die Federn hoch, aber es ging und so verschwanden alle zehn Eier im Nest. Wenn alles gutgeht, kommen aus zwölf Eiern doch wohl einige Dottermännchen heraus. Und da ist noch ein wunderbares Ding: Selbst wenn die Eier an folgenden Tagen nach und nach ins Nest kommen, müssen ALLE am selben Tage aus der Schale heraus, denn sie sind Nestflüchter!! Wie machen sie die Zeitabstimmung beim Wuchs? Vielleicht haben alle Uhren zum Vergleich? Zum Abschluss, liebe Sie, wenn Du nach Lp. reist, hab keine Angst, was wird mit Kathrin? Ich schreib auf dem Robinson-Bett sitzend, auf den Beinen, denn alle Tische sind belegt oder unpassend. Luna liegt hinter mir, Rücken an Rücken, und träumt (und wackelt) und so sind meine Zeilen auch gar mächtig wackelig. Liebe Sie, sei gegrüßt und … und … auch Kat, Jul und alle von Pierre aus Schatooohguiberrö und mit Luna und allen Anverwandten. Hoffentlich kommt mein kleiner Brief mit den Dingen auch gut an. Jetzt wird es aber Zeit. PS: Ich bin sehr gespannt auf das achttägige Juli-Abenteuer.

MOSAIK – ERINNERUNGEN – WEITERER BRIEF AN SIE

Liebe Sie!

Also gestern unser Gespräch am Telefon, es war sehr angenehm, aber wie jedes Mal halt auch sehr stressig. Ich denk beim Telefonieren immer an die Zeit und Kosten. Somit ist die Freude des Gesprächs schon stark dezimiert. Wobei es letztlich nicht so entscheidend ist, aus welcher Richtung der Anruf kommt. Ja, heute ist nun Mittwoch, der 29. April 92, 9.10 Uhr Sommerzeit. In Wirklichkeit ist es erst 7.10 Uhr (ich habe die Zeit genau von der Mittagssonne abgelesen). Die Leute wollen es nun mal nach ihren Gesichtspunkten. Ehe ich anderen Gedanken nachgehe: In meinem Kalender lese ich nicht nur das Datum ab, sondern sehe mir auch die Namenstage an. Heute ist … Katharina von Siena! Also bitte ich Dich, also, also, dauernd also, sowas! Bitte sei so nett und drücke Kati einmal heftig von mir. Gestern stellte ich mich, das erste Mal nach langer Zeit, auf die Fleischwaage. Ich habe doch tatsächlich 8 kg abgenommen. Nun denke ich, dass bei aufsteigender Sonne und somit wärmeren Zeiten mein Körper wieder Reserven schafft. Schließlich habe ich nicht vor, als Verkünder des ewigen Lebens bei den Passionsspielen mitzuwirken. Das Gestell für die Solartafeln ist seit drei Tagen fertig. Das hat vielleicht viel Mühe und Überlegungen gekostet. Ja, und jetzt? Mir fehlen noch ein Spannungsmesser und max. 100 m Kabel. In Deutschland habe ich aus Versehen zu dünnes Kabel gekauft und dann müsste mir jemand noch ein Loch durch die Wand (ca. 50 cm) bohren. So wird es wohl noch einige Zeit dauern, ehe die erste Leuchte leuchtet. Jedenfalls, wenn ich (ohne Arbeitszeit) alle Materialkosten zusammenrechne, so komme ich auf 4 500 DM! Wobei die Batterien nur ca. 4–5 Jahre halten. Bis jetzt habe ich keine Möglichkeit, exakt eine Amortisierungstabelle aufzustellen. Aber eines ist gewiss: Der Atomstrom ist der teuerste Energiebeschaffer. Die Gesamtherstellungskosten und Nachfolgekosten sind so hoch, dass sie nicht berechnet werden können! Die allgemein bekannten Strompreise und -kosten sind imaginär, folglich. Das wissen die meisten Leute aber nicht. – Aufhören. – Ja, es ist die alte Leier: Alles bekannt und besprochen. Nicht denken, leben! Aber geht das eine ohne das andere? Ich glaube, nur zeitweise. Die, nein, das Bewusstsein um den Stand und um die Situation der Dinge rechtfertigt schon die viele Arbeit und Mühe und das Moos, um ein Solarmöbel zu bauen, nicht wahr?! So, nach einer Pause von ca. einer Stunde geht es weiter. Heute Nacht war der Himmel klar, es waren nur ca. 4 °C, dementsprechend heute Morgen kalt. Dann kam die Sonne und ich ließ die Hühnervögel um 10.00 Uhr heraus. Das gebaute Gehege finden die Kameraden gar nicht lustig, wenn es geschlossen ist. So bleibt es offen und ich brauch keine Tür zu bauen. Das ist höchst aufwendig, weil sehr kompliziert. So rennen, hüpfen, scharren und vögeln sie frei auf der Straßenseite herum. Der Teil Nähe Briefkasten ist ihr Lieblingsplatz. Die Pause vorhin brauchte ich, mir war sowieso kalt, kalte Füße. So wärmte ich mich vorm Haus in der Sonne. Ich setzte mich, dann kamen die sieben Leute, zwischendurch Luna und ganz genüsslich für alle drehte ich die Ziegelsteine um. Dort findet man/frau Würmer, Schnecken, Spinnen, Asseln etc. Alles insgesamt sehr brauchbare und schmackhafte Dinge. Das ist Erholung für mich. Zumal alles ohne Krach abläuft und ich die

Feder(!)-Mäuse gut beobachten kann. Sie steigen mir auf den Beinen und Händen herum; es ist eine Pracht! Der Hahn hat sich bestens entwickelt (die Frauen auch) und krähen kann er mittlerweile auch. Als ich vorhin mit allen vorm Haus saß, hat der Gockel es den zwei Lieblingsweibern kräftig besorgt. So, liebe Sie, jetzt will und muss ich schließen, es ist ca. halb eins. Ich will eine Kleinigkeit beißen und dann muss der Porree gepflanzt werden. Im Oktober hatte ich von meinen Porree-Blüten so locker auf dem Acker verstreut und jetzt habe ich etliche kleine Porrees. Mach es gut und richtig. Es grüßt und ... Dich, Catrine, Alex, der ... ja, wer? Der Pierre, der Pierre! PS: Eine herausgefallene Feder zum Kitzeln! –

MOSAIK – ERINNERUNGEN – EINE HEISSE SACHE

Einmal sahen wir, Gaby und ich, auf dem Wochenmarkt Maronen. Wir kannten sie vom Weihnachtsmarkt, frisch geröstet und heiß wie die Hölle: Eine feine Sache.

Nun war Herbst und Erntezeit. So, jetzt kaufen wir welche und backen die zu Hause selbst. Gedacht, geplant, getan. Wie war das nun mit den Vorbereitungen? Ach so: In die Pfanne etwas Olivenöl hinein, dann den Boden auslegen mit den Kastanien, Deckel darauf und die Kochplatte auf zwei stellen und warten. Das soll gehen? Geduld, dachte ich. Gut Ding braucht Weil! – „Sind sie schon fertig?", fragte Gaby erwartungsvoll. „Ich glaube nicht, aber der Pfannendunst zeigt schon eine gewisse Hitze an. Sie werden wohl nicht verbrennen? Ob ich mal nachsehe? Ach, ich warte noch etwas, Gaby" – „Stell doch mal etwas größer!" – „Na gut." – Gerade wollte ich die Hitze noch höher stellen, machte es plötzlich „peng" und der Deckel flog von der Pfanne und mit Getöse auf den Boden. Schon knallte es noch einmal und dann wieder mit solch einer Lautstärke und die Dinger flogen durch die Luft, sodass ich Furcht bekam, denn ich wollte von den wildgewordenen heißen Geschossen nicht getroffen werden. – Schnell griff ich nach dem Deckel und stülpte ihn auf die Pfanne und zog sie von der Hitze. Da radonkte es schon wieder, aber die Burschen konnten nun nicht mehr entweichen, zumal ich krampfhaft den noch heißen Deckel mit einem Lappen fest daraufhielt.

Der Traum vom Maronenschmaus war zunächst einmal aus, denn zu sehr hatten wir uns erschreckt und manche waren noch nicht mal richtig weich. Jedenfalls dauerte es lange, ehe wir wieder einmal Edelkastanien aßen.

Wie ich dann erfuhr, muss vor dem Garen jedes einzelne Stück mit dem Messer gepikst werden, damit sie nicht explodieren können. In der Folgezeit kauften wir nur noch ein paar zum roh Essen, denn das schmeckt auch ganz gut und ist weniger aufwendig.

MOSAIK – ANEKDOTEN – BLÄTTER

Gerade aus Frankreich zurückgekehrt, trafen wir Bekannte und schwärmten unter anderem von der französischen Küche und besonders von den Artischocken.

„Ach, sie sind ja auch so gesund!" – „Das müssen wir auch einmal kochen, was meinst du, Theo?" Theo nickte. Nach einem kurzen „Dies und Das" verabschiedeten wir uns.

Wochen vergingen, da liefen wir uns wieder über den Weg: Das Erste, was ich hörte, war: „Die Artischocken haben wir gemacht, aber die Blätter waren so hart, wir konnten sie nicht essen!"

MOSAIK – SPRÜCHE – GESAMMELTE ZITATE

Ein paar Sprüche, u. a. im Vorbeigehen aufgegriffen:
Be careful what you wish for!
You made your bed, now lie in it.
We are cut from the same bolt of cloth.
Don't try it, do it!
– Love to be a woman! –
Il faut battre le fer quand il est chaud.
Tout le chose a sa place.

Die Umgebung, in der der Mensch sich den größten Teil des Tages aufhält, bestimmt seinen Charakter. *(Thomas von Aquin)*
Wo viel Gefühl ist, ist auch viel Leid. *(Leonardo da Vinci)*
L'argent payé tout.
Money buys everything.
Jamais dernier.
Never say die.
J'ai soif de toi.
J'ai déja mon âme en peine.
Der materielle Fortschritt befriedigt keine Bedürfnisse, die der Mensch wirklich hat. *(Sir Winston Churchill)*

MOSAIK – GEDANKEN – TRAGIK/ KONFUZIUS

Im Laufe meiner Gedanken zum Thema meine Biografie dachte ich vor Wochen: Jetzt, wo ich längst über die Mitte meines Lebens angekommen bin, so viel erlebt und vor allen Dingen viel gelernt habe – so bedauere ich –, dass ich keine vierzig Jahre mehr mit meinen Kenntnissen leben werde. Es ist schade, aber es ist so. – Gestern lese ich in einem Vorwort zum I Ging von Konfuzius (551–479 v. Chr.): „Ist die Klage überliefert, nicht weitere fünfzig Jahre vor sich zu haben, um so Irrtürmer zu vermeiden und fehlerlos zu werden". Meine Gedanken sind also auch nicht so neu, wie ich dachte. Ich vermute, dass es vielen Menschen ebenso ergangen ist und ergeht und immer wieder gehen wird. Das ist halt auch eine Tragik im Leben.

MOSAIK – GEDANKEN – VULKANIE

In einem TV-Naturfilm wurden tätige Vulkane gezeigt: der Vulkankegel, Ausbruch, Lavamassen und kochender Schlund. Dann in einer Nahaufnahme eine Lavaspalte mit Blick ins Innere. Außen: die schwarze Lava. In der Mitte: die rote Glut. Im Innern: die gelbe Feuermasse. Stand dieses

Naturschauspiel etwa Pate bei der Suche, vor langer Zeit, nach brauchbaren Nationalfarben mit dem Ergebnis von Schwarz, Rot, Gold?!

MOSAIK – GEDANKEN – NOTIZEN

Verlockende Angebote und glatte Worte sind wie Schokolade: Beides ist süß, neigt aber zur Verstopfung! –
Bissiges: Je weniger man im Mund hat, umso mehr beißt man auf Fremde! *(Piera 2015)*
Überstandenes Leid liefert die Bausteine für ein frohes Haus. *(Piera)*
Eine Botschaft, die nicht weitererzählt werden kann, ist keine! Also, nur was man selber weiß, bleibt verschwiegen! *(alte Weisheit)*
Immer wieder sage ich mir: Sei tolerant, wenn du Toleranz von anderen erwarten möchtest. *(Piera)*

MOSAIK – KURZGESCHICHTE – GUT, DASS ES ENTEN GIBT

Samstagnachmittag, im November 93, war es so weit: Der Pkw, mein Citroën, war voll beladen mit Büchern, Akkordeon, Pendeluhr, Kartoffeln, Tomaten, Weizen, Butter, Frischfleisch für meinen Hund und verschiedenen Sachen und Dingen, die man halt so braucht für eine längere Reise, denn ich wollte den Winter nicht allein in meinem zweiten Quartier an der französischen Atlantikküste verbringen. So startete ich mit meiner Deutschen Dogge und voll bepackt, teils traurig, teils froh in Richtung Deutschland. Der Wagen war ja aufgetankt, Öl, Wasser war nachgesehen. Alles okay. Nachdem wir Niort, Tours, Orléans auf der Auto-Route hinter uns hatten, es war schon lange dunkel, es regnete und regnete, da – da ruckte die Maschine, verlor an Fahrt und mit Mühe bewegten wir uns nur noch mit 80 km/h vorwärts. Du lieber Himmel, was war geschehen? Da der Motor rau und mühsam lief, konnte es nur ein ausgefallener Zylinder sein. Wie durch ein Wunder erwischten wir gerade noch die letzte Tankstelle vor Paris-Zentrum. Nach dem Tanken starte ich den Motor. Er lief, ja, er lief wie in guten Zeiten, als sei nichts geschehen. Aha, ein Krümel in der Benzinleitung! Ja, so etwas gibt es, sagte ich mir, nur nicht verzagen, es ist ja auch schon vorbei. – Weiter ging es, in das Herz von Paris mit den vielen, vielen Autobahnen: Zubringer, Abbieger, Abbieger und Zubieger. Ich denke jedes Mal: Der scheinbar wirre Verlauf der Autobahnen in Paris gleicht einem Teller voll Spaghetti und ich bin immer froh, wenn wir, ohne uns zu verfahren, aus der Großstadt heraus sind und Aéroport C. de Gaulle vor uns sehen. Prima, der Krümel im Benzin meldete sich nicht mehr, das hätten wir auch wirklich nicht gebrauchen können; in Paris schon lange nicht. Nachdem sich mein Paris-Puls wieder verflüchtigt hatte, zog ich sichtlich entspannt meine Bahn in Richtung Norden, denn wir müssen jedes Mal durch Belgien, um über Aachen, Köln in die Zielnähe Dortmund zu gelangen. Die Zeit verging rasch im Wechsel Fahren, Tanken, Pause, Fahren. 20 km vor der französisch-belgischen Grenze tankte ich, doch beim Starten wollte der Motor nicht richtig laufen. Er tuckerte wie zuvor schon mal. Es war 12 Uhr nachts zum Sonntag. Auf dem Parkplatz begann ich alle Zündkabel und Kontaktstellen zu reinigen, denn ein Krümel im Benzin kann solch ein Ärgernis wohl doch nicht verursachen, sondern wahrscheinlich nur Feuchtigkeit in Verbindung mit Schmutz. Der Sturm, mit Regen, bei Temperaturen um 4 °C erleichterte nicht gerade meine Putzaktion. Mit Pausen und wiederholtem Probieren, ob und wie der Motor lief, vergingen gut zwei Stunden. Jedoch ohne Erfolg. So beschloss ich die letzten 20 km bis zur Grenze, wenn auch langsam, zurückzulegen. Ziemlich entnervt, aber doch etwas erleichtert hielt ich beim französischen Zoll. Genauer gesagt: Ich parkte den Wagen vorm Eingang der Douane-Gendarmerie. Ich betrat das kleine Büro und erzählte dem einzigen anwesenden Beamten von meiner Panne. Dieser hörte interessiert zu, er war wirklich sehr nett und schlug vor, mir einen Abschleppdienst von Citroën zu rufen. Diese Firma sei korrekt und gut, versicherte er mir. Da es nachts war und ich nicht wusste, wo ich bleiben sollte, wenn ich abgeschleppt worden wäre, beschloss ich, mit Absprache des Uniformierten bei ihm zu warten, bis es Tag würde. Inzwischen erzählte ich meinem neuen „Freund" auch etwas Privates: wo ich herkam und hinwollte, was ich so mache und wie das Fußballspiel vorgestern Abend verlaufen war. Nach einer Weile betrat eine Gruppe seiner Kollegen die Station und ließ sich von ihm meine Story erzählen. „Ach, mein Hund braucht ein wenig Wasser!" – „Jaja, dort ist das WC", wies man mir die Richtung. Meinen Hund hatte ich gerade aus dem Auto geholt und er war brav hinter mir her in das Zoll-Büro getrabt. Nebenbei: Er wiegt über 50 kg und besitzt eine respektable Größe. Alle schauten zu und fragten interessiert, was so über Hunde halt gefragt wird. Es herrschte eine sehr angenehme, fast freundschaftlich-private Atmosphäre. Nachdem mein Hund keinen Durst mehr hatte, stieg er wieder in das Auto und mit meinem Federbett zugedeckt konnte er es ganz gut aushalten in der kalten Nacht. Inzwischen hatte ich mir einen kleinen Platz im Vorraum des Büros ausgeguckt und zwar am Eingangsfenster mit einem warmen Heizkörperchen. Man brachte mir einen Stuhl sogar (!). – Ich musste wohl längere Zeit eingenickt sein, als eine fremde Stimme mich weckte und dann anherrschte: „Was machen Sie denn da?!" – „Ich, ich habe eine Panne", stotterte ich heraus, „und muss auf den Tag warten. Ihr Kollege hat es mir gestattet, hier zu warten. Übrigens bin ich kein Clochard!" Der Mann zog ab und da merkte ich, dass wohl inzwischen Wachwechsel gewesen sein musste, denn nur der mir unbekannte Gendarm bewegte sich hinter dem Tresen. – Warten, warten. Also, nicht ärgern, nicht drängeln, die Zeit läuft von allein und irgendwie bekomme ich das schon geregelt, sagte ich mir. Einigermaßen warm war es auch, also – alles klar und Geduld bitte. So saß ich hinter der Scheibe des Zoll-/Polizeihäuschens und schaute in die Nacht. Nun, ich saß in der gegenüberliegenden Station, entgegen meiner ursprünglichen Fahrtrichtung, und konnte deshalb die ankommenden Fahrzeuge aus Belgien gut beobachten. So wurde ich Zeuge manch einer Rauschgiftsuche (?) und -aktion. Auch ein zerzaustes Pärchen, gefesselt, an einem Strick gesichert, marschierte im Gänsemarsch mit den Polizisten an mir vorbei in das Innere des Büros. Nach einem Baumbesuch war mein Stuhl weg: na ja, c'est la vie. Also wartete ich ohne Sitzgelegenheit. Endlich, nach sieben Stunden, war es hell und so gegen 9 Uhr, Sonntagmorgen. – Inzwischen versprach ich mir von der Überlegung, meinen deutschen Citroën-Händler zu erreichen, um einen Tipp zu erhalten, wie ich den Wagen selbst wieder flottbekommen könnte, mehr als davon, mit defektem Motor vor einer Werkstatt auf den Montag zu warten. Aha, das Telefon steht im Wechselstübchen auf der anderen Fahrbahnseite. Als ich nach mehreren Telefonaten immer noch nicht den Chef von der deutschen Werkstatt sprechen konnte und wieder auf zwei bis drei Stunden Warten vertröstet wurde, mittlerweile war es drei Uhr nachmittags, hatte ich keinen Nerv mehr und bestellte den mir genannten Citroën-Abschleppdienst aus Frankreich. Nach gut 40 Minuten hielt der Spezialist seinen Lkw neben meinem Wagen und schaute ohne lange Vorrede den Motor nach. Tatsächlich, die Zündspule war defekt. Im Nu war mein kranker Pkw aufgeladen und los ging es. Da saß ich nun im (immerhin) warmen Lkw, hoch zu Ross, mein Citroën mit meinem Hund hinter mir. – Das war ein Gefühl! Zumal wir immer weiter zurück ins Innere des Landes fuhren. Wohin? Wie lange noch? Ich wusste es nicht! Ich war auch so erschöpft, dass ich überhaupt nicht sprach. Ich dachte nur: Wie soll es werden? 1 000 Franc (ca. 300 DM) und 250 Deutsche Mark, kein Scheck … ob das langt? Luna, mein Hund, geht in kein Hotel oder fremdes Haus hinein. Fremde, laute Straßen sind ihr auch suspekt. Wie soll es werden? Der Autotransport kostet sicher auch eine Kleinigkeit. Jedenfalls geht es weiter, weiter. Nach ca. einer halben Stunde verlassen wir die Autobahn und erreichen nach einer Weile die Citroën-Werkstatt Dreumont am Rande des Ortes. Dass mein Fahrer behände war, hatte ich zu Anfang schon bemerkt, und jetzt setzte er den Lkw rückwärts mit Eleganz bis zum Hallentor. Wir stiegen aus. Der Pkw war noch gar nicht ganz auf den Hof herabgelassen, da war ein zweiter Mann wortlos zur Stelle, öffnete die Motorhaube und hantierte engagiert an den Kabeln. Er war von etwas untersetzter Statur, mittleren Alters und sehr wach. Meine Vermutung, dass er der Vater des Fahrers und Chef der Firma sein musste, bestätigte sich bald. – Losgekoppelt stand mein Wagen nun mit geöffneter Motorhaube und den zwei weit über den Motor gelehnten Männern ruhig da. Es glich einem Bild wie bei Zahnchirurgen, die mit beiden Armen tief im Rachen des Patienten operieren. Die ganze Aufmerksamkeit richtete sich also auf das Kabelgewirr, bis der Chef bedeutete, ich solle den Wagen doch mal in die Halle fahren. Mit einem Prüfgerät wurde endgültig bestätigt, dass eine von den beiden Zündspulen nicht mehr arbeitete und deshalb nur noch drei Zylinder liefen. So, das war klar. Solch einen Schaden gibt es nur ganz, ganz selten, wurde mir versichert, und deshalb werden solche Spulen nicht an Lager gehalten. Punkt. Nun standen wir drei um das Auto herum und betrachteten die Lage und Möglichkeiten. Inzwischen war es so fünf Uhr nachmittags. Der Chef: „Morgen, am Montag, können wir das Ersatzteil erst bestellen. Und wann es eintrifft, das ist fraglich! Es kann einen Tag, zwei Tage, aber auch eine Woche oder gar 14 Tage dauern." Du liebe Güte, welche Aussichten! … kein Hotel in der Nähe, kein Fahrzeug und mein Hund, der an fremden Orten sowieso nicht auf die Straße geht! Und dann sind noch die verderblichen Waren an Bord! Und in knapp einer Stunde ist es dunkel! Mein Gott, was tun?! Ratlos traten wir von einem Bein auf das andere … Als eine Möglichkeit schlug ich Folgendes vor: Der Wagen bleibt in der Werkstatt mit dem Hund und mir und wir übernachten im Pkw; Wasser und WC sind vorhanden, aber es ist lausig kalt, kurz vorm Gefrieren! Für mich bedeutet das ein geringeres Risiko als für den Hund, der mit seinen kurzen Haaren stets schnell friert. Ich dachte auch, dass mir Schlimmeres widerfahren könne, als mal eine zweite Nacht nicht zu schlafen und zu frieren. Aber mein Hund! Wird es gehen? Und wie lange wird es tatsächlich dauern, bis das Ersatzteil eintrifft? Der Senior-Chef, der selber zwei Hunde hatte, hörte sich meinen Plan an und sah ebenfalls ein großes Risiko für meinen Hund. Auch meine Frage, ob es auf dem Hof nicht ein ähnliches 2,5-l-Fahrzeug gebe, an welchem man das begehrte Ersatzteil leihweise ausbauen könne, brachte uns nicht weiter, denn „Ihr Citroën-Typ ist nicht so oft anzutreffen", versicherten die beiden. Nun herrschte eine Situation voller Spannung durch Ratlosigkeit und Lösungsdruck für eine baldige Weiterfahrt. Die steigende Spannung erreichte fast den Bereich Verzweiflung: Wir sahen uns nur an, ohne etwas zu sagen, sahen weg und schwiegen und sahen uns wieder an und keiner sagte etwas! So verging eine Weile. Der Junior-Chef verschwand in den hinteren Bereich der Werkhalle. Jeder Mensch muss mal, dachte ich, okay. Doch jetzt kam selbiger eilig zurück, er hielt ein etwas veröltes Ding in der Hand, so groß wie eine mittlere Gurke, und diskutierte kurz mit seinem Vater. Und ruck, zuck wurden Klemmen und Kabel gelöst, mit der „Gurke" verbunden und der Motor gezündet. Brumm! … das gibt es nicht!!! Die Maschine lief! Sie lief! Es kann nicht wahr sein! Ich riss die Arme hoch und rief: „Sie läuft, sie läuft! Es ist nicht wahr, sie läuft!!!" Wir sahen uns alle an. Die Spannung in den Gesichtern war fortgeblasen wie nach einer glücklichen Rettung. Ja, eine wunderbare Idee hatte uns gerettet. Natürlich war ich einverstanden, dass die gebrauchte Zündspule von dem 2CV (= Ente) provisorisch eingebaut wurde. Ich konnte es nicht fassen, nein, es ist nicht übertrieben: Wir waren alle so glücklich und die Atmosphäre so feierlich, so schön. Feierlicher hätte es vielleicht nur in der Notre-Dame zu Ostern sein können!

Herr Dreumont sen.: „Solch einen Fall hatten wir noch nicht und ich will Ihnen sagen: Wir bedauern es sehr, nicht Deutsch, Englisch oder Niederländisch zu sprechen, denn wir haben oft ausländische Kunden. Dass wir uns mit Ihnen verständigen konnten, hat es uns leichter gemacht, Ihnen zu helfen; und in diesem Fall auch am Sonntagnachmittag."

Die Rechnung beglich ich und mit einem runden Trinkgeld verabschiedete ich mich überfroh und dankbar für die wunderbare Hilfe. Die beiden Dreumonts wünschten uns noch gute Fahrt und langes Leben und schon verschwanden wir in der Dämmerung in Richtung Deutschland. Es war kurz vor 18 Uhr.

Mit 18 Stunden Verspätung kamen wir heil zu Hause an. Dem Himmel sei Dank! Es gibt sie noch: MENSCHEN MIT HERZ (und mit Verstand)!

So geschehen am Sa/So, 23./24. Okt. 1993.

MOSAIK – ANEKDOTEN – NACHDENKLICHES

Eine Frau aus gutem Haus, jetzt weit über die Mitte ihres Lebens hinaus, erzählte mir ihre Geschichte: „Durch die Geschehnisse des letzten Krieges verlor ich meine ganze Familie. Ich dachte, dass nun auch mein Leben zu Ende sei und Lachen-Können war auch vorbei. Mein Freund", sagte sie mir, „es kam anders: Ich wollte leben und ich will leben! Und dazu gehören das Frohsein und das Lachen! Ich kann wieder lachen, weil ich lebe. Und ich lebe, weil ich lache!"
Aus einer Begegnung bei der Hochzeitsfeier von Dr. Knapp, um 1976.

MOSAIK – STATEMENT – SIGNALE

Alles, was unser Auge aufnimmt, trägt Botschaften. Und zwar je nachdem, wie unser Raster oder Sieb beschaffen ist, können die Botschaften abgewehrt oder weitergeleitet werden in unserem Denken. Sicher kommen auch Irritationen vor. Allgemein ist es ebenso bekannt, dass nicht nur das Auge, das Ohr, sondern die ganze Oberfläche des Wesens mit etlichen Sensoren bestückt ist. Zusätzlich übermittelt der Habitus eines Menschen eine füllige Botschaft. Er zeigt nicht nur den sozialen Stand, vielmehr auch die Stimmungslage, Absicht, Kondition. Der Mensch (nicht nur er) ist wirklich ein Riesenparameter. Und wer hält zunächst alle Fäden in der Hand? Richtig. Die Erotik. Die Mutter der Sympathie, des Lebens. Was uns sympathisch ist, begünstigen wir und sehen es als ein Motiv zum Handeln an. Selbst die Hardliner in der Wirtschaft und Präsidenten und andere Mächtige unterliegen diesem Naturgesetz, ob sie es zugeben oder nicht. Für mich bedeutet dies: meiner Sehnsucht (auch äußerlich Frau zu sein) zu entsprechen, basierend auf der natürlichen Verknüpfung von Sympathie und Handlung. Nur das feminine Erscheinungsbild bereitet mir Wohlempfinden, Behagen und deshalb das Streben nach Vereinigung mit meiner inneren Weiblichkeit zu einem Ganzen.

MOSAIK – REZIPROK – ANPASSUNG

Volksspruch: Der Nagel, der am weitesten herausragt, wird am ehesten hineingeklopft! Je besser sich ein Mensch an die Gesellschaft anpasst, umso weniger wird er anecken! Das heißt: umso weniger trifft er auf Widerstand. Das ist ein Gesetz der Masse. Sobald ein Mensch aus der Masse herausragt, wird er oft sanktioniert, attackiert. Das äußert sich in unterschiedlichsten Formen, je nachdem, auf welcher Gesellschaftsebene er sich bewegt. Die Art und Weise kann sich gestalten in leichter Mobbingmanier bis hin zu übler Nachrede und/oder Handgreiflichkeiten. Nicht selten erlebt der Nichtsahnende Überraschungen, die es in sich haben. Da wird etwas abgelehnt, nicht eingehalten und verschwiegen etc. Verhält sich ein Mensch also ganz anders in der Masse als die Masse, dann riskiert er, übelst behandelt zu werden, verdeckt oder offen. Erlebt dann dieser einen glorreichen Durchbruch, schreit die Masse: Hurra, das haben wir schon immer gewusst (oder sie schweigt). Das waren aber die Leute, die vorher eifrig Vorurteile verbreiteten und Steine in den Weg legten! So spricht das Leben. Ich lasse sie und gehe meinen Weg.

MOSAIK – ANEKDOTEN – BEGEGNUNG IN LE BEAUX

Bei einer Geburtstagsfeier befand ich mich als externer Gast in einer illustren Gesellschaft. Es dauerte nicht lange, bis ein alter Bekannter dieser Gruppe hinzukam und die Szene bestimmte. Nicht nur, dass er reichlich schwergewichtig war, sondern ein Temperament besaß, das alle Anwesenden zu begeisterten Zuhörern machte und sie in Bann hielt! Seine farbige Tonlage im verbalen Ausdruck mit markanter Gestik voller Temperament und Charme fesselte die Runde. Allein eine Eigenart, die gewiss nicht nur ich noch nie erlebt hatte! Um einem Wort oder einer Passage den richtigen Übermittlungsschliff zu verleihen, garnierte dieser Mensch mit einer Vielfalt an Geräuschen und Tönen und Gesten aus seinem umfangreichen Repertoire seine Darstellungen, sodass alle mit heißen Ohren lauschten!

Schnalz-, Klack-, Zisch-Laute, Pfeif-Varianten. Welch eine farbige Ästhetik! Als ein bescheidener Hinweis möge dieser Versuch einer Darstellung dienen: Gestern Abend *pfeif* saßen *klack* wir beim Gläschen Roten *wuih*, als die hübsche Jeanette *grins* in der Tür stand und rief: „Telefon!", *ring, ring*. Und schon war er weg *zieeschsch*.

MOSAIK – KURZFILM – ORIENT-EXPRESS

Dann und wann und zwischendurch fällt mir immer wieder ein Film ein, der im Fernsehen vor etlichen Jahren gesendet wurde. Da es sich ja um eine kurze Geschichte handelt, ist sie schnell erzählt: Das Milieu: ein rollender Orient-Express in einer Sommernacht. Akteure: eine Frau und ein Mann. Am etwas geöffneten Fenster des Abteils steht, abgestützt auf den Ellbogen, eine junge Frau, hält mit einer Hand ihre vom Fahrtwind umspielten langen Haare und schaut in die vorbeiziehende Nacht. Das schneidende Fahrgeräusch von den metallenen Rädern auf den Schienen bekommt durch das zusätzliche Tack, Tack eine rhythmische Ergänzung, die von einem Perkussionisten in Trance stammen könnte. Das Gesicht der Edlen bleibt verborgen. Die Kamera schwenkt von innen auf die Schiebetür des Salons und siehe da, die Tür wird von außen aufgeschoben. Ein junger Mann mit Jeans und Cowboystiefeln tritt ohne ein Wort selbstbewusst ein und während er sachte die Tür zuzieht, erkennt man an seiner Kleidung Eleganz. Doch auch hier, wie später ebenso, bleibt die Kamera diskret und kaschiert die jeweilige Identität. Das junge Wesen verharrt schweigend, ohne sich zu rühren, in ihrer Position und lässt weiterhin die dunkle Landschaft vorbeiziehen. Ohne Zögern durchschreitet er gemächlich den Raum zum Fenster, bleibt hinter dem Fräulein stehen, öffnet ohne Hast schweigend erst seinen Gürtel, dann die Jeans, schlägt das Röckchen nach oben, um sogleich ihren Slip gekonnt nach unten zu ziehen. Mit beiden Händen ergreift er wissend das gelobte Land und vereinigt sich! Madame schaut weiter ungerührt in die Nacht und niemand spricht. Wozu auch?! Allein die Bahn tönt zirrend ihre Litanei. Diese Momente, so erhaben und unbeschreiblich, verdienen es, hier nicht weiter benannt zu werden … Aber auch diese gehen vorbei und schon zieht er das Slipchen wieder hoch und auch das Röckchen sorgfältig hinunter. Im Nu sitzt auch die Jeans wieder an ihrem Platz. Mit einer Kehrtwendung verlässt er konsequent auf kürzester Linie den Raum und verschließt die Tür hinter sich, vorsichtig. Genauso, wie er gekommen war. Madame lehnt noch immer am Fenster und schaut einsam in die Nacht.

MOSAIK – IM GEHÖRGANG – BEIM OHRENARZT

Beim Gehörakustiker: „Rechtes Ohr wenig, fast nichts an Signalen. Die Hörgeräte sind intakt." Also könnte das Ohr nicht in Ordnung sein. Sie leuchtet ins Ohr: „Oje! Der Laden ist dicht!" So wandere ich umgehend fünfzehn Minuten zum Ohren-Monopolisten. Meine Eintrittskarte liegt noch im Auto, vergessen. „Kommen Sie in 30 Minuten mit Karte wieder!", bekomme ich zu hören. Also zurück zum Auto. – Ich komme zum Wagen, da liegt doch ein richtiger Haufen direkt an der Fahrertür! Oh, das bringt Glück! Als ich wiederkam vom Arzt, war er nur noch halb so groß! Aber mit Stempelspuren. Nun ja. – Beim Ohrenarzt musste ich noch warten. Da sagte die Braut von der Ordonanz: „Sie können schon mal ins Wartezimmer gehen." – „Ich vertrage die Luft da drinnen so schlecht, das geht mir auf die Lungen. Kann ich nicht woanders warten?" Eisesstille. Im Imperativ: „Dann gehen Sie um die Ecke, da sind Stühle!" Ich dachte so bei mir: Ich brauch doch nur einen. Und außerdem: Wenn ich mal in Not bin, engagiere ich sie als Hofhund! Die einzigen, die dort standen, waren drei. Sie lehnten ganz dicht aneinander. Als ich auf dem mittleren Stuhl Platz genommen hatte, zeigten meine Beine auf einen kleinen Gang, mir zu Gesicht eine Tür mir der großen Aufschrift „Stimmen-Kontrolle". Aha. – Nach einer Weile kam so ein Pferdeschwanzmäuschen und fragte, ob ich zu ihr wolle. Da ich aber nichts verstanden hatte und umso mehr dachte, konnte sie nur so etwas gefragt haben. „Nein, nein, ich muss zur Ohrenreinigung." Einen besseren Begriff fand ich im Moment nicht, was ich nachher sehr bedauerte. Ohrenreinigung, wie blöd, hatte ich gesagt.

Kanalreinigung, Teppichbodenreinigung, Schmalztiegel, igitt. Das ging mir durch den Kopf. Nach einer weiteren Weile kam eine jüngere Frau so um die 30. Groß, schlank, allgemeine Erscheinung, aber nett. Sie bremste, grübelte einen Moment, überholte mich und setzte sich vorsichtig auf den linken Stuhl. Da die Stühle dicht beieinanderstanden, saßen wir dann auch dicht beieinander wie die Hühner. Na ja. Ich schau sie an, um die Spannung der Dichte etwas zu lockern, schmunzele leicht (leider hatte ich keinen Spiegel). Jedenfalls sagte ich, dass ich dort nicht hineinwolle und sie die Erste sei. „Aber es interessiert mich schon", fuhr ich fort mit ernster Stimme, „wird denn hier die Stimmlage festgestellt, z. B. Sopran oder Alt bei den Frauen und Bass, Bariton oder Tenor bei den Männern?" Sie zuckte mit den Schultern und murmelte etwas. Dann kam sie auch schon dran. Da ich nun wieder allein war, untersuchte ich die Stühle: Sie standen einzeln, nicht miteinander verbunden. So rückte ich einen Stuhl etwas auf Abstand. Schon öffnete sich die Tür, die Patientin musste an mir vorbei, da fragte ich sie: „Ich hab sie gar nicht singen hören?" – „Ich hab ganz leise gesungen", sagte sie artig. Wir drei lachten und schon war sie weg.

MOSAIK – AUTOKAUF – HOW ARE YOU PIETER?

Nach Abschluss und Bezahlung des Autos von einer britischen Privatadresse stellte ich fest: Der Tacho funktionierte wohl nur früher einmal. Die MLS-Angabe stimmte auch nicht. Die Heckklappe ging immer wieder auf. Und am Bauch klaffte ein dickes Riss-Loch. –

Nun, alles in allem: Das sind Gründe, um den Preis zu senken. Das ging aber nicht, es war einfach zu spät. Und die interessante Vorgeschichte vom Wagen ... Ach, lassen wir das ... Viel später grübelte ich mit der Frage herum: Wie werde ich mich verhalten, wenn ich Pieter begegnen sollte?

Wegschauen? Nur Gruß erwidern? – Nein! Stehenbleiben und mit ihm schimpfen? – Nein! Auf ihn zugehen und herzlich, mit Contenance, begrüßen? – Ja, das ist es. Denn der Handel mit Pieter war doch wie ein Spiel: Ich habe mich darauf eingelassen und Pieter war der bessere Geschäftsmann. Er hat gewonnen (Geld) und ich habe bezahlt, zu viel; aber ich habe auch gewonnen (Freude). –

„How are you, Pieter?"

MOSAIK – GESCHICHTEN – DER APFEL IM GRABEN

Deutschland, es ist Herbst, Anfang November 2015. Der Nachtfrost seit einigen Tagen zeigt deutlich, der Sommer ist wirklich vorbei. Viele bunte Blätter liegen unter den Bäumen und verdecken bei manch einem Baum bestimmt liegen gebliebene, später noch heruntergefallene oder bei der Ernte vergessene Früchte. Der Wind, als lustiger Widersacher, wedelt mit dem restlichen Blattwerk nach eigener Partitur herum und bläst mal etwas zu, mal etwas auf und ist vielleicht mal wieder weg. Jedenfalls hielt sich der Wind im Moment in „Woanders" auf. Trotz Kälte in der Nacht bügelte die warme Sonne am Mittag alle Gemütsfalten wieder glatt. Die etwas abgelegene Apfelbaumallee war mir seit Jahren bekannt und dieses Jahr kam ich zur Apfelernte wieder einmal zu spät. Seit Tagen herrschte trockenes, sonniges Spätherbstwetter und der Boden war insgesamt nicht nass. Das ermutigte mich, meine Überlegung umgehend zu realisieren. Wer weiß, was morgen ist! Mein Plan bestand darin, nach liegen gebliebenen Äpfeln Ausschau zu halten, und wenn es nur eine Tüte voll wird, dann freue ich mich. An der besagten Stelle angekommen, parke ich mein Auto und nähere mich mit ein paar Plastiktüten, man kann ja nicht wissen, dem Baum, umgeben an einer Seite mit Buschwerk. An der Südseite zog sich ein tiefer kleiner Graben entlang, der auf der einen Seite den Rasenrandstreifen mit den Apfelbäumen und auf der anderen Seite das Ackerland begrenzte. Wie ein Huhn schiebe ich mit der Hand die Apfelbaumblätter zur Seite und finde eine ganze Reihe reifer, unbeschädigter Früchte. Das war eine Freude. Nun dachte ich, wenn der Baum so dicht am Graben steht und er mit seiner Krone darüberreicht, dann finde ich in der Tiefe noch weitere Äpfel. Aber wie komme ich problemlos in den ausgetrockneten Graben und wieder heraus, denn durch meinen Unfall habe ich ernste Probleme mit dem Klettern; und was passiert, wenn ich meine Beine verknackse und im Graben liege? Ist das die Sache wert? Zu Fuß kommt sowieso niemand, die Leute fahren alle in ihren Autos vorbei, ob ich zappele oder nicht. Ich schaue mir das freie Grabenstück an und taxiere die Schräge: Auf allen Vieren könnte ich rückwärts ganz langsam den Abstieg wagen. Und am Schopfe der Grasbüschel könnte ich mich stabilisieren und wie herein, so wieder heraus! Die Erde ist nicht glitschig; also hinein in den Graben! Heil angekommen zwischen Brennnesseln, Disteln und Knöterich, spürte ich schon Äpfel unter meinen Schuhsohlen! Mein Gott, so viele Äpfel verbargen sich unter dem Laub, denn der Graben hatte mit seinem weichen Gras alle heruntergefallenen Dinger ohne Schäden aufgefangen. So kam ich trotz leerer Äste doch noch zu meiner Apfelernte. Aber die Geschichte sollte noch nicht zu Ende sein! Durch das ständige und längere ungewohnte Bücken und wenig Bewegung wünschte ich mir jetzt von Herzen einen Hocker. Und da wir gerade beim Hocker sind: In die Hocke kann ich sowieso nicht, weil ich meine Beine nicht mehr anwinkeln kann. Das heißt: stehen oder nur sitzen! Also zog ich meine Reservetüte aus der Tasche für einen Sitzplatz. Langsam gehe ich nieder, komme gut an und fühle auf der Seite, wo es näher zum Buschwerk geht, eine Reihe mit noch mehr Äpfeln. Die kann man doch nicht verkommen lassen! Und so rutschte ich seitlich immer weiter zum Astgewirr, bis ich mich in einer Art Gewölbe von Apfelästen befand. Die Sonne schien hindurch und der azurblaue Himmel fügte sich in das Farbspiel. Zum Aufstehen reichte es nicht, denn das Geäst streifte im Sitzen schon meinen Kopf. Auch ein Herauskriechen ging nicht, da meine Beinstellung keine Drehung zuließ. So hielt ich inne und gestattete mir erst einmal ein Päuschen und betrachtete meine Umgebung intensiv. Wo war ich?! Mit dem Po auf einer Plastiktüte! Die auch noch verrutscht war. Die Füße abgestützt an der Grabenwand. Die Sonnenseite im Rücken, das Licht blendete also nicht die Augen, aber strahlte in das herbstliche Gewirr mit einer riesigen Vielfalt an Farben und bizarren Formen. So saß ich da, regungslos in der Stille, in dem Graben, kein Auto, kein Mensch, ganz allein unter dem Gebüsch des Apfelbaumes! Ich betrachtete lange meine friedliche Umgebung und empfand ein selten starkes Wohlsein mit feierlichen Einbindungen. Ich glaube, ich hatte ein Stück Kuchen empfangen von der zauberhaften Glückstorte. Langsam robbte ich wieder so zurück, wie ich gekommen war. Es dauerte schon eine Weile, ehe ich wieder auf den Beinen und mit meinen Apfeltüten am Auto war. Sind die Äpfel beauftragt worden, damit ich da unten so etwas Grandioses erleben konnte? Wer weiß?! Kann man mutmaßen: Ungewöhnliche Erlebnisse suchen sich ungewöhnliche Orte?

MOSAIK – DESIDERATA

Lieber Gott, wie Du weißt, dreht es sich hier um meine Malerei: Schicke mir bitte bald einen kundigen Galeristen, der meine Bilder anschaut, sie versteht und klug vermittelt. Seriös darf er auch sein, denn ich habe noch viel vor. Mehr als einige Arbeiten lagern außerdem im Depot und möchten an das Licht. Und es kommen noch Gemälde hinzu. Sende mir bitte Hilfe. Sie kann natürlich auch weiblich sein. Dafür danke ich Dir schon im Voraus. Amen.

MOSAIK – DAS MALEN

Mein Motiv zum Malen wird genährt durch das Verlangen, mich in einer anderen Dimension zu bewegen und neue, unbekannte Bereiche zu entdecken und zu erleben. Dieses Streben schmälert keineswegs meine Hochachtung gegenüber allen Naturgegebenheiten. Vielmehr betrachte ich meine Denkprozesse, festgehalten auf der Leinwand, als eine Art Danksagung an die Götter, welche mir schließlich die Möglichkeit der malerischen Interpretation mit auf den Weg gaben. So hoffe ich. – Das Entdecken, das Aufdecken und Ringen um die Sichtbarmachung der flüchtigen Gedanken und Empfindungen bedeutet für mich ein unvergleichliches Abenteuer voller Spannung und Brisanz, in dem ich oft wechselnde Rollen einnehme:

Mal bin ich Kind, mal Baum, Berg, Wolke oder etwas anderes. Auch gibt es Momente, die mich in die Welt eines Pferdes, eines Elefanten, einer menschlichen Schamanin hineintragen. Auch Besuche im Universum fordern meine Aufmerksamkeit. „Haben Sie keine Furcht, irgendwo mal hängenzubleiben?" – „Absolut nicht." Physisch nachzukommen, das bereitet mir Sorge. Denn bekanntlich eilen Gedanken schneller als ein Pinselstrich. Malen bedeutet für mich Freude haben. Und Freude ist Leben. Sind neue Bilder entstanden und werden von meinen Bekannten und Freunden interessiert betrachtet, so höre ich gern ihre Kommentare als Reflektion meiner Darstellungen. Im Grunde male ich stets für mich selbst und gebe meine Bilder ungern weg. Aber später: Findet sich ein Mensch, der aufrichtiges Interesse und Liebe für ein Bild zeigt, so fällt mir die Trennung nicht so schwer; und ich freue mich mit ihm, denn ich weiß: Meine Arbeit strahlt positive Energie aus und erzeugt dann Freude beim Betrachter. So denke ich. –

MOSAIK – GEDANKEN – BEI EINER BAHNFAHRT NOV. 91

Eine Bahnfahrt, die ist lustig. Impressionen. Der Zug hält. Mit Klackklack springen die Türen auf und einige Reisende werden auf das morgendliche nasskalte Trottoire entlassen. Erwartungsvoll steige ich dann ein. So zeitig bin ich auch noch nicht ganz wach. Dunkel ist der Himmel. Anständige Menschen liegen noch im Bett, erholen sich von der Nacht und warten artig, bis es hell wird, nicht wahr?! Also bin ich nicht anständig?! Ich steige ein, der Zug schleicht sich nun aus dem Bahnhof und wird ganz schön schnell. Ein Uniformierter kommt heran. Es muss wohl jemand vom Bahnvorstand sein, so gut sieht er aus. Er beugt sich zu einem Raumgenossen, nickt und zwackt mit einer Zange in die hingehaltene Karte. Sicher zum Dank für eine Nettigkeit. Beim Nächsten zwackt er auch, beim Nächsten aber nicht. Vielleicht mag er ihn nicht leiden oder will einfach nicht stören. Zwackt er eigentlich nur die Karten oder auch woanders rein? Da muss ich aufpassen!

Hoffentlich hat der Mensch keine Lust auf mein Ohr! Es sind ja schon genug Löcher darin, meine ich. Jetzt kommt er zu mir: „Die Fahrkarte, bitte." Na gut, ich halte ihm fix alle drei Zettel hin und der Mann sucht sich einen heraus und quetscht ihn mit seiner Zange. Zufrieden schreitet er zum Nächsten wie eine Biene auf Pollenflug. Weshalb trägt er keine gelbe Uniform? Eine weiße ginge ja auch und würde schick aussehen. Ach, es ist besser so, sonst würden wir andererseits auch mit Sicherheit aufgerufen werden und müssten dann auch noch nach vorn kommen zur Karten-Visite. Vielleicht sticht er auch zu?! Man kann ja nicht wissen. Der Kontrolleur ist nun endlich gegangen. Die lose Herumsitzenden warten entspannt und bewegen sich kaum (es ist ja auch so zeitig). Doch da erheben sich zwei ältere Frauen und der Zug wird langsamer. Woher haben sie das gewusst? Die eine Mutter zerrt an der Abteiltür mit ganzer Kraft. Das Möbel will sich weder nach außen noch nach innen öffnen lassen. Und die Porte verweigert sich standhaft. Nun wählt die Frau die dritte Möglichkeit, indem sie von der Tür ablässt. Wir waren eben in einer Kurve, denn der Zug nimmt wieder Fahrt auf. Mit einer Zeitlupen-Pirouette hangeln sich die beiden Tanten wieder auf ihre Sitze. Ich sehe in ein besorgtes Gesicht und schon wackelt der Unterkiefer! Ein Vitamin- oder Pfefferminz-Bonbon? Ach nein, gewiss nicht! Jetzt wackelt sie schon wieder und immer noch! Das kann kein Zuckerwerk sein. Schade, ich sollte mir aber doch bei nächster Gelegenheit eine Tüte „Saure" kaufen. Aber wir reisen erst noch zu DER Gelegenheit, so hoffe ich. Der Zug wird wieder langsamer und die beiden stehen wieder auf. Ist das so Sitte? Könnte sein, denn in der Kirche darf man auch nicht immer sitzen, sondern aufstehen, sitzen, aufstehen, laufen, aufstehen und stehenbleiben; dort muss man manchmal auch länger knien! Oh Schreck! Vielleicht ist diese Übung irgendwann auch im Zug Vorschrift. Ich könnte ja mal den Küster, äh, den Schaffner fragen. Aber der quetscht bestimmt noch irgendwo. Und Schaffner möchte ich nie sein: Es wäre ein Albtraum für mich. Wie soll ich herausfinden, wer zugestiegen ist, wer schon gequetscht ist oder wer gerade auf dem Null-Null sitzt? Und diese Prozedur jahrelang? Nein, der arme Kerl, er tut mir leid. Der Gedanke, dass ich kein Schaffner bin und auch nicht werden muss, stimmt mich wieder froh und ich bin sehr erleichtert. So, der Zug setzt jetzt zum Halten an. Toll, denke ich, und das finden die beiden Weiblein sicher auch, denn mit zuversichtlichem Ausdruck wechseln sie ein paar Worte; die eine Tante wackelt noch schneller mit den Zähnen und mit festem Griff schwingen sie sich aus dem Abteil. Der eiserne Zug hält nun und der menschliche Zug startet. Die Leute strömen heraus und beleben den Bahnsteig. Ist das ein Wechselspiel wie so oft auch? Wenn der eine stehenbleibt, setzt sich der andere in Bewegung! Oder ergibt der Gedanke keine Logik? Ich muss der Sache bei Gelegenheit noch auf den Grund gehen, denn ich liebe keine Ungewissheiten. Der Zug steht noch immer und ich sehe durch die Schaufenster und observiere die Schienenweglandschaft. Dort ein Bürgersteig, aber ohne einen Menschen. Dafür fällt mir ein schlichtes Schild mit einem Ortsnamen auf. So eines sah ich vorhin schon einmal. Das gibt es nicht, ganz im Winkel ist ja noch eines. Überall steht nur dasselbe Wort! Und die Kilometerangabe fehlt auch; seltsam! Jetzt muss ich mal achtgeben, ob auf allen Bahnhöfen solche Schilder stehen. Große Uhren hängen oder sitzen auch überall und reichlich. Geht man vielleicht davon aus, dass die Reisenden zu wenige Uhren tragen? Oder ist das Mitführen von Uhren gar verboten? Meine Armbanduhr fährt jedenfalls auch Bahn. Heute zum ersten Mal. Ich dagegen fahre öfters Bahn und hab Routine: Auf meiner letzten Bahnreise vor 42 Jahren gab es noch die wilden Dampfloks! Und alles war anders, fast. Mein Wecker weiß, das nächste Mal darf auch er mit. Und der Zug steht immer noch. Genau! Das ist die Frage: Weshalb gibt es auf den Autobahnen keine großen Uhren? Aha, da pustet jemand in eine Pfeife. Es klingt ja fast wie auf einem Schiff. Eine Glocke sah ich nirgends. Vielleicht folgt sie noch … nichts passiert, niemand stört sich daran, dass nichts passiert. Jetzt gibt es eine Pfeifwiederholung. Hoffentlich wird der Pfeifer nicht ärgerlich! Da … jetzt klappen die Türen zu. Wir fahren los, Gott sei Dank. Immer schneller wird die Fahrt. Ja, das Knarren (der Achsen?) wechselt zu einem Schnarren und Schnurren, so etwa wie bei einem klapprigen Spinnrad, halt nur etwas heftiger. Es kann auch sein, dass die Radachsen jetzt warmgelaufen sind. Bei dem Geholpere geht das sehr schnell. So eilen wir mitsamt den Waggons über die Schienenstränge und keiner überholt uns. Das muss ja auch nicht sein, bei dieser Geschwindigkeit! Auweia! Das war knapp. Es kam uns doch ein Zug entgegen. Er hätte ja wirklich etwas mehr seitlichen Abstand halten können, Flegel. Jetzt ist wieder einmal natürlich kein Mensch da, der diesen Leichtsinn ahndet! C'est la vie. Ich sehe auf meine Uhr, die, wie schon gesagt, zum ersten Mal Bahn fährt. In sechs Minuten muss ich aussteigen, laut Plan der Billet-Ausgabe. Hoffentlich hält der Zug auch in sechs Minuten, sonst müsste ich etwa noch abspringen. Nein, das wäre zu viel. Welch Wunder! Der Zug hielt und ich war wieder frei!

MOSAIK – ERINNERUNGEN – ZEITUNGSARTIKEL 2005

Moment mal, das ist doch …

Zu dem historischen Ratefoto in unserer Mai-Ausgabe erreichte uns eine sehr nette Zuschrift unseres Lesers Peter Lorenz aus Hoinkhausen. Er hatte nicht nur erkannt, dass das Foto in der Zeit entstanden ist, als die Elektrizität in Rüthen Einzug hielt, er schrieb uns auch einiges Interessantes über die abgebildeten „Telegrafen-Spezialisten":

„Die fleißigen Herren sind Telegrafen-Spezialisten im Außendienst! Damals, früher gab es ja die hölzernen Telegrafenmasten für Telefonleitungen, parallel zur Eisenbahnstrecke, und auch für die Stromleitungen von Haus zu Haus. Um zum Zweck einer Installation oder Reparatur sicher an das Ende der Masten zu gelangen, verfügten die Leute über eine ausgeklügelte Ausrüstung: meist dicke, feste, über die Knöchel reichende Lederschuhe. Näherte sich der Spezialist dem Mast, klapperten große Eisen und Bügel, die er mit einer Hand tragen konnte. Diese Eisen wurden mit Riemen (ähnlich wie bei den ersten Skiern) unter die Schuhsohle geschnürt. Dieses Gestell, quasi eine zweite Schuhsohle, hatte einen langen, gebogenen und dicken Arm, der am Ende nach innen zeigend angespitzt war. Dieser Haken war so in Ösen gehalten, dass er sich ca. zu einem Viertel frei drehen konnte. Interessant ist ebenso die Funktion der Fuß-Klettereisen: Der gebogene Arm umschloss den runden Holzmast etwas über der Mitte und durch die Belastung des Auftretens eines Fußes fasste die spitze Nase in das Holz, so gab es einen festen Tritt. Wollte ein Arbeiter am Mast weiter hoch- oder niedergehen, konnte mit einer leichten Beinbewegung das Eisen wieder aus dem Holz gelöst werden. Mit dieser Technik konnte man leicht und sicher den Mast begehen, am Boden lief er mit den angeschnallten Eisen wie ein Schwimmer mit Flossen an Land, nur mit lautem Scheppern. Vor jedem Aufstieg öffnete der Arbeiter sein Sicherheitsseil, legte es um den Mast und schloss den Karabinerhaken. Das Sicherheitsseil diente ihm zur Stabilität gegen rückwärtiges Abkippen, gleichzeitig konnte er dadurch freihändig am Mast verharren und unbehindert seine Arbeit verrichten (= Drei-Punkte-Stabilität: 2 × Fuß, 1 × Becken). Als Kinder, und auch noch später, legten wir so manches Mal das Ohr an den Telegrafenmasten. Die Schwingungen der Drähte erzeugten ja eine Resonanz im Holz und so konnten wir das Summen und Sausen des ‚Welt-Alls' hören. Ja, lange ist es her."

Für den eingereichten Beitrag bedankt sich das Rüthen-Extrastark-Team ganz herzlich bei Herrn Lorenz. Sollten auch Sie jemanden auf einem unserer historischen Bilder erkennen, sind wir Ihnen für eine kurze Mitteilung sehr dankbar. Nach Möglichkeit aber bitte nicht mündlich im Vorbeigehen nach der Art „Hör mal, das da auf dem Bild, das unten links, ist meine Urgroßmutter", sondern am besten schriftlich, vielleicht in einer ähnlich liebevollen und originellen Form, wie es Peter Lorenz gelungen ist. Vielen Dank schon vorab.

MOSAIK – GEDANKEN – GLÜCKSSTEIN AUS ARAGONIEN

Der Glücksstein aus Aragonien:
  „Sagen Sie, das soll ein Glücksstein sein?"
  In der Fachwelt heißt er schlicht Aragonit, kein Wort also vom Glück!

Ja, so ist es. – Sehen Sie, mein Freund, da gibt es aber doch etwas:
Der Stein brauchte etliche Jahre Naturmechanismus, bis er zu der Form wurde, wie man ihn jetzt sieht. Der Stein wuchs aus Muscheln und Perlen und ruhte im Boden der Natur, bis ihn ein Mensch fand und aufhob. Jetzt liegt er ganz still und geduldig in unserer Hand, ein Zeugnis von Zeit.

Was ist ein Mensch dagegen? Ein Fast-Nichts, gebunden an das Zeitmaß von nicht einmal einer Tausendstelsekunde auf dem Ziffernblatt des Alls, um zu werden und zu vergehen!

Noch werden wir, noch leben wir.

Bald, bald, mein Freund, werden wir vergangen sein.

Kein Grund zur Wehmut, vielmehr ein Anlass zum frohen, bewussten Dasein: schaffend, aufbauend; jeder Tag reift zum Wunderwerk, vertieft durch das Bewusstsein des Endlichen. Nutzen wir die Zeit! So werden wir zuversichtlich und ruhig, vermeiden Krankheiten, meist verursacht durch üble Gedanken und kleinliches Verzagen, werden mehr und mehr positiv und ... glücklich!

Mein Freund, Du brauchst ES aber nicht zu suchen.

Es ist schon da, das Glück; gezeugt im positiven Denken ...

Der Stein aus Aragonien.

Pierre 91

MOSAIK – ERINNERUNGEN – WEISST DU ...

Aus der Kinderzeit kenne ich den Vers noch: „Weißt du, wie viel Sternlein stehehen an dem grohoßen Himmelszelt ...?"

Das ganze Lied bekomme ich nicht mehr zusammen. Macht nichts! Dafür sind mir speziell die französischen Sommerabende und -nächte mit ihrem tollen Sternenpanorama lebhaft vor Augen!

„In Deutschland gibt es doch auch klare Nachthimmel!" – „Ja, das stimmt schon, allein die Luftschicht macht es, ob man viele Sterne sieht. Da gibt es erhebliche Unterschiede." Und am Atlantik sah ich Sternenhimmel, die man so schnell nicht vergisst! Der ganze Himmel eine Pracht, vollgestopft mit unterschiedlichsten Gestirnen, groß, klein, größer, hell, kein freier Platz. Wo kommen sie her, wo gehen sie hin?

Alle Sterne sind in Bewegung, auf Wanderschaft, mit enormer Geschwindigkeit. – Da gibt es einen hellen markanten Streifen mit noch dichterer Sternenbesetzung: die Milchstraße. Alle Sterne scheinen fest- und stillzustehen. Und doch sind alle unterwegs. Manche prallen gewiss aufeinander; ach, das ist weit weg. Wir haben auf jeden Fall bisher Glück gehabt.

Die Beobachtung des Himmels reift zu einem speziellen Spektakel. Wieder und wieder saust eine flinke Gestirnmasse in unsere Atmosphäre und verglüht in einem Lichtstreif: die Sternschnuppe. Wie von einem unsichtbaren Zauberer ausgelöst, sprüht es am Himmel. Und durch die wärmere Luft auf der Erde funkeln die Sterne alle miteinander um die Wette.

Es ist so einzig wie im Märchen. Noch besser: Es ist die märchenhafte Wirklichkeit!

Und wir ärgern uns, weil der Kaffee kalt geworden ist. – Aber nur manchmal! „Na gut!"

MOSAIK – GEDANKEN – AUS MEINEM TAGEBUCH NR. 3

Die Sterne, die wir sehen, sind ca. 30 Millionen Lichtjahre entfernt. Vielleicht gibt es sie nicht mehr, obwohl wir sie noch sehen. Ebenso existieren viele Sterne, die wir noch gar nicht sehen können, da das Licht von ihnen noch unterwegs zu uns ist. Die Lichtgeschwindigkeit beträgt ja rund 100 000 km/s. Es gibt von uns aus gesehen 200 Milliarden Sterne! Sauerstoff leuchtet grün, bläuliche Nebel sind sehr heiß und kurzlebig, rötliche Nebel sind kühler und langlebig. In 500 Milliarden Jahren vergeht die Sonne und somit die Erde. Das ist gewaltig, unfassbar. Das sind Space-Dimensionen im Telegrammstil! Die Grundsatzfrage in Klammern: Wie ist eine solche Intelligenz der Erde und des Universums zustande gekommen – und wozu? Zu welchem Zweck? Sicher, das sind uralte Kernfragen. Und erreichen wir den nötigen Grad in der Evolution, um alles zu verstehen? Alles verstehen bedeutet auch begrenzt zu verstehen. Von hier bis dort, das ist „alles". Und „alles" kann es nicht geben im Universum, weil es unendlich ist. „Unalles". Das heißt für mich wieder, wenn der Mensch „alles" wissen will, so dokumentiert er gleichzeitig einen Widerspruch und das zu Recht. Der irdische Begriff „alles" existiert im All nicht, da es ohne Ende ist, wie man weiß. Wird unser Vokabular jemals ausreichen, um den Schöpfer des grandiosen Universums angemessen zu beschreiben? Kaum. Ich neige dazu zu glauben, dass die Menschen als Bewohner der Erde, als Ort der Begrenzung, noch nicht mal „alles" wissen müssen. Und schließlich hieße es, „so seien zu wollen, um Unalles zu verstehen": Die Position der himmlischen Macht infrage zu stellen, um selbst nachzurücken! Das kann und wird sicher nicht geschehen.

MOSAIK – GEDICHTE – MEIN GEIST

Mein Geist wohnt im Gehirn
und bedient alle Funktionen,
damit der Mensch
ein Mensch sein kann.
Sind die biologischen Zellen erschöpft
und kein Ersatz möglich,
so blockiert der Mangel
den biologischen/physikalischen Ablauf
und der Geist verlässt
den Körper.
(Ohne Geist – kein Körper.)

= Gesunder Geist im gesunden Körper.
alte Weisheit

MOSAIK – KOMISCHES – DIALOG GABY UND PETER

Beim Besuch bei Gaby, meiner Ehe-maligen, März 2009:
G: Weshalb grinst du?
P: Ich hab nicht gegrinst.
G: Doch hast du gegrinst.
P: Weshalb sollte ich gegrinst haben?
G: Ich habe es doch gesehen: Du hast gegrinst.
P: Nein, ich habe nicht gegrinst.
G: Doch, du hast gegrinst! Ich kenn dich doch!
Jetzt muss ich aber grinsen!
Denn der Hümör kömmt öfters vör!

MOSAIK – GEDANKEN – MEIN LAUFWERK

Wenn ich nun etwas über meine unfallgeschundenen Beine berichte, so mit dem Gedanken von Hochachtung vor der wunderbaren Schöpfung der Natur: vor Organismen und Technik, Funktionen, Plänen und vielen anderen fantastischen Erscheinungen, durch höchste Intelligenz geschaffen und in Gang gebracht. Als junger Mensch hing ich anderen Gedanken hinterher und nahm vieles als selbstverständlich an. Auch das ist berechtigt, denn die Erfahrung kommt mit der Zeit; durch Er-reisen, Er-fahren. Da fallen mir wieder die Sprichwörter ein: Wer reist, der kann viel erzählen. Viel gereist, Reisen bildet. Erfahrung kann man ja nicht erlernen, man muss sie machen. Doch zurück zu meinen Beinen. Durch den Unfall erlitt ich einen Kniescheibentrümmerbruch an beiden Beinen. Keine Bange, es folgt kein Unfallbericht, sondern nur eine Bemerkung zum besseren Verständnis. Die Beinnerven, welche zu den Füßen führen, wurden ebenfalls verletzt. Folge: Behinderung der Bewegungsabläufe etc., mit denen ich nach dreißig Jahren immer noch zu tun habe. Aber ich will normal gehen und konzentriere mich deshalb gezielt auf mein Gehmanöver, für einen Ausgleich der fehlenden Funktionen. Durch den Jahre später erst festgestellten Kreuzbänderverlust gehe ich nur in schwankender Linie – im Seemannsschritt. Mir wurde einmal besorgt „gesteckt", dass ich schon am Morgen etwas im Blut gehabt hätte … Als ich damals die Reha-Kur beendete, folgte eine Heilgymnastik-Periode mit dem Ziel, die verwachsenen Bänder im Knie wieder freizubekommen. Zu diesem Zweck lag ich mit dem Bauch auf einer Stellage. Die Therapeutin nahm dann meinen Unterschenkel und bog ihn bis zum „Anschlag", d. h. bei 45° fing der Schmerz an und dann noch ein bisschen, bis ein dumpfes Zerren zu hören war. Das wurde wiederholt, bis die Übungszeit vorbei war. Während dieser Prozedur hielt ich natürlich nicht den Mund und versuchte mich mit Ausrufen wie „aua, aufhören, Mörder, Ende, Ferkel, Polizei, aua!" über die wirklich erheblichen Schmerzen ernsthaft-spaßig-albern hinwegzuretten! Bei der nächsten Veranstaltung berichtete mir meine Übungstante: „Stellen Sie sich vor, nach Beendigung vom letzten Mal waren alle wartenden Patienten vor unserem Raum verschwunden! Weil sie so laut gejammert hatten!" Ein herzliches Gelächter dauerte nicht lange, denn eine weitere Übung stand bevor. Zurzeit geht es mit dem Laufen ganz gut und ich bin froh und dankbar, dass es jetzt so ist. Nicht sicher bin ich, wie es in den nächsten Wochen aussieht, denn aus Erfahrung weiß ich, dass es auch anders sein kann. Mit Zuversicht und Mut wird alles gut, also weitermachen! Und so geht es weiter ohne Folgebericht meiner Beinprobleme.

MOSAIK – ALBERNES – IMBISS / QUARK IM SUPERMARKT

Beim Imbiss bestelle ich: „Eine Boulette, bitte!" Die Verkäuferin fragt: „Kalt oder warm?" Das zwickt mich und ich sage darauf: „Ach, die Frikadelle brauchen Sie nicht erst lange kalt zu machen. Ich nehme sie so, wie sie ist." Keine große Reaktion. So ist das manchmal. –

Im Supermarkt: Auf dem Band der Kasse liegen meine Obst- und Gemüsetüten und zwei Päckchen Quark. Während die Kassiererin alles eintippt und die anderen Kunden warten, lege ich die registrierten Tüten zum Greifen zurecht und zahle dann. Danach angele ich eine Tüte nach der anderen und stecke sie mit dem Griffloch auf meine Finger. Diesmal war die Beute etwas mehr und beide Hände voll behangen. Portemonnaie und Autoschlüssel hielt ich auch noch fest und die wartende Kundenschlange beobachtete mich, wie ich das Ganze handhabte. Als Einziges standen die beiden Becher Quark noch auf dem Platz und alle Augen schauten, wie ich das wohl geregelt bekäme. Da sage ich zur Verkäuferin ganz ernst: „Ach, den Quark nehme ich das nächste Mal mit!" Die Verkäuferin sieht irritiert um sich, Kopf ziellos hin und her, greift in ein Kästchen und bietet mir einen Jeton an für den Einkaufwagen. Diese total falsche Reaktion zeigte mir, dass sie komplett aus der Spur war. „Nein, danke", entgegnete ich, „ich habe selbst Münzen." Dann reichte sie mir die beiden Becher noch obenauf auf mein Gepäck und ich balancierte mit erhobenem Haupt von den erschreckten Leuten dem Ausgang zu. Im Wagen musste ich ganz herzlich gackern.

MOSAIK – REZEPTE – BANANEN UND XY

– Etwas zum Essen: Bananen mit Sauerkraut für zwei Personen:
Bananen, 4 Stück, gesprenkelt und reif,
Sauerkraut, ca. 1 Tasse voll oder mehr,
Essig, Öl, Suppenteller
Die Bananen grob zerdrücken im Teller; darauf kommt das selbstgemachte Sauerkraut; dazugeben: 3 EL Apfel-Essig und 3 EL Olivenöl; alles locker umrühren, fertig. –
– Etwas zum Schmecken: Götterspeise auf Afrikanisch für zwei Personen:
Man nehme 4 Bananen, überreif von der Staude, entferne die Schale, lege die Bananen in eine Schüssel und drücke sie mit der Gabel in kleine Stückchen.
Dann: 500 g marokkanischer Kamel-Sahnequark (bei Lieferschwierigkeiten geht auch deutscher Kuh-Sahnequark); 4 EL flüssiger Bienenhonig, 4 EL Olivenöl dazugeben und alles zart verrühren und dann abschmecken mit Tabasco; fertig. Aber ja: Bon appétit! Etwas Salz nicht vergessen!

MOSAIK – REZEPTE – SCHMALZ FÜR DEN HALS

Meinem Sohn, heute schon längst erwachsen, erzählte ich wieder einmal so einiges von damals aus meiner jugendlichen Zeit und von meiner Mutter Lucie, die so prima kochen und backen konnte. Vor allem Fett und Butter gab es kaum, bis sich die Zeiten besserten und der vermisste Fettkonsum nachgeholt wurde, ca. 1955. Das hieß: Regelmäßig beim Fleischer eingepackt, kam der klumpenförmige Flomen (Bauchfett vom Schwein/Rind) mit einem Stück Speck in Mutters Hand.

Mit einem großen Messer, welches mein Vater an Schüssel- oder Tassenböden regelmäßig wetzte und somit den Einsatz erleichterte, würfelte Mutter Lucia behände Flomen und Speck und schaufelte das Kleinzeug in die große Pfanne. Den frischen Zwiebeln erging es ebenso und die nötige Hitze darunter ließ die Zwiebelstückchen in dem heißen Fett lustig tanzen. Das aufsteigende typische Schnergel-Aroma durchzog die ganze Wohnung und die Nachbarn hatten bestimmt auch noch etwas davon. Die Zwiebeln färbten sich goldgelb und die entstandenen Grieben (ausgelassene Speck- und Flomenstückchen) zeigten an: Es ist genug. Vorsichtig in Sicherheit gebracht, blieb die Pfanne unberührt so lange stehen, bis sie abgekühlt war, denn die Gefahr einer Verbrennung ist riesengroß bei heißem Fett. Später leicht gesalzen oder nicht, abgefüllt in ein Tontöpfchen und kaltgestellt, dauerte es nicht lange und der Pegel fiel merklich bei immerhin vier Personen. Eine Schnitte mit selbstgemachtem Schmalz muss man probiert haben! „Und wann machst du mal Schmalz?" – „Bald, mein Sohn, bald!" Schmalz aus Gänse- und Entenbauchfett kann man genauso herstellen und schmeckt einzig!

MOSAIK – REZEPTE – KARTOFELSALAT À LA PIERA – 2–3 PERS.

Pellkartoffeln kochen (Sorte: „mehlig kochend")

Ca. eine etwa tellergroße Schüssel voll Kartoffeln mit dem Messer grob schnipseln.

Mit der Gabel alle Stückchen etwas zerdrücken, alles locker, flockig lassen.

2–3 EL Curry auf den Kartoffeln verstreuen.

Etwas Salz hinzugeben (kein Jodsalz).

Alles vermengen.

1 große Zwiebel (ca. 15 Min. zuvor ins Wasserbad, dann lässt sie sich leichter schälen) halbieren und in grobe Stücke schneiden, ca. 1 × 1 cm. – Diese Schnitzel ergeben dann beim Kauen einen knackigen Effekt, der bei Kleingewürfeltem verschenkt wird.

Geschnittene Zwiebel sofort zu den Kartoffeln schieben, noch nicht umrühren.

Geschwind ca. eine viertel Tasse Wasser oder Fleischbrühe oder Apfel-/Birnenkompott über die Zwiebeln schütten, dann können die Zwiebeldämpfe nicht in den Augen beißen. – Bei Zugabe von Fleischbrühe:

1 TL Zuckerrübensirup untermischen.

Nun alles mit der Gabel locker wenden.

Darauf achten, dass eventuell pudrige Curry-Klumpen aufgelöst werden, denn trockener Curry kann beim Essen in die Lunge geraten.

Jetzt ca. 2 Schuss Apfel-Essig hinzugeben und wieder locker verrühren.

Ist die Masse zu dünn geraten, einfach gedrückte Kartoffeln entsprechend hinzufügen.

Abschmecken, eventuell nachsalzen.

Erst jetzt, zum Schluss:

Ca. 4 gehäufte EL Olivenöl, 1. Kaltpressung, hinzugeben und wieder sachte umrühren.

Salat nicht lange stehen lassen.

Frisch gemacht ist er am besten!

Je nach Vorliebe kann er kalt oder besser warm verzehrt werden. Achtung, mein Salat hält sich meist nicht lange (denn er ist schnell aufgegessen).

MOSAIK – EIN ANDERER WAGEN MUSS HER

Das Auto, the car, la voiture, el coche, egal wo man es so nennt, alle meinen das verlockendste Verkehrsmittel der Neuzeit.

Und alle Mobile unterliegen denselben Erscheinungen: Auch die zauberhaftesten Ergebnisse der Ingenieurskunst sind in ihrer Lebenszeit begrenzt durch Gebrauch und Vergänglichkeit des Materials.

So war es im Jahr 2015 mit meinem Auto: Es fing ganz leise an zu rosten und Reparaturen gab es zusätzlich. – Nun klingelte der Wecker: Ein anderes Auto muss her. Klar: Ein gebrauchtes wäre passend. –

Das trockene Wetter begünstigte die Abendstunden und so stand ich, wenn auch nach Geschäftsschluss, bei dem ersten Autofritzen und schwamm wie eine Ente auf dem Teich durch den Wagenpark. Bei dem dritten oder fünften Händler angelangt, fiel mir ein kirschfarbiges Auto einer Nobelmarke auf.

Oh ja, mein Puls ging höher. Flink machte ich ein paar Fotos, ehe die Sonne verdeckt wurde. Dann kreiste ich immer wieder um das rote Modell, das nicht so viele Kilometer anzeigte und sooo gepflegt aussah. Nun stellte ich mir vor, welches Fahrgefühl sich damit entwickeln könnte. Einen Wermutstropfen versuchte ich zu versüßen: Aber natürlich werde ich mich daran gewöhnen und wie oft bin ich bei längerer Reparatur mit einem Miet-Schaltwagen gefahren! Das geht. Also, diesmal kein Automatik-Auto.

Am nächsten Tag verhandelte ich fest entschlossen und kaufte schließlich das begehrte Stück. Die Wochen vergingen und ich schaltete jeden Tag herauf und herunter, doch meine Toleranz gegenüber dieser Schalterei nahm immer mehr ab. Jetzt war mir klar: Ich hatte mich verkauft! – Was sollte ich jetzt machen? Die Worte meines Sohnes klangen noch in meinen Ohren: „Ich hab dir gleich gesagt, du hast immer einen Automatik gefahren, da taugt ein Schalt-Auto nicht." Wie Recht er hatte. Es war zu spät. Und vorher hatte er überhaupt keine Zeit für mich gehabt. – So geht das eben manchmal.

In meiner Not rief ich nicht den Heiligen Antonius an, sondern Robert, den Chef eines befreundeten Büros. „Na klar helfe ich dir. Komm rüber, wir sehen im Internet nach." Schon saß ich neben Robert und hatte meine liebe Not, die flitzenden Tabellen zu erfassen. Ihm machte der schnelle Wechsel förmlich Spaß, denn er tickerte mit seinem flotten Mausfinger mühelos wie ein morsender Frühpensionär aus dem Telegrafenamt. –

„Halt", warf ich ein. „Noch einmal zurück, bitte." Da war ein Wagen: dunkelgrün, elegant und mit ... Automatik. – Alles ging sehr fix und schon waren wir beide auf dem Weg nach Frankfurt am Main und sahen uns die Limousine an. Nach der Probefahrt wurden wir uns dann einig und so reisten wir alsbald mit zwei Autos zurück nach Haus. Tief Luft holen musste ich, als wir heil ankamen, denn erst jetzt spürte ich den Stress so richtig.

Was entgegnete der pensionierte Verkäufer in Frankfurt am Main mir auf meine Frage, weshalb der Wagen ab 80 km/h vibriere? „Ach, das sind die Winterreifen." „Na gut", sagte ich.

Nach Wochen war der Winter vorbei und neue Sommerreifen mit frisch lackierten Felgen glänzten am Auto. Als ich dann mal achtzig km/h schnell fuhr, dachte ich, ich träume: Wieder und wieder diese Vibrationen. Und da ich mich meist im Stadtverkehr bewegte, dauerte es eine Zeit, bis es mir zu viel wurde und ich schließlich zur Zentralvertretung dieser Automarke fuhr. Die Fachanalyse ergab: „Großer Schaden am hinteren Antrieb. Die Reparatur macht locker vier große Scheine. Das Fahrzeug sollte nicht mehr lange bewegt werden." Jetzt hatte ich es schwarz auf weiß und fühlte mich arg hineingelegt. –

Noch am selben Tag mobilisierte ich meinen Oldtimer aus der Scheune, meldete ihn an und den anderen ab. – Mein Gott, war das eine Rennerei und der Kram mit den Papieren. Aber alles ging gut aus und als die Sonne unterging, stand mein älteres Auto brav vor der Tür.

Aber was mache ich nun? Zum Anwalt gehen und die Lage besprechen! „Ja", meinte dieser, „da Sie einen Zeugen haben, der die Argumentation gehört hat, ist es schon mal gut. Ich möchte aber gern wissen, was vor Ihnen mit dem Wagen geschah und werde recherchieren." Jetzt wurde die Geschichte noch mysteriöser, denn die anwaltlichen Erkundigungen ergaben, dass dieses Fahrzeug, ein Unfall-Objekt mit hohen Reparaturkosten, stillschweigend verkauft wurde.

Meinem Oldie tat die Sommerluft recht gut und ich merke, dass er mit Freude seine standmüden Beine ordentlich lockerte.

Doch Vorausschau und Planung sind auch wichtig. Mehrere Monate sind schon verstrichen und im Herbst und Winter soll mein Autochen wieder im Stall sein. Also muss ich mich nach einer anderen Rollmaschine umsehen. – Nicht erst in vier Wochen, nein, schon morgen muss ich auf Jagd gehen.

Es war ein Donnerstag, schönes Wetter, seit Tagen trocken und keine Termine standen an. Ideal für eine Schnupper-Rundfahrt in die Umgebung. Am Nachmittag zog ich los. Nur schade, dass mein Auto kein Hund nicht ist, sonst hätte ich ihm ins Ohr geflüstert: „Such, such; aber nur einen Automatik!" Mein grober Plan stand fest: In der südwestlichen Nachbarstadt fang ich an und kämme die an der Schnellstraße nach Osten gelegenen drei Städte ab. Kein Umweg ist es so und alles in einer Richtung. Zum Schluss kommt noch ein Besuch bei einer hiesigen fernöstlichen Autovertretung dran, wenn die Zeit reicht. –

Mein Wagen bringt mich in die erste Stadt und wir summen wie eine Biene von einem „Blüten"-Autoladen zum nächsten. Unser Kennwort „Automatik" wird nicht beantwortet. So reisen wir zum zweiten Städtchen. Doch bevor wir ankommen, liegt kurz davor an der Hauptstraße ein Freier Händler. An diesen hatte ich nicht gedacht und wollte auch nicht halten. Weshalb eigentlich nicht? Es bedeutete doch keinen Umweg; also doch halten. –

„Da drüben steht ein dunkler Automatik", lockte der Verkäufer „ich zeig Ihnen das Fahrzeug." Die Limousine, mit großem Kofferraum und 2,2-Liter-Maschine und niedrigem Preis, stand einladend vor uns. Dann stellte er die Motorhaube auf und ich schaute in ein Gewirr von Schrottplatz und verlassenem Garten. Die Haube musste lange Zeit offen gestanden haben. „Die Maschine läuft super", befleißigte sich der Verkäufer. „Sie können gern eine Probefahrt machen. Ich hol die Nummernschilder." Ehe ich mich versah, fuhr ich den Wagen zur Probe – ca. zehn Kilometer in … meine Werkstatt! Der Wagen lief wirklich gut. –

„Waldemar, ich habe hier ein Auto zur Probe aufgegabelt. Bitte schau ihn dir an", flötete ich dem Meister herüber. Als er noch den Motor sah, wurde sein Lächeln immer breiter: „Um Gottes willen! Finger weg! Aber das Modell ist einzig und hervorragend. Prima Baureihe. Nie wieder erreichte Technik. Eigentlich nur für USA konstruiert, dort wimmelt es von ihnen und hier sind sie rar und gesucht! Alles andere ist Mist!" – Boing, das war ein Glockenschlag!

Mit etwas hängenden Ohren brachte ich das Fahrzeug zurück. Schade, dass es in einem sehr schlechten Zustand war, und viel Geld wollte ich jetzt nicht ausgeben. – So reisten wir weiter bis zur letzten Stadt nach meinem Plan. Dort fand ich außer Markenvertretungen einen Freien Händler mit einem Automatik-Sportwagen zu einem gehobenen Preis. Beides wollte ich nicht. Der Chef, ein wohlleibiger Marokkaner in heimatlichem Gewand, nett und gemütlich, mit einem Fez auf dem Kopf, hatte sicher ein Kamel hinter dem Haus, aber keinen anderen Automatik.

Sonst war nichts los und es ging nach Hause. Dort war aber die eine Autovertretung noch zu besuchen. Soll ich, soll ich nicht? Doch! – Wir halten vor dem breiten Eingang, Türen offen, kein Mensch zu sehen. Aus einem einsamen Büroraum kommt mir ein Verkäufer entgegen und schon fange ich an, ihm mein Leid zu jammern: „Ich bin auf der Suche nach einem Automatik, preiswert. Zehn Kilometer von hier habe ich einen gesehen, dieselbe Marke wie ihr Haus, der war in ganz schlechtem Zustand. Schade." – „Wir haben keinen, aber 14 Kilometer von hier, bei dem Freien Händler an der Straße, steht einer in Dunkelblau, Automatik." – „Ach, den habe ich Probe gefahren!" – „Der Laden hat aber noch einen, einen ganz hellen! Dieselbe Marke!" – „Nein, das gibt es nicht. Noch ein Automatik?" – „Ja, genau." – „Davon hat der Mann mir nichts gesagt.

Dann muss ich sofort da hin!!!" Die bange Zeit bis zum Straßenhändler werde ich so schnell nicht vergessen. Ich komme dort an und frage sofort ohne lange Zeremonie:

„Haben Sie noch einen hellen Automatik?" – „Ja, der da ist es. Sie können ihn auch Probe fahren." – „Oh ja! Heute ist es zu spät. Sagen wir morgen früh, 9.00 Uhr?" Am nächsten Tag um halb neun stehe ich auf dem Gelände und der Helle wartet schon mit Nummernschildern bereit zur Probefahrt. – „Waldemar, bin schon wieder da!", singe ich fröhlich in die Werkstatt. Waldemar stutzt: „Piera, wo hast du so schnell ein anderes Auto und in demselben Modell her?" – „Der Kerl von gestern hat nichts vom zweiten Auto gesagt. Den Tipp erhielt ich vom Autohaus von hier." – „Dann lass mal sehen. Motor okay. Öl okay. Sauber. Bremsen okay. Unterboden okay. Der ist in gutem Zustand. Den kannst du kaufen. Ehrlich!" So brachte ich, heute am Freitagmorgen, den Wagen zurück und wir verhandelten über die Details: 185 000 Kilometer stehen auf dem Tacho und er ist 19 Jahre alt. „Sie wären der vierte Besitzer, TÜV ist noch ein Monat", erklärte der Auto-Chef. Um zehn vor zwölf war das Feilschen zu Ende und der Kaufvertrag unterzeichnet. „Den können Sie heute nicht mehr anmelden!" – „O Jammer." – „Die Zulassung schließt in zehn Minuten! Aber halt, Sie können ihn morgen, Samstag, im Bürgerhaus der Kreisstadt anmelden." –

„Gott sei Dank!" Da ich gute Nummernschilder von dem grünen Unfallauto mit Reservierung besaß, gelang am Samstagmorgen die Zulassung. So gab es einen schnellen Wechsel. Der Oldtimer steht nun wieder in der Scheune und der Grüne unter dem Dach. In der folgenden Woche kaufte ich eine Flasche mit Prozenten ein und fuhr zum Autohaus, um mich für den Tipp zu bedanken. – Hätte ich diesen Hinweis nicht erhalten, wäre mit Sicherheit dieses Auto nicht zu mir gekommen, Dank dem Himmel!

Aber wie liefen die Zusammenhänge? Im Moment war ich froh, dass ich ein passendes und vor allem dieses Auto bekommen hatte. Wieder ein paar Tage später erkundigte ich mich bei dem Autohaus und kam mit dem Verkäufer ins Gespräch: „Ganz einfach, dieses Fahrzeug war mein Auto!" Nun war die Sensation perfekt! „In dem Brief steht „In FFM zugelassen" und Sie sind hier. Dann die 19 Jahre Laufzeit?" – „So sieht es genau aus: Ich habe ihn damals in FFM jahrelang als Dienstfahrzeug gefahren. Dann hat mein Vater ihn gekauft. Letztes Jahr hat er für zwei Scheine alles machen lassen. Und danach wollte er unbedingt einen Diesel fahren. Es ist ein Garagenwagen!" –

Ja, kein Rost, maximal gepflegt und ich bin zweiter Besitzer, nicht vierter! Ich fasse es nicht. So etwas ist mir noch nicht mal ansatzweise zuvor passiert! Lieber Gott, ich danke Dir. –

Ach ja, in der ersten Woche bestand er ohne Mängel den TÜV!

MOSAIK – EPILOG

Als ich vor einigen Tagen meine Freundin traf, fragte sie sofort: „Was macht dein Skript?"

„Stell dir vor", begann ich stolz, „es ist jetzt im Groben fertig und ich bin sicher, es kommen schon ‚ein paar' Seiten zusammen, wenn es fertig getippt ist. Außerdem freut es mich, dass die Themen nun endlich auf Papier festgehalten sind und das stetige Suchen und Sortieren beim Schreiben ein Ende hat." – „Ich denke, wenn eine Lebensgeschichte aufs Papier soll bzw. Stück für Stück in Erinnerung gerufen wird, so ist das bestimmt wie eine lange Fahrt in der Achterbahn: schöne Erlebnisse und weniger schöne. Wie das Leben so gehen kann! Rauf und runter!" – „Ja, du hast recht", bestätigte ich ihre Bemerkung, die mir so guttat und meine Stimmung dem Wetter anpasste.

Wir erlebten die ersten warmen Maitage, wo alles so schnell grün wird und alles blüht, die Sonne spürbar wärmt, und heute ist ein solcher Tag. Wunderbar.

„Komm, du hast doch ein halbes Stündchen Zeit auf 'nen Kaffee, dann erzähl ich dir noch etwas! Ja?" – „Schon überredet. Na klar! Gehen wir!" –

Einen Kaffee wollte ich eigentlich gar nicht, sondern nur mit ihr reden. Ach, war ich froh! Und auch ein wenig glücklich. –

– Se terminer / the end –

Und seien Sie bedacht
mit guten Wünschen.

¡Adiós!, au revoir, ciao, so long, tschüss!